정치적으로 왜곡된

과학 엿보기

정치적으로 왜곡된

과학 엿보기

톰 베델 지음 | **박종일** 옮김

인간사랑

역자 서문

인간 배아줄기세포 연구에서 한국의 어느 연구팀이 세계 최초의 성과를 냈다고 온 나라가 떠들썩한 적이 있었다. 모든 언론이 나서서 난치병을 치료할 수 있는 길이 열렸다고 보도했을 뿐만 아니라, 이것이 하나의 산업으로 자리 잡으면 미래 한국을 먹여살릴 수 있는 황금알이 될 거라고 예측했다. 대통령까지 나서서 그 연구팀의 연구활동을 적극 지원하겠다고 했으니, 그때 일반 국민들은 자세한 내용은 몰라도 우리가 마치 산유국이라도 될 수 있을 것 같은 기대를 가졌다. 덩달아 주식시장에서도 이른바 '바이오 주'의 가격이 연일 치솟았다. 그런데 어찌된 셈인지 그 연구팀의 리더인 모 교수는 연구결과가 조작되었다느니, 윤리강령을 어겼다느니 하면서 하루아침에 파렴치범 비슷한 평가를 받게 되었다. 그리고 세월은 흘러 배아줄기세포라는 어려운 말도 슬며시 자취를 감추었고, 그 연구팀의 활동에 관해서도 누구도 언급하지 않게 되었다. 도대체 무슨 일이 일어났던 것일까?

역자가 대학을 다닐 때인 70년대에 미국의 명망 있는 어떤 시사주간지에 실린 기사 하나가 기억난다. 아시아인, 그 중에서도 한국인에게 유난히 위암이 많은 이유가 무엇인가—지금도 한국인의 위암 발병률이 높은지는 모르겠다—를 분석한 기사였는데, 여러 가지 이유를 들면서 가장 중요한 원인은 발효식품을 많이 먹기 때문이라고 지적했다. 한국인이 자주 먹는 발효식품으로서 된장을 지목하고 어느 가정집에서 된장 담그는 모습을 사진까지 곁들여 소개했던 그 기사가 아직도 생생하게 기억난다. 된장이라면 일본 사람들도 중국 사람들도 먹는데 왜 유독 한국이 문제가 되었던 것일까? 그런데 지금은 된장이 의학적으로나 영양학적으로 좋은 식품으로 평가받고 있는지는 모르겠으나 최소한 발암식품(물질)으로 거명되고 있지는 않는 것 같다.

20여 년 전에 인간 유전자 지도를 그리는 연구작업이 성과를 거두면 인간의 거의 모든 질병, 특히 암의 원인을 밝힐 수 있고 예방법도 찾을 수 있다고 했다. 관련 연구팀을 미국 대통령이 백악관으로 초청하고 미국 정부가 대대적인 예산지원을 하겠다고 약속했다. 그런데 암은 이전에는 그리 흔치 않은 질병이었지만 요즘은 사방에 암환자가 널려 있고, 조금 과장하자면 머리카락과 손발톱을 제외한 인체의 모든 부위에 암이 발생하는 것 같다. 그리고 게놈 프로젝트 덕분에 암 치료법을 찾아냈다는 얘기는 아직까지 들려오지 않는다. 오히려 이제는 온갖 물질들이 암을 유발한다는 얘기가 무성하다. 도대체 무엇을 먹어야 하는 것일까? 한때의 희망찬 약속은 어떻게 된 것일까?

마그네시움, 크롬, 이런 중금속은 인체에 심대한 악영향을 주는 물질인 줄 알았는데 종합비타민 약병에 부착된 성분표시를 보면 이런 금속의 이름이 버젓이 적혀 있다. 먹어도 괜찮은 걸까?

인간이 이루어낸 문명의 바탕에는 과학이 자리하고 있음은 분명하고 앞으로도 그럴 것이 분명하다. 그런데 요즘의 과학은 왜 이리도 많은 약속을 남발하는 것일까? 과학은 우리를 어디로 데려갈 것인가?

역자는 이 책의 모든 주장과 논지를 지지하거나 확신하지는 않는다. 그러나 위에서 말한 의문과 기대에 대한 해답을 찾는 길이 어디에 있는지는 이 책이 상당한 정도로 보여주고 있다고 생각한다. 저자는 과학을 왜곡시키는 세 주체로서 과학계 자신, 정부, 언론을 지목하여 비판하고 있는데, 물론 미국의 경우이기 때문에 우리에게 수평으로 대입될 수 없겠으나 기본에 있어서는 차이가 없으므로 우리에게도 많은 시사가 될 것으로 믿는다. 과학이 이루어낸 업적은 위대하고 또한 앞으로도 가장 확실한 해법은 과학을 통해서 나올 것이지만, 적지 않은 사례를 통해 경험하였듯이 과학자들이 하는 얘기를 선뜻 믿고 따르기 어려운 내력에 대해서도 이 책은 많은 것을 알려줄 것이라 생각한다.

최선을 다하려 노력했으나 전문적인 훈련을 받은 과학도가 아닌 역자로서는 능력부족으로 오역을 한 부분도 있을 것이다. 독자 여러분의 너그러운 이해를 바란다. 부족한 재능을 수용해 준 인간사랑 가족들에게 감사드린다.

2009년 10월
역자 씀

CONTENTS

서문

정치의 유혹

과학자는 어느 정도의 면역성을 갖고 있는 것 같다. 과학자들끼리의 자세한 검증은 용납되지만 과학계 외부로부터의 비판은 환영받지 못한다. 그러나 과학은 수많은 분야로 나누어져 있고, 문제는 여기에 있다. 의사들이 그렇듯 전문가들은 서로에게 문제제기 하기를 싫어한다. 한 분야의 전문가가 다른 사람의 비판을 수용하기 위해서는 세밀한 연구를 해야 하고, 그러자면 언제나 시간이 부족하다. 국외자는 전문가들에게 존경심을 가질 뿐 다른 사람의 전문분야에 개입하기를 두려워한다. 그래서 문제제기나 이견 제시는 좀처럼 일어나지 않는다. 과학이란 성직은 다른 사람의 간섭을 받지 않으며, 이는 과학자들이 좋아하는 방식이다.

그러나 과학은 분명히 정치화되었다. 과학자들이 서로에게 경고의 호루라기를 불어주지 않는다면 누가 해야 할까? 내 생각에는 저널리스트들이 좀 더 개입해야 할 것 같다. 기사를 보도하는 데 그치지 말고 좀 더 비판적으로 평가해야 한다.

저널리스트는 새로운 분야의 기본적인 지식을 얻는 데 정통한 만능 선수이다. 그렇지만 그들도 전문가들에게 문제제기 하기를 꺼려한다. 의학분야에서 특히 그러하다. 국립보건원(National Institute of Health)의 중견 관리들은 TV 프로그램 제작자들에게 전화를 걸어 어떤 견해는 보도되면 국가의 건강을 해칠 수 있다고 경고한다고 한다. 저널리스트들은 때로 전문가에게 의문을 제기하는 것이 '안전하지 못하다는' 생각을 갖고 있다. 그런데 정작 안전하지 못한 것은 의문을 제기하지 않는 일이다.

정말로 찬양할 만한 자제심은 오래 전 워터게이트 사건 때에 기자회견장에서 드러났다. 그때 기자들 사이에서는 "정부 발표문을 그대로 믿지 말라"는 철칙이 있었다. 그러나 이런 분위기는 의학이 관련되면 사라져 버리는 경향이 있다. 어느 기자에게 AIDS와 관련하여 정부 발표문을 왜 무비판적으로 보도하는지 물은 적이 있다. "난 의학을 다룰 면허가 없거든요." 답변이 이랬다.

정보나 외교정책이 포함되는 정치분야에서는 저널리스트들은 크나큰 자유를 누린다고 하는데 언제나 그런 것은 아니었다. 여기서도 그들은 국가안보를 걱정하는 경고전화를 받았다. 35년 전에 저명한 신문사의 편집자들이 베트남전에 관해 자신들의 판단대로 기사를 보도하려 했다. 이에 대해 닉슨 행정부는 전쟁의 내력에 관한 결정적인 정보가 담긴 펜타곤 문서의 보도를 막으려 했다. 법원이 보도를 금지하는 명령을 내렸으나 결국은 대중의 "알 권리"가 이겼다.

뉴욕타임스는 기사를 실었고, 다른 신문들도 뒤따랐다. 보도에 있어서 어떤 선입견을 갖고 있다 하더라도 정부에 대해 '문제를 제기하는' 저널리스트의 역할은 유익하다. 문제는 정부의 의도가 분명히 이기적인데도 저널리스트들이 정부의 정책에 대해 문제제기를 하지 않고 정부발표를 찬양하는 경우가 훨씬 더 많다는 것이다. 진정한 위험은 견제 받지 않는 정부 권력이다.

기자들은 펜타곤, 국무부, CIA가 공정한 경쟁을 벌이고 있다고 생각한다. 국제관계에 관한 수준 높은 지식은 갖고 있지도 않고, 또 갖고 있어봐야 특별한 대접도 못 받는다. 저널리스트들은 정부기관 내부에서 기사원을 찾는다. 사실상 그들은 언론의 힘을 이용해 정책을 개발하는 데 일정한 도움을 주고 있다. 그런데 과학이 관련되면 그들은 더욱 양순해진다. 과학적 주장에 대한 검증이나 비판은 뒷전이 되어버린다.

부시 행정부 아래서 국립보건원의 예산은 두 배로 늘었고, 9·11 이후로 거대한 연구소 건물 주변에는 안전을 이유로 철조망이 쳐졌다. 철조망은 현실적인 철조망이면서 동시에 상징적인 철조망이기도 하다 : 간섭하지 마시오! 흰색 가운을 입은 성직자들이 그곳에서 일하고 있다. 해결책은 가까이에 있다. 정부기관의 예산은 시민의 세금이다. 그런데 저널리스트들은 위협을 받고 있다. 제복을 입은 국방부의 관리들을 회의적으로 바라보는 그 눈길 그대로 공중보건국의 제복 입은 관리들을 보기만 하면 된다.

조나단 피쉬바인(Jonathan Fishbein)은 국립보건원을 향해 경고의 호루라기를 분 사람이다. 그는 전례를 깨고 아프리카의 어린이들에게 보내는 약이 위험하다는 폭로기사를 썼다. 그러나 그의 기사는 주요 언론의 주목을 끌지 못했다(AP통신은 예외였지만). 몇몇 기사가 보도되기는 했지만 묻혀버렸다. 워터게이트 사건을 파헤칠 때는 그토록 민첩했던 워싱턴포스트는 메릴랜드 주 베데스다에 소재한 국립보건원의 천여 명 직원들을 중요한 정기구독 고객으로 보는 듯하다.

이 책이 필요한 이유는 이것이다. 과학과 관련된 보도에서는 우드워드나 번스타인 같은 기자가 나오지 않았다. 전문가들은 감시를 받지 않으면 때로 살인을 저지를 수 있다.

요컨대, 의학과 "서툰 과학"(토머스 칼라일은 경제학을 그렇게 불렀다)에 대한 인식을 비교해 보면 된다. 경제학 분야에서 전문가의 의견은 흔히 무시되고, 경제학자의 농담은 서푼짜리 취급을 받는다. 전문가들은 편하게 지낼 수가 없다. 우리는 그것이 당연하고 또 건강한 상황이라고 생각한다.

왜 이런가? 19세기에 경제학은 "정치경제"로 알려져 있었고, 우리는 그런 명칭이 타당하다고 인정한다. 실제로 경제학은 과학적이라기보다는 정치적이다. 그리고 정치는 저널리스트들이 마음대로 비판하기를 두려워하지 않는 분야이다. 우리는 이 점을 감사하게 생각한다(칼 마르크스가 저널리스트이기는 했지만).

마이클 크라이튼(Michael Crichton)은 과학은 정치의 간섭을 받아

정치화된 과학의 다른 사례

과학은 우리 시대의 위대한 지적 모험이자 불안한 세상의 희망이었다. 내가 과학에게서 기대한 것은 수명 연장, 기아 해결, 질병 치료, 휴대전화와 비행기 덕분에 세계가 좁아지는 것뿐만이 아니었다. 나는 과학이 인간의 사고에서 사악한 것들—편견, 미신, 비이성적인 믿음과 잘못된 공포—을 몰아낼 것으로 기대했다. 칼 세이건(Carl Sagan)의 말을 빌리자면 과학은 귀신이 출몰하는 세계에서 촛불이 되어야 한다.

"지금 과학의 영향력을 보건대 결코 즐거운 마음이 아니다. 과학은 정화하는 힘이 된 것이 아니라, 어떤 경우에는 옛날부터 사용되어 온 정치와 선전의 미끼가 되어버렸다. 오늘날 세상에 출몰하는 귀신의 일부는 과학자들이 발명한 것이다. 이런 귀신들을 자유롭게 돌아다니게 해주어서 세상이 덕 본 것은 없다."

마이클 크라이튼, 캘리포니아 공과대학에서의 강연, 2005. 1. 17.

서는 안 된다고 수십 년 동안 주장해 왔다. 결국 견해나 판단이 아니라 사실이 문제다. 사실은 실험에 의해서 증명되며, 실험은 반복될 수 있다. 과학은 자기 교정 능력이 있는 영역이다(장기적으로 볼 때 그렇다). 그렇지만 정치는 대립되는 가치의 경쟁장이다.

그러나 과학이 쉽게 정치화될 수 있음이 밝혀졌다. 가장 중요한 이유는 무엇일까? 무엇이 사실인지가 매우 불확실하기 때문이다. 편애가 사실을 대체할 수 있으며, 이런 일은 무의식적으로 일어날 수 있다.

오늘날의 지구 온난화가 좋은 예이다. 일터로 나갈 때 우산을 갖고 가야 할지 알 수 없는데 백 년 후의 날씨를 어떻게 예측할 수 있는가? 오늘날 온난화 문제를 두고서 가장 크게 목청을 높이고 있는 사람들 가운데 일부는 25년 전에는 지구 냉각화를 걱정하던 사람들이다. 지구가 더워지고 있는 게 사실이라면 사람 탓인가 태양 탓인가? 이런 불확실성 가운데서 관련 있는 사실을 정치쟁점으로 전환시키려 하는 것은 당연하다.

이제는 많은 사람들이 깨닫고 있다. 그 결과로 지구 온난화 문제를 둘러싸고 논쟁다운 논쟁이 시작되었다. 기후과학 자체가 불확실한 것이며, 온난화를 경고하는 사람들 중 일부는 정치적 목적(예컨대 미국의 경제성장을 방해함)을 갖고 있음은 널리 인정되고 있다. 이와 관련된 훌륭한 분석기사도 더러 있다.

이제 온난화 이슈는 부분적으로 설득력을 잃었다. 온난화를 경고하는 사람들이 불편부당한 과학자가 아니라 정치적 목적에서 온난화를 주장한다는 사실이 밝혀지자 그들은 신뢰를 잃었다. 생명체의 멸종위기나 대기오염 같은 환경문제를 둘러싸고서도 같은 상황이 벌어지고 있다. 논쟁의 이면에 숨겨진 정치적 목적이 보다 분명하게 드러났다. 그러나 한편으로 그들의 활동은 이미 관료제도 속에 파고들었기 때문에 쉽게 청산될 것 같지 않다.

미래에 대한 무시무시한 경고를 바탕으로 하는 모든 과학은 의심해 보아야 한다. 그런 과학은 대부분이 정치적 목적 때문에 왜곡되어 있다. 지금과 같이 민주주의 제도가 위기의 주장에 불필요하게 서둘러 반응을 보이는 한, 이런 왜곡은 계속될 것이다. 1798년에 영국에서는 토마스 로버트 맬서스란 경제학자—음울한 성격의 인물이었음이 분명하다—가 인구는 식량생산의 증가율보다 훨씬 빠르게 증가한다는 경고를 내놓았다. 이에 대해 영국 의회는 아무런 대책을 세우지 않았고, 그랬기 때문에 옳았다. 맬서스의 허무맹랑한 산술급수적 증가니 기하급수적 증가니 하는 주장은 수년 동안 그의 비판자들을 당혹스럽게 만들었으나 모든 것이 잘못된 가정에서 출발한 것이었다. 일견 과학적으로 보이기는 했으나 그의 주장은 잘못된 것이었다.

30여 년 전에 서구 사회에서는 맬서스의 인구과잉 걱정이 되살아났다. 그때는 영국의 인구가 문제가 아니라 전 세계의 인구과잉이 문제가 되었다! 생물학자 폴 얼리치(Paul Ehrlich)는 수백만의 미국인이 굶주려 죽을 것이라고 예측했다(비만 때문이라고 예측했더라면 더 좋았을 것이다). 미국은 수십억 개의 콘돔을 수입했다(어떤 통계에 의하면 1990년까지 70억 개라고 한다). 그런데 이제는 인구과소를 걱정하는 소리가 들려오기 시작한다.

2000년에는 사하라 사막 이남의 아프리카에서 HIV/AIDS 전염이 심각하다는 경고가 나와 앨 고어 부통령과 국무부 장관 매들린 올브라이트가 이 문제를 UN 안보리에서 제기했다. 이 질병은 이성 간의 성적 접촉을 통해 전염된다고 알려졌고, 그래서 여전히 콘돔이 필요했다. 오늘날 사하라 이남의 아프리카는 세계에서 인구가 가장 빠르게 증가하고 있는 지역이 되었다(콘돔은 앞으로도 계속 필요할 것임은 확신해도 좋을 것이다).

한마디로 말해 미래의 사실은 알 수가 없고, 과학을 정치화하고자 하는 사람들에게 불확실성은 기회가 된다.

모든 정부기관은 기본적으로 똑같은 동기부여를 받고 있다. 그들은 우리에게 그들이 없어서는 안 되는 존재임을 설득시켜야 이익을 볼 수 있다. 오랜 활동경력이 증명해 주는 국방부, 국무부, 법무부 같은 기관은 그럴지 모르지만 최근에 설립되었거나 가상의 위기상황에 대비하여 설립된 기관은 그럴 것 같지 않다(환경보호청이 머리 속에 떠오른다). 이런 기관들은 한결같이 동일한 선전활동을 벌인다 : "문제는 우리가 생각하는 것보다 훨씬 심각하다. 그렇지만 걱정하지 마시라. 우리가 해법을 찾아내고 있다. 그러니 우리 부처의 예산을 늘려주시라. 지금 바로!"

저널리스트는 이런 선전활동을 의심해야 한다. 그들이 우리의 공포를 부추기고 있는지 아니면 희망을 부추기고 있는지. 인간 게놈 프로젝트를 예로 들어보자. 1962년 노벨 생리의학상 수상자인 제임스 왓슨이 말했듯이 그것은 처음부터 정부 프로젝트였고 "의회가 지원" 했다. 왓슨이 정부 프로젝트임을 강조한 것은 정부의 비위를 맞추기 위해서였다. 거대한 의학적 효용이 있을 것으로 기대했던 게놈 프로젝트로부터 나온 성과는 아무 것도 없고, 또 앞으로 나올 것 같지도 않다. "결정론자들"의 이데올로기를 강화시켜 줄 것이라는 좌파들의 (정당한) 비판 이외에 게놈 프로젝트가 얻은 것이라고는 주류 언론의 찬사뿐이었다.

게놈 프로젝트는 기초과학의 수준에서는 결과적으로 우리에게 많은 것을 가르쳐 주겠지만, 그것도 결국은 우리의 무지의 깊이가 어느 정도인지를 보여주는 일일 뿐이다. 유전자란 개념 자체가 재정립되어야 할지도 모르고, 교과서가 다시 씌어져야 할지도 모른다. 하퍼즈지(*Harper's*)에 실린 "겉만 화려한 유전자공학의 기초"란 훌륭한 기사가 상세한 내용을 알려주고 있다시피 시작할 때의 약속은 지켜지지 않았다.[1)]

이제 계획은 "암 게놈 프로젝트"로 옮겨갔다. 우리가 확실히 말할 수 있는 것은 통계전문가들의 일자리가 늘어나고 의회가 국립보건원에 돈을 쏟아부을 것이라는 점이다. 그러나 우리의 암에 관한 지식은 별로 진전할 것 같지 않다.

돈이 될 것 같은 전망이 흐려지고 개인 투자자들이 썰물처럼 빠져나간다는 것은 성과가 없음을 보여주는 지표이다. 게놈학의 경우 "사업 모델"로는 적합하지 않다는 평가가 있었으나 계산착오는 보다 근본적인 데 있었다. 게놈학이란 것 자체가 의문의 대상이었다. 비슷한 상황이 줄기세포 연구에서도 벌어지고 있다. 연방정부의 재정투입은 제한되었으나 연구 자체는 합법적이다. 그런데 그토록 큰 의학적 성과가 기대된다면 연방정부의 자금지원이 왜 없어서는 안 되는가? 벤처 투자자들은 화려한 기사제목에서 드러나지 않는 그 무엇을 알고 있다는 말인가?

저널리스트들은 가끔씩 이런 질문을 경시한다. 줄기세포 연구의 경우에도 그랬지만, 미래가 밝은 과학과 반동 보수적인 도덕 사이의 알력이란 구도가 이미 짜여져 있고, 저널리스트들은 그런 구도를 따르고 있기 때문이다. 과학자들도 분명히 그런 구도를 선호할 것이다. 해

딥 스로우트(Deep Throat) : “돈을 따라가라”

「대통령의 사람들」이란 영화에서 딥 스로우트는 워싱턴포스트의 봅 우드워드 기자에게 워터게이트 스캔들을 파헤치는 열쇠는 “돈을 따라가는 것”이라고 일러준다. 2005년 8월에 워싱턴포스트는 국립보건원의 직원들이 제약회사와 생명공학회사에 투자한 사실을 두고서 내부적으로 논란이 일고 있음을 보도했다. 우리도 돈을 따라가 보면 과학자들이 다음 세대의 의학적 돌파구가 어디에 있다고 생각하고 있는지 알 수 있을 것이다.

“1,300명 직원들의 항의와 고위 간부들의 태업 위협에 휩싸인 국립보건원 책임자는 지난 1월에 발표한 직원 윤리강령의 일부를 완화하겠다고 어제 밝혔다.”

“최종 확정된 규정에 따르면 200여 명의 고참 연구원들은 그들이 보유한 제약회사와 생명공학회사의 다량의 주식을 포기하도록 요구받게 될 것이라고 국립건강연구소장 엘리아스 A. 저후니가 밝혔다. 세계에서 가장 규모가 큰 생명의학 연구기관이 이해관계의 충돌을 방지하기 위해서 제정한 당초의 규정에 따르면 6,000여 명의 직원들이 업무 유관 기업의 주식을 포기해야 한다. … 많은 직원들이 광범위한 주식 포기 명령이 내려지면 심각한 경제적 손실이 생기고, 고위 연구직 과학자들은 보다 나은 수입을 찾아 직장을 옮기겠다고 경고했다. 지난 봄 동안에 고위직 과학자들이 이 규정 때문에 곧 직장을 옮길 것이란 소문이 나돌았다. 듀크 대학의 한 중견 과학자는 이런 규정 때문에 국립보건원의 채용 제안이 오더라도 꺼리게 될 것 같다고 말했다.”

세시 코널리 기자, “국립보건원장, 윤리강령 완화에 동의하다”,
Washington Post, 2005. 8. 26.

결되지 않은 과학적 난제가 신문의 머릿기사를 차지하는 경우란 거의 없으니까.

어떤 이슈들은 다른 의미에서 “정치적”이다. 암 연구를 예로 들어보자. 11장에서 다루겠지만 지난 30년 동안 국립 암연구소는 잘못된 이론—유전자 돌연변이론—에 근거해 암의 원인을 연구해 왔다. 연구에 참여한 과학자들이 정치적인 이유 때문에 그 이론을 채택한 것이 아니다. 내 주장이 옳다면 근본적인 문제는 정부의 재정투입 자체이다. 정부의 재정투입은 대안 이론의 채택을 용납하지 않는다.

정부가 대립되는 이론들을 두고서 재정을 투입할 때는 시행착오의 방식보다는 도 아니면 모 방식을 택하는 경향이 강하다. 쉽게 말해 연구자금은 "낭비되며", 정치가들은 비난받지 않으려고 예산이 낭비되는 것을 원치 않는다. 그래서 전문가들로 위원회를 구성하고 합의를 도출하여 전문가들로 하여금 결정하고 예산을 배정하게 한다.

이와는 반대로 민간부문의 연구는 본질적으로 시행착오의 방식을 택한다. 여러 가지 다양한 아이디어와 접근방식에 자본이 투입되고, 그 중에서 성공하는 한 가지에서 돈을 번다. 민간부문에서는 이것을 낭비가 아니라 위험이라 부른다. 최근 수십 년 동안의 과학적 발전은 컴퓨터와 정보통신 분야에서 나왔고, 대부분이 수많은 위험과 "낭비적" 투자를 수반한 것이었다. 그렇지만 성과도 엄청났다.

역사적으로 이론 간의 경쟁은 과학발전의 원동력이었다. 개인과 민간기업이 이러한 발전의 풍성한 원천이었다. 경쟁시장 체제가 혁신적인 아이디어를 민간기업으로 변모시켰고, 이론 간의 경쟁이 과학의 새로운 접근방식을 고무하였다.

연구 아이디어라는 계란을 모두 한 바구니에 담아놓으면 다른 세상이 된다. 경쟁은 정체되거나 완전히 사라진다. 이것이 정부가 주도하는 연구의 운명이다(공산주의 체제가 그것을 증명해 주었다). 유일한 자금원이 지배하면 과학은 정치의 시녀가 될 수밖에 없다. 우리의 주요 언론매체는 이것이 문제라는 점을 인식하지 못하고 있다. 예컨대 사이언스지는 정부의 과학부문 재정 투입을 열심히 감시하고 있지만 "더 많이"가 더 좋은 줄로만 알고 있다.

정부의 재정지원은 지지자가 많은 이론은 진실인 것처럼 인정받게 되는 분위기를 강화시켰다. 유전자 돌연변이가 암의 원인이라는 이론을 지지하는 여론이 있음은 분명하다. 그런데 의견의 일치는 이견의 제기를 제약한다. 그것은 정치의 승리이지만 과학의 적이다. 99%의 과학자가 받아들이는 이론도 틀릴 수 있다. 어떤 프로젝트에 정부재정을 투입할 것인지를 결정하는 국립보건원의 위원회는 지배적인 이론과 원만한 사이를 유지하는 과학자들로 구성될 수밖에 없다. 암의 발생원인에 관한 여론을 바꾸기란 부러진 노로 대형 유조선의 진로를 바꾸는 것만큼이나 어려운 일이다.

당신이 읽지 말았어야 할 책

• 마이클 고우(Michael Gough) 편저, 『과학의 정치화 : 정책결정의 연금술』(*Politicizing Science : The Alchemy of Policymaking*), Stanford, CA : Hoover Institution Press, 2003.

진화론은 과학자들 사이에서 압도적인 지지를 받고 있다. 그런데 진화론은 진실일까? 무엇이 사실인지(또는 사실이었는지)를 알아내기가 어려움은 여기서도 다시 한 번 드러난다. 그 사실은 수억 년 전에 일어났고, 그런 시간이 흘렀다면 숫자에 0을 하나나 둘쯤 더하거나 빼도 남아 있는 흔적으로 사실을 확인하기는 어렵다. 화석은 드문드문 나타나고 해석하기도 어렵다.

우리가 알고 있는 사실은 소수에 불과하다. 그리고 우리가 알지 못하는 사실은 미래의 것보다 과거의 것이 더 많다. 화석이 우리에게 가르쳐 주는 것은 과거에 땅 위를 배회하던 생명체들이 지금은 없어졌다는 사실이다. 이 사실로부터 여러 가지 결론을 끌어낼 수 있다. 진화론은 그런 결론 가운데 하나일 뿐이다.

우리에게는 무엇인가 불확실할 때 믿어버리는 강한 경향이 있다.

최근에 뉴리퍼블릭(*New Republic*)지의 벤 아들러(Ben Adler)가 보수진영의 주요 인사들을 대상으로 "진화론을 믿는지" 조사한 적이 있었다. 답변은 적절하게 유도되어 있었다(답변란은 "확신한다", "물론이다", "그렇다" 세 가지뿐이었다). 이상한 질문이었다. 믿음이란 과학보다는 종교에 적용되어야 더 적절하다는 점을 알아차린 사람은 없는 것 같다.

Chapter 1

지구 온난화

알고 있나요?

* 환경주의자들은 그리 오래되지 않은 과거에는 지구가 냉각되고 있다고 믿었다.
* 지구 표면 온도를 측정한 데이터는 인간이 유발한 온실가스 배출이 지구의 온도를 높일 만큼 충분하지 않았다는 것을 암시하고 있다.
* 온실가스 배출 감소를 규정하고 있는 교토 조약에 가입했더라면 미국에서는 경기침체가 발생했을 것이다.

우리 모두가 그 시나리오를 들어본 적이 있다. 인간이 대기를 오염시키고 지구를 덥게 만들고 있기 때문에 세계는 생태적 재앙에 노출되어 있다. 지구 온난화로 극지방을 덮고 있는 얼음이 녹아 마이애미, 뉴욕 시, 그리고 해안지역의 도시가 물에 잠길 것이다. 당신이 맨해튼에 살고 있다면 사우스 저지나 더 안전하려면 네브래스카 주의 오마하로 이사가는 것이 좋을 것이다.

이런 예측대로 진행되고 있다면 당신은 누군가 오랫동안 데이터를 연구해 왔을 거라고 생각할 것이다. 최소한 그랬기를 바랄 것이다. 그러나 지구 온난화가 환경주의자들의 단골 메뉴가 된 것은 1980년대 후반에 들어와서부터다. 그 전에는 지구가 더워지는 게 아니라 냉각되고 있다고 생각하는 사람들이 있었다. "식량생산량의 감소가 곧, 아마도 10년 이내에 시작될 것이다. 그에 따른 기근은 파국적일 것이다." 이건 1975년 4월 28일자 뉴욕타임스에 실린 기사이다. 어떤 전문가는 지구 냉각화를 멈추기 위해 북극의 얼음을 녹이자고 제안했다! 그런데 이제는 북극의 얼음이 녹는 것을 걱정하라는 소리를 듣고 있다. 도대체 무슨 일이 벌어지고 있는 걸까?

신뢰할 만한 지구 전체의 지표면 온도 측정 데이터는 1861년 이전 것은 없다. 그동안의 데이터를 보면 20세기 전반에는 1910년에서 1940년 사이에 온난기가 있었다. 온난기 다음에는 1940년부터 1975년까지 냉각기가 뒤를 이었다. 1975년 이후에 우리는 약간의 온난화를 경험했다. 이 세 시기를 합치면 20세기 동안에 지구표면 온도는 화씨 1도 가량 상승했다.

그런데 문제가 있다. 위성으로 측정한 대기온도 데이터를 보면 지표면 온도변화와는 다른 해석이 나온다. 위성 측정은 1979년에야 시작되었고, 그래서 지난 25년 동안에 대기온도의 의미 있는 변화는 보이지 않는다. 기구(氣球) 측정 데이터는 1976년과 1977년 사이에 한 차례 비정상적인 온도상승을 보여준다. 그 이후로 대기온도는 안정되어 있는 것으로 보인다.

환경주의자들은 20세기의 온난화는 인간의 활동, 그 중에서도 주로 화석연료 때문에 생긴 것으로 믿는다. 화석연료의 연소는 몇 가지 "온실가스" 가운데 하나인 이산화탄소를 발생시킨다. 메탄도 온실가스 가운데 하나이다. 대기 중에 방출된 온실가스는 보이지 않는 덮개가 되어 지구를 뒤덮는다고 한다. 이 덮개가 열이 외부로 빠져나가는 것을 막아 지구가 (태양의) 열을 흡수한다고 한다. 이것이 온실효과이고, 그 결과가 지구 온난화이다.

온실효과 자체에 대해서는 과학자들 간에 이견이 없으나 인간의 활동 때문에 생긴 이산화탄소의 방출이 지난 30년 동안 측정 가능한 온도상승의 충분한 원인인지에 대해서는 치열한 논란이 있다. 이산화탄소 자체는 유익하고 핵심적인 물질이다. 이산화탄소가 없으면 식물이 자랄 수 없고, 식물이 없으면 동물이 생존할 수 없다. 그러므로 대기 중의 이산화탄소 증가는 풀에서 나무에 이르기까지, 숲에서 밀림에 이르기까지 식물들이 더 풍요롭게 자랄 수 있게 해준다.

지표면 온도 측정 데이터도 인간이 발생시킨 이산화탄소가 지구 온난화의 충분한 원인이 아니었음을 보여준다. 화석연료의 연소가 왕성했던 1940–1975년을 생각해 보자. 이 시대에 석탄을 연료로 사용하는 공장은 녹색당이나 환경 관련 정부 부처의 간섭을 생각할 필요도 없이 매연과 악취를 방출했다. 그런데도 지구는 약간 냉각되었다. 또한 인간에 의한 지구 온난화가 사실이라고 한다면 지표면 온도뿐만 아니라 대기온도도 꾸준히 상승했어야 한다. 그러나 그런 일은 일어나지 않았다. 온도상승은 1970년대 말에만 기록되었는데, 그 원인은 인간의 활동이 아니라 태양의 변화 때문인 것으로 짐작된다.

그래서 온도 데이터의 해석이 결정적으로 중요하다. 미국에서는 "도시 열섬현상"이 있음이 밝혀졌다. 기상관측소 옆으로 아스팔트 포장의 활주로가 들어서면 주변의 온도는 높아졌다는 기록이 나올 것이다. 이건 지극히 당연한 결과이다. 그런데 오늘날의 환경문제와 관련

되면 우리의 상식은 홀연히 줄어들어 버린다. 한편, 그린란드가 온난해지고 있는 동안에도 남극은 냉각되어 왔다.

⋙ 좋았던 70년대

오늘날 환경주의들이 향수병처럼 회상하는 첫 번째 지구의 날 행사는 1970년에 열렸다. 2천5백만 명이 이 행사에 참석했고, 의회는 유권자들의 소리를 듣기 위해 회기를 단축했다. 의회는 서둘러 깨끗한 대기, 깨끗한 물, 멸종위기에 처한 종의 보호를 위한 법안을 연속적으로 통과시켰다. 환경보호청이 갑자기 무대 위로 불려나왔다. 1980년이 되자 지미 카터가 20세기 말에 예상되는 (비관적인) 지구의 상황에 관한 "글로벌 2000"이라는 보고서를 발표했다. 그런데 이 보고서는 지구 온난화에 대해서는 언급하지 않았다.

1990년이 되자 (인간에 의한 서식지 파괴의 결과로 "생물 다양성"이 사라진다는 주장과 함께) 지구 온난화가 환경주의자들의 가장 인기 있는 이슈가 되었다. 1992년에는 160개국의 대표들이 리우 데 자네이루에 모여 지구 정상회의를 열었다. 회의의 분위기는 반미국적이었고, "엉클 샘" 대신에 "엉클 쓰레기"의 이미지가 강조되었다. 부시(아버지) 대통령은 생물 다양성 보존 조약에는 서명하기를 거부했으나 기후변화 방지 조약에는 서명했다. 서명국들은 이산화탄소의 배출을 줄이기로 동의했다.

기후변화 방지 조약의 상세한 이행계획을 논의하기 위한 회의가 5년 후에 일본 교토에서 열렸다. 온실가스 배출은 2012년까지 1990년 수준으로 감축시키기로 결정되었다. 이것이 교토 의정서이다. 그러나 클린턴 대통령은 이 의정서를 의회에 제출하지 않았다. 그는 의정서가 의회의 동의를 받지 못할 것임을 알고 있었다. 이 조약의 주된 목표가 미국임은 모두가 알고 있었다. 1990년이란 시점도 치밀한 계산 끝에 선택된 것이었다. 그 시점에서 독일과 소련의 온실가스 배출량이 많았다. 독일은 석탄연료를 사용하는 공장이 많았던 동독을 흡수한 지 얼마 되지 않았다. 이런 공장들이 현대 설비로 개체된 후 독일의 배출량은 급감하였으므로 1990년 수준으로 배출량을 줄이자는 목표는 이미 달성되어 있었다.

> **부수적인 손실**
>
> "과학이 아무리 엉터리라고 하더라도 부수적으로 환경에 이익이 되는 것은 있다 … 기후변화는 이 세계에 더 많은 정의와 평등을 가져다 줄 좋은 기회이다."
>
> **크리스틴 스튜어트**
> (전임 캐나다 환경부 장관),
> 캘거리헤럴드, 1998. 12. 4에서 인용

소련의 경우도 마찬가지였다. 소련이 붕괴한 후인 1991년에는 경제활동이 1/3이나 감소했다. 러시아는 지금도 온실가스 배출량이 과거 수준에 미치지 못한다. 프랑스로 말하자면 전력 생산량의 대부분을 원자력에 의존하고 있는데, 원자력은 환경주의자들도 지구 온난화와 상관이 없다는 것을 인정하고 있고, 다만 다른 이유로 원자력은 악의 화신으로 취급되어 왔다.

교토 의정서에 따르면 미국은 배출량을 1/3이나 줄여야 하고, 그렇게 했더라면 분명히 경기침체가 발생했을 것이다. 반면에 제3세계 국가들은 예외를 인정받았다. 중국과 인도도 예외로 인정되었다. 오스트레일리아도 미국과 함께 서명을 거부했다. 35개국이 이산화탄소 배출을 줄이기로 동의했는데 대부분이 유럽 국가였다. 그러나 강제할 수 있는 장치가 없었다. 속임수를 쓸 수 있는 가능성은 무한대였고, 교토 의정서가 효력을 발휘하게 되어 있던 2005년 2월이 되자 미국이 몸을 빼버림으로써 서명국들이 화를 내기 시작했다.

조지 메이슨 대학의 대기물리학자이자 과학과 환경정책 프로젝트의 설립자인 프레드 싱어(Fred Singer)는 지구 온난화 걱정을 비판하는 사람 중의 하나이다. 그는 교토 의정서에 서명을 거부한 미국의 입장을 옹호하면서 이런 말을 하였다 : "우리는 발생할 가능성이 전혀 없는, 있다고 하더라도 가능성이 매우 낮은 위험에 대비한 보험을 매우 비싼 값으로 가입하라는 권유를 받고 있다. 우리는 에너지 소비를 줄이라는 요청을 받고 있는데, 교토 의정서를 지키자면 몇 % 수준이 아니라 10년 이내에 약 35%를 줄여야 한다. 그건 에너지 사용의 1/3을 포기해야 하고, 전력소모를 1/3 줄여야 하며, 모든 자동차의 1/3이 운행을 중지해야 한다는 것을 의미한다. 그렇게 되면 우리 경제는 엄청나게 왜곡될 것이고 미국 시민, 특히 이를 감당할 능력이 없는 시민들에게 큰 타격이 될 것이다."

그러는 동안에 지구가 더워진 것이 아니라 과장된 주장들이 열기를 더해갔다. 진정한 위협은 과장된 주장 그 자체이다. 약간의 날씨 변화만 생겨도 이제는 기후변화와 연결시킨다. 2000년에 영화배우 레오나르드 디카프리오와의 인터뷰에서 클린턴 대통령은 "우리의 생활방식을 바꾸지 않으면 북극의 얼음은 더 빨리 녹아내리고 해수면의 높이는 올라갈 것이다. 북미지역의 전반적인 기후가 바뀌어 홍수와 혹서, 그리고 폭풍우가 더 자주 발생하고 혹독한 이상기후가 일반화될 것"이라고 하였다.

2004년 12월 태평양에서 쓰나미가 발생하고 나서 24시간 이내에

CBS 이브닝 뉴스는 이름을 밝히지 않은 "기상전문가"의 말을 인용한 도표를 보여주었는데 도표에 적힌 단어는 "지구 온난화"와 "쓰나미" 두 마디뿐이었다. 뉴스 진행자 댄 래더(Dan Rather)는 장중한 어투로 이렇게 말했다 : "기상전문가들은 전 세계에 걸쳐 쓰나미가 보다 빈번하게 일어나고 더욱 위험해질 것이라고 말했습니다. 전문가들은 여러 가지 요인들을 들면서 지구 온난화로 인한 해수면 상승과 해안지역의 인구증가를 주요인으로 지적했습니다."

⋙ 온난화의 증거 : 하키 스틱

지구가 더워지고 있다는 주장의 근거는 과거의 온도 측정 기록이다. 대부분의 기상학자들이 동의하듯이 20세기 동안에 기온은 기껏해야 화씨 1도 가량 올랐다. 이처럼 주장은 정확한 수치를 제시해야 한다. 그런데 옛날의 기온에 관한 정보는 간접적으로만 얻을 수 있다. 과학자들은 나무의 나이테, 시추공, 얼음 샘플, 해양 유기체의 잔해 등으로부터 과거의 온도를 추정한다.

정책 입안자들에게 걱정스러운 일이 일어나고 있음을 설득하는 데 가장 유효한 수단은 그래프이다. 그래프의 수평 축은 1천 년의 시간을 나타내고 수직 축은 일정 범위로 나누어진 온도를 나타낸다. 온도 선은 900년 동안 약간 처진 형태이기는 하나 거의 수평을 유지하다가 지난 백 년에 이르면 갑자기 위로 꺾어진다. 그래서 이 선을 "하키 스틱" 선이라 부른다. 하키 스틱의 긴 손잡이는 900년의 시간을 의미하고 날은 백 년을 의미한다.

하키 스틱을 포함하여 모든 온난화 시나리오는 모호한 과거로부터 미지의 미래를 추론하는 수학적 "모형"을 기반으로 하고 있다. 온난화에 관한 UN의 정책 자문기구인 기후변화에 관한 국가 간 패널(Intergovernmental Panel on Climate Change : IPCC)은 21세기에는 기온이 섭씨 5도 상승할 것이며, 이를 예방하기 위해서는 매년 2천억 달러가 필요하다는 과감한 평가를 내놓고 있다. UN의 자문관들은 계획된 대책이 실현된다 하더라도 기온상승을 6년간만 지연시킬 수 있을 것이라고 주장한다.

다른 데이터를 이용하면 온난화 시나리오를 강하게 부인할 수 있는 해석이 나온다. 예컨대 나무의 나이테를 이용한 20세기의 기온 측정 기록은 같은 기간 동안에 기상학적인 기구를 사용하여 측정한 기록과 비교할 수 있다. 비교결과는 지구 온난화에 대해 강한 의문을 던진다. 온난화가 진행되었다고 하는 최근 수십 년 동안의 데이터가 다르기 때문이다. 20세기 초반에는 나이테 측정 기록과 기구 측정 기록에서 유사한 해석이 나오지만 1970년대 이후로는 두 기록이 상당히 다른 양상을 보인다.

1970년부터 기구 측정 기록은 나이테 측정 기록보다 높은 온도를 보여준다. 하나의 그럴 듯한 설명은 도시 열섬현상이다. 지표면에 세워진 측정기구는 팽창하는 도시에 가까이 있거나 도시 안에 위치한다. 도시의 건물, 포장도로, 산업활동은 그 지역의 공기온도를 상승시키는데, 때로는 몇 도씩이나 올라간다. 이와 대비하여 나이테 측정 데이터는 기본적으로 삼림지역에서 얻은 것이다. 그러므로 기구 측정 기록(하키 스틱의 날 부분은 이 기록을 기초로 하고 있다)은 "열섬현상"으로부터 유발된 도시지역의 온난화 때문에 상향 편향성을 나타내고 있다.

"하키 스틱"은 버지니아 대학의 기상학자 마이클 만(Michael Mann)이 1998년에 출간한 저서에 처음 등장했다. 인류가 전례 없는 위기를 맞고 있다는 주장을 펼치기 위해 UN의 IPCC가 이를 즉각 활용했다. 그러나 이 도표는 의문을 불러일으켰다. 기상학자들 사이에서는 기원 후 두 번째 밀레니엄의 기후는 만의 도표가 보여주듯이 변화가 없는 상태가 아니었다는 것이 일반적인 통설로 받아들여지고 있었다. 온난기와 냉각기가 여러 차례 교차했다. 서기 1000년경에 중세 온난기란 것이 있었고, 이 온난기는 14–15세기에 "소빙하기"가 올 때까지 계속되었다. 두 시기는 수백 년 동안 계속되었다.

온난기에 유럽에서는 경제, 학문, 예술이 번성했다. 온난기는 유익한 것이었다. 기온이 올라가자 농업생산은 같이 올라갔다. 늪과 습지가 말랐고, 따라서 말라리아를 옮기는 모기의 서식지가 줄어들었다. 유아 사망률이 떨어지고 인구는 증가했다. 서기 1100년부터 1300년 사이에 유럽의 인구는 약 4천만에서 6천만으로 늘었다.

온난화 추세의 한 흔적은 바이킹들이 아이슬란드로부터 그린란드로 이주하여 정착했다는 것을 나타낸다. 그들은 12–13세기에 최고의 번영을 구가하다가 소빙하기가 찾아온 14세기 말부터 어려움을 겪기 시작했다. 15세기에 그들의 정착지는 결국 소멸되었다.

하버드 대학의 윌리 순(Willie Soon)과 샐리 발리우나스(Sally Baliunas)가 최근에 조사한 바에 의하면, 나무의 나이테로부터 기후를 재구성한 연구논문 가운데서 75편이 "20세기에는 과거의 어느 50년보다 더 온난한 (최소한) 50년의 시기가 있었음"을 밝히고 있다고 한다.[1] 수십 년 전부터 기후학 교과서에서는 온난기가 언급되고 있었다. 이것은 20세기 온난화는 정말 이례적인 것이라고 주장하는 사람들에게 곤혹스런 일이 아닐 수 없다. 기후변화의 초기 징후는 화석연료의 사용이 주범으로 지목될 수 없고, 인간의 활동과는 관계없이 온난화가 시작되었다는 것을 증명할 수 있는 시점에서 이미 시작되었다.

⋙ 용기 있는 사례

이와 관련하여 오클라호마 대학의 지구과학 교수 데이비드 데밍(David Deming)의 경우를 생각해 보자. 1995년에 그는 시추공 온도 측정 데이터를 근거로 하여 지난 100년에서 150년 사이에 북미지역의 온도가 섭씨 1도 가량 상승했다는 것을 밝힌 논문을 사이언스지에 발표했다. 그후 데밍은 다음과 같은 일을 경험했다.

> 사이언스지에 논문을 발표하고 나서 나는 기후변화를 연구하는 과학자 그룹 내에서 상당한 신망을 얻었다. 그들 중의 어떤 사람은 사회적 · 정치적 명분을 위해 과학을 활용하고 있었고, 그런 사람들은 나를 그들과 한편이라고 생각했다. 그래서 그들은 나를 경계하지 않았다. 기후변화와 지구 온난화를 연구하는 과학자 중에서 한 저명한 인물이 내게 놀라운 e-mail을 보내왔다 : "중세 온난기를 지워버려야 합니다."

만은 이미 그 작업을 하고 있었다. 그의 의도가 무엇이었는지는 다른 문제다. 하키 스틱은 성가신 중세 온난기를 지워버렸다. 데이터가 어떻게 말하고 있든지 간에 20세기는 가장 온난한 시기가 되도록 되어 있었다.

이 무렵 데밍은 뉴스거리를 찾아다니는 기자와 처음으로 만났다. 데밍은 사이언스지에 발표한 논문의 결론부에서 이렇게 주장했다 : "인간의 활동과 기후 온난화 사이의 인과관계는 현재 시점에서 명확하게 제시될 수는 없다." 간단하게 말하자면 최근의 온난화가 인간에 의해 유발된 것임을 입증할 증거가 충분치 않다는 것이다.

국립 라디오 방송의 한 기자가 그에게 전화를 걸어와 사이언스지에 실린 논문에 관해 취재하고 싶다고 밝혔다. 그는 단지 결론부에 대해서만 알고 싶어했다. "당신은 북미지역의 온난화 원인이 정말로 자연적인 변화라고 생각하십니까?"

"그렇습니다." 데밍의 답변이었다.

"그러시군요. 그렇다면 더 할 얘기가 없군요." 기자의 말이었다. "청취자들은 그런 결론에는 관심이 없어요. 대부분 온난화가 인간의 활동 때문이라고 해야 관심을 갖거든요. 안녕히 계십시오." 그리고 그는 전화를 끊었다. 그때 데밍은 언론이 대중이 듣고 싶어하는 대로 기사를 취사선택한다는 것과 사전에 마음 속에 결론을 내려놓고 있다는 점을 알게 되었다.[2)]

지구 온난화를 믿는 사람들은 우리가 전례 없는 일을 경험하고 있다고 정부와 언론을 설득할 수 있었다. 우리가 파국에 직면해 있다고 주장하는 것은 쉬운 일이었다. 그들은 온난화를 주장할 수 있는 미세한(또는 그런 주장에 유리한) 데이터를 끌어들여 기온이 계속하여 올라갈 것이고, 결국 해안지대의 도시는 물에 잠길 것이라고 주장했다. 그러나 이성의 목소리들이 이 모든 주장에 의문을 제기하기 시작했다.

토론토에서 광업 컨설턴트로 일하던 스티븐 맥킨타이어(Stephen MaIntyre)는 기후학자로서는 경력이 없는 사람이지만 하키 스틱 이론을 성공적으로 반박했다. 그는 2년이란 시간과 자비로 5천 달러를 들여 마이클 만의 방법에 허점이 있음을 밝혀냈다. 만은 처음에는 그에게 약간의 정보를 제공했으나 비전문가의 "경솔한 언급"에 일일이 답변할 시간이 없다는 이유로 연락을 끊어버렸다.

맥킨타이어는 다시 캐나다 궬프 대학(Guelph University)의 경제학자 로스 맥키트릭(Ross McKitrick)과 공동연구를 시작했다. 두 사람은 2003년에 하키 스틱 이론을 비판하는 논문을 발표하고 만이 "결함 있는 방법을 사용했기 때문에 그가 도출한 결론은 의미가 없다"고 주장했다.

만은 두 사람의 주장을 반박하는 논문을 발표하고 처음에는 밝히지 않았던 몇 가지 새로운 정보를 공개했다. 그의 원래 논문은 영국의 저명한 과학잡지 네이처지에 발표되었는데, 네이처지는 만이 제공한 새로운 정보를 기초로 하여 부분적인 수정기사를 내보내야 했다. 맥킨타이어는 더 많은 실수가 숨겨져 있다고 믿었다. 그러나 그는 결

원죄

"(경제성장과 생활수준의 향상에 동반되는) 화석연료의 연소는 인간의 세속적인 원죄라 할 수 있다. 우리가 속죄하고 더 이상 죄를 짓지 않으면 인류는 지구 온난화의 진행을 막을 수 있다. 그런데 그에 따르는 비용이 감당할 만한 것인지는 충분히 검토된 적이 없다. 지금까지 드러난 증거들로는 확신할 수가 없다. 유럽연합의 15개국 창립 멤버들이 유럽 경제가 비교적 완만하게 성장했음에도 불구하고 교토합의에 따른 온실가스 감축 할당량을 지키지 못했음을 주목할 필요가 있다."

제임스 슐레진저(초대 에너지부 장관, 1977-1979),
Wall Street Journal, 2005. 8. 13.

국 포기하지 않을 수 없었다. 그는 만이 제시한 도표의 근거가 되는 공식을 알 수가 없었다. 이 훌륭한 교수께서는 공식의 공개를 거부했다. 월스트리트 저널의 기자가 이 사건을 끈질기게 물고 늘어져 만과 접촉했다. 만 교수는 기자에게 이렇게 말했다 : "그들에게 알고리즘을 공개하는 것은 그들의 협박에 굴복하는 것이나 마찬가지입니다."[3] 다른 과학분야에서도 공식을 공개하지 않는 사례가 있는지, 공식을 공개하지 않고도 과학자의 명성이 손상을 입지 않은 사례가 있는지 모르겠다.

이성의 목소리를 높인 또 다른 인물은 프랜시스 츠비어스(Francis Zwiers)이다. 정부기관인 환경 캐나다(Environment Canada)란 조직의 통계전문가인 그는 만이 사용한 통계방법이 "아무런 데이터를 입력하지 않아도 하키 스틱과 같은 모형을 만들어내도록 되어 있다"는 사실을 알아냈다. 츠비어스는 주류 과학자인 독일의 한스 폰 슈토르흐(Hans von Storch)의 도움을 받았다. 슈토르흐는 만의 기법이 과거의 기온변화를 심각할 정도로 경시하고 있음을 지적했다(폰 슈토르흐 박사는 동료들로부터 지구 온난화 회의론자들이 그의 연구결과를 악용할 소지가 있다는 충고를 들었다. 박사는 기후과학 분야에서는 "정치적으로 옳은 언급만 하는" 풍조가 있다고 말했다). 또한 역사적인 기후변화에 관한 스톡홀름 대학의 연구는 하키 스틱 이론이 주장하는 것보다 거의 두 배나 되는 파동이 있었음을 보여준다.

한스 폰 슈토르흐는 다음과 같이 말했다.

> 패턴은 언제나 똑같다. 개별적인 사실의 중요성은 언론의 입맛에 맞추어 교묘하게 극화된다. 미래에 대한 예측을 인용할 때는 가능한 여러 가지 시나리오 가운데서 언제나 온실가스 배출의 증가율이 가장 높은

것—그래서 가장 파국적인 기후변화가 예상되는 것—이 선택된다. 똑같이 그럴 듯하지만 온실가스 배출이 상당히 적은 시나리오는 무시된다.

이것은 누구를 위한 것인가? 두려움이 청중들로 하여금 귀를 기울이게 할 수는 있지만 그 효과는 일시적일 수밖에 없음을 잊고 있다. … 최근 제기되고 있는 기후변화와 지구의 미래에 관한 일련의 주장은 이전의 어떤 예측보다도 더 극적이다. 묵시록에나 등장할 것 같은 재앙이 예측되고 있다. 기후변화로 말미암은 동물의 멸종 따위의 얘기는 이제 관심을 끌지도 못한다. 과장이 과장을 낳고 있다. 하나하나의 예측이나 주장은 별 문제될 게 없어 보이지만 총체적으로 보아 기후에 관한 정보, 기후변화, 기후변화의 효과 등이 대중에게 전달될 때는 극단적으로 왜곡되어 있다.

슬픈 일이지만 과학계 내부에서 자체적인 교정 메커니즘은 작동하지 않고 있다. 또한 과학계 내부에서는 기후변화에 대해 공개적으로 의문을 제기하는 일을 불편하게 생각하고 있고, "훌륭한 명분"을 손상시키는 것으로 평가되고 있다 … 기후변화에 대한 예측은 점점 더 극화되고 있으나 과장을 시정하려는 어떤 노력도 위험한 시도로 간주되고 있고, 그런 시도는 정치적으로 시의적절하지 못한 짓으로 인식되고 있다. 공개적으로 의문을 제기하는 사람은 없고 대중은 표피적인 지식으로 오도되고 있다.[4)]

만은 이제는 과거의 기후변화 폭이 생각보다 컸을지도 모른다고 인정하고 있다. 그는 이 문제는 보다 면밀한 검증을 거쳐야 하겠지만 정치적인 이유로 인해 과도하게 비관적으로 묘사되어서는 안 되며, 하키 스틱 이론은 어쨌든 쓸모가 없다고 말했다. "반대론자들은 기후변화의 원인이 인간의 활동이라는 주장은 하키 스틱 이론 때문에 나온 것이라고 대중을 설득하려 할 것이다. 그러나 보다 확실한 증거들은 기후변화는 인간 활동과는 절대적으로 관계가 없으며, 기온의 상승곡선도 그렇게 가파르지 않다는 것을 보여준다."

그러나 네이처지는 최근에 "많은 기상학자들은 기후변화를 두고 IPCC가 기온의 상승곡선에 대해 과도한 의미를 부여하는 것은 시기상조라고 믿고 있다"는 애매한 기사를 실었다. 조지 메이슨 대학의 프레드 싱어는 새로운 정보에 비추어 볼 때 "하키 스틱은 설득력을 잃었다"고 말한다. 지구 온난화를 주장하는 사람들 사이에서 싱어는 "미스터 아니오"로 알려져 있고, 온실 네트워크란 단체에서 주는 "평평한 지구상"을 받았다. 그는 이 상을 받은 사실을 자랑스러워했고, 이를 널리 알렸다.

진실로 두려워해야 할 것은 두려움 자체이다

"서구문명이 얼마나 놀라운 일로 가득 차 있는지 생각해 본 적이 있는가? 산업화된 나라는 시민들에게 전례가 없는 안전과 편의와 건강을 제공해 주고 있다. 지난 세기 동안에 평균수명은 50%나 늘어났다. 그런데도 현대인들은 비참한 공포 속에 살고 있다. 그들은 이방인, 질병, 범죄, 환경문제를 두려워하고 있다. 또한 그들은 자신들이 살고 있는 집, 먹는 음식, 자신을 둘러싼 기술을 두려워한다. 그들은 특히 자신이 볼 수조차 없는 것들—세균, 화학물질, 첨가물, 오염물질 등—을 두려워한다. 현대인들은 겁이 많고, 신경질적이며, 초조하고 우울하다. 더 놀라운 것은 그들이 지구의 전체 환경이 파괴되고 있다는 확신을 갖고 있다는 점이다. 놀랍지 않은가! 마녀를 믿듯이 그것은 지독한 망상이며, 중세에나 있을 법한 전 지구적 환상이다. 모든 것이 나빠지고 있고, 우리는 모두가 두려움 속에 살고 있다."

마이클 크라이튼, 『공황상태』, New York HarperCollins, 2004, 455쪽.

마이클 크라이튼은 『공황상태』(*State of Fear*)란 책을 써서 일약 지구 온난화 비판론자로 등장했다. 그는 이 책을 쓰기 전에 수년 동안 지구 온난화에 관해 연구하였고, 이때의 경험을 책의 말미에 "저자의 생각"이란 제목으로 정리해 놓았다. 그는 지구 온난화와 관련된 과학을 우생학에 비교하였고, 캘리포니아 공과대학에서 행한 연설에서는 외계인 연구와 같다고 표현했다(그는 외계인 연구도 사이비 과학이라고 지적했다).

크라이튼은 캘리포니아 공과대학 학생들에게 (지구 온난화와 같은) 합의에 의한 과학적 결론이란 말을 들을 때는 반드시 의심해 보라고 경고했다.

> 합의에 의한 과학이란 당장 멈추어야 할 매우 유독한 연구방법이다. 역사적으로 보아 합의란 불량배들의 첫 번째 피난처이다. 그것은 이미 결론이 났으니 이의를 제기하지 말라는 얘기와 같다. 과학자들이 어떤 문제를 두고 의견의 일치를 보았다는 소리를 듣거든 여러분들의 지갑을 조심하라. 그들이 여러분을 속이고 있다.

마이클 크라이튼은 "소빙하기라고 불리는 400년이 끝난" 1850년 무렵부터 약간의 온난화 현상이 발생한 것은 자연스러운 추세의 일부라고 하였다. 그러나 "현재의 추세가 얼마만큼이나 자연적인 원인에 의한 것인지 아니면 인간 활동 때문인지는 아무도 모른다."

크라이튼은 젊은 시절에 하버드 의과대학과 솔크 연구소(Salk Institute)에서 공부했다. 그는 지구 온난화에 관한 "솔직하고 공개적인 토론"이 제약받고 있다고 믿고 있다. 그런 증거의 하나는 "지구 온난화를 부정하는 저명인사들은 대부분 은퇴한 교수들이란 점이다." 그들은 이제는 연구비를 타낼 걱정을 하지 않아도 되고 "연구비 할당과 진급을 좌우하는 동료들의 평판"으로부터 자유롭다.

다른 하나의 증거는 주요 과학잡지들이 "지구 온난화 주장을 지지하는 강력한 편집방침을 갖고 있다"는 점이다. 크라이튼은 과학잡지 편집자들이 "아무 것도 하지 않는다"고 비난했다. 그가 잡지의 이름을 특정하지는 않았지만 사이언스지를 지칭함이 분명하다. 대부분의 논쟁에 있어서 (다행히도 전부는 아니지만) 사이언티픽 아메리칸(*Scientific American*)도 정치적인 분위기에 몸을 맡기고 있다.

최근에 벌어지고 있는 과학의 정치화는 캘리포니아 대학의 나오미 오레스케스(Naomi Oreskes) 박사의 조사결과를 보면 확연히 드러난다. 오레스케스 박사는 1990년대 초반 이후로 발표된 지구 온난화에 관한 논문 1,000여 편의 내용을 분석하였다. 박사는 논문의 75%가 명시적이기나 또는 묵시적으로 온난화를 인정했고, 부정적인 의견을 명시적으로 밝힌 논문은 한 편도 없다는 분석결과를 내놓았다.

기후변화에 대한 대책을 세우라고 요구하는 사람들은 상습적으로 오레스케스 박사의 조사결과를 인용하고 있다.

그러나 오레스케스의 결론에 의문을 제기하는 사람도 있다. 지구 온난화 진영과 다른 견해를 가진 논문이 많다는 사실을 알고 있는 과학자가 있다. 그 중의 한 사람이 리버풀 소재 존 무어스(John Moores) 대학의 베니 페이저(Benny Peiser) 박사이다. 오레스케스가 분석한 것과 같은 논문을 분석한 페이저 박사는 1/3만이 온난화를 긍정했고, 명시적으로 긍정한 논문은 1%밖에 되지 않는다는 결론을 내놓았다. 그는 자신의 분석결과를 2005년 1월에 사이언스지에 제출했는데, 사이언스지는 그의 결론이 "인터넷을 통해 광범위하게 유포되었다"는 이유로 게재를 거부했다.

페이저 박사는 자신의 분석결과를 한 번도 공개한 적이 없다고

당신이 읽지 말았어야 할 책

• 프레드 싱어(S. Fred Singer), 『지구 온난화의 끝나지 않은 논쟁』(*Global Warming's Unfinished Debate*), Oakland, CA : Independent Institute, 1999.

항의했다. 그는 런던의 신문기자에게 "분석결과가 다른 곳에 이미 공개되었다는 것은 있을 수 없는 일"이라고 밝혔다. 그러자 사이언스지는 페이저의 분석결과가 "여러 가지 이유로" 거부되었다고 답해왔다.

이런 주제와 관련된 논문이 게재 거부당한 경우는 그가 유일한 사례가 아니다. 독일의 기상학자인 데니스 브라이(Dennis Bray)는 기후변화의 주원인이 인간 활동이라고 믿는 기상과학자는 열에 하나도 되지 않는다는 국제적인 연구결과를 제출했다. 사이언스지는 다시 한 번 이 논문의 게재를 거부했다. 브라이가 전해준 바에 의하면 "그들은 논문의 내용이 그들의 출판 의도와는 맞지 않다"고 말했다고 한다.

지구 온도의 위성 측정 전문가인 앨라배마 대학의 로이 스펜서(Roy Spencer)는 이렇게 말했다 : "사이언스지의 편집진은 지구 온난화를 지지하는 논문들에 대해 더 많은 관심을 갖고 있음이 분명하다. 그들에게 가장 중요한 것은 뉴스의 가치이다." 그의 연구팀이 지구 온난화의 원인이 인간의 활동이라는 주장에 의문을 제기하는 연구결과를 도출한 후로 이 분야에서 세계에서 가장 앞서가는 연구팀이라는 평가를 받고 있음에도 불구하고 사이언스지나 네이처지는 이 팀에 논문 게재 요청서를 보내오지 않았다.

스펜서는 그 결과 결함이 많은 연구논문들이 주요 학술지에 등장하고 있고 반론은 무시되고 있다고 말했다. "다른 학자들도 같은 경험을 해왔습니다. 편집진은 소수의 온난화 지지자들로 구성되어 있으니까요."

이견에 대한 침묵과 심판의 날 시나리오를 편애하는 경향은 기상학 자체의 신뢰를 떨어트리고 있다. 베니 페이저의 말을 빌리자면, "지구 온난화에 의문을 제기하면 정치가들이 행동을 회피할 걸로 두려워하는 사람들이 많다. 그러나 정치적 고려 때문에 출판이 결정된다면 과학은 끝장 난 것이다."[5)]

> **Unabomber 선언**
>
> "기술과 산업 시스템을 반대하는 이데올로기를 개발하고 확산시키기 위해 현 상태에서 두 가지 주요 과제는 사회적 긴장과 산업사회의 불안정을 조장하는 것이다."
>
> **시어도어 카친스키**(Theodore Kaczynski)

재정문제는 심각한 것이다. 마이클 크라이튼이 말했듯이 과학자들은 누가 돈을 내는지 너무나 잘 알고 있다. 그들은 "연구결과가 재정지원을 한 사람의 구미에 맞아야 연구비 지원이 계속된다는 것을 알고 있다." 이것은 변형된 그레셤 법칙이다. 악화가 양질의 연구를 몰아낸다. 환경주의자들은 "기업으로부터 지원을 받고 있다"는 말을 퍼뜨려 반대자들의 정통성을 훼손시킬 수 있음을 훤히 꿰뚫고 있다. 그런데 마이클 크라이튼의 말을 빌리자면 환경주의자들이 돈을 대는 연구는 "모조리 편견에 사로잡혀 있다." 그들은 누가 돈을 대는지를 알고 있다.

지구 온난화 주장을 비판적으로 연구하는 워싱턴의 경쟁기업 연구소(Competitive Enterprise Institute : CEI)에서 일하는 마이런 에벨(Myron Ebell)에 의하면, 환경보호를 내세운 로비활동은 16억 달러 규모의 시장을 형성하고 있다고 한다. 워싱턴에서 활동하는 로비스트 가운데 에벨 같은 회의론자는 지구 온난화 주장을 내세우는 로비스트에 비해 500 : 1로 수적으로 열세라고 한다. CEI 같은 곳은 시에라 클럽(Sierra

Club)에 비해 절망적으로 적은 재정지원을 받고 있는데도 언론에서는 "기업이 지원하는 기관"이라고 지목당하고 있다. 에벨은 정작 중요한 문제는 "환경보호 로비스트들이 진실만 빼고 모든 것을 다 갖고 있다"는 점이라고 한다.[6)]

마이클 크라이튼 같은 사람들이 확언하듯이 환경운동은 관련법 제정과 대규모 예산확보를 목표로 하는 "특별한 사업"이 되었다. 몇몇 주도적인 환경주의자들조차도 이런 상황에 대해 비판적인 목소리를 내고 있을 정도다. 2004년에 마이클 셀렌버거(Michael Shellenberger)와 테드 노드하우스(Ted Nordhaus)가 「환경주의의 종언」(The Death of Environmentalism)이란 제목의 14,000단어에 이르는 논문을 발표했다. 니콜라스 크리스토프(Nicholas D. Kristof)는 뉴욕타임스에 기고한 글에서 이 논문이 "환경주의자들 사이에 내란을 불러일으켰다"고 평했다. 마틴 루터 킹의 "나는 꿈을 갖고 있다"는 말은 환경주의자들에게 가서는 "나는 악몽을 갖고 있다"로 바뀌어 버렸다. 셀렌버거와 노드하우스는 논문에서 이 메시지도 호소력을 잃기 시작했다고 지적했다.[7)]

사실상 그것은 고통의 신음소리였다 : 왜 우리는 가장 중요한 이슈, 특히 지구 온난화 이슈에서 밀리기 시작했는가? 그들은 그것을 "다음 세기에 수백만의 인류를 죽일 세계의 가장 심각한 생태위기"라고 불렀다.

그들은 황금기였던 1970년대를 아쉬워한다. 그때는 모든 것이 그들의 생각대로 되었다. 그들의 말을 빌리자면 "그 시절에는 지역사회에서의 정치적 전략은 과학을 이용하여 문제를 '환경과 관련 있는 것'이라고 규정하는 것이었다."

"과학의 이용"은 성공적인 수법이었다. 나머지 우리들은 그 때문에 25년 동안 눈이 멀었다. 그런데 문제는 환경주의자들이 설득력 없는 "기술적 해법"을 제시하기 위해 과학을 이용했다는 것이 아니다. 문제는 그들이 이용한 과학이 애초부터 제대로 된 것이 아니었다는 점이다. 그들이 이용한 과학이 적절치 못하다는 사실이 분명해지자 지구 온난화를 주장하는 무리들의 겁주기 전략은 강도를 더해갔다.

Chapter 2

더 많은 핵발전소가 필요하다

알고 있나요?

* 핵발전은 단연코 가장 안전하고 깨끗한 에너지원이지만 아무도 다치지 않은 한 번의 사고 이후로 지난 25년 동안 핵발전소 건설은 중단되었다.
* 지구 온난화에 대한 두려움 덕분에 (일부) 녹색주의자들도 핵발전을 긍정적으로 생각하기 시작했다.
* 핵발전소에서 "허용"되는 방사선 조사량은 덴버 지역의 자연방사선 수준보다 낮다.

1953년 12월 드와이트 아이젠하워 대통령은 "평화를 위한 원자력"이란 제목의 연설을 하였다. 그는 출범한 지 얼마 되지 않는 UN—당시에 세계의 많은 사람들이 국제문제를 해결할 리더십을 UN에 기대하고 있었다—에서 연설하였다. 사람들은 여전히 전문가들(주로 과학자들)에게 기대를 걸었고, 국가 간에 발표되는 공동합의문을 믿었으며, 세계 도처의 사람들의 보편적인 열망을 신뢰했다. 이 연설에서 아이젠하워는 세계의 과학자들과 기술자들이 "적정량의 핵분열 물질을 가지면" 좋은 목적에 쓸 수 있을 것이라고 하였다. 그 한 가지 목적이 "세계의 전력이 부족한 지역에 풍부한 전력을 공급하는 것"이었다. 아이젠하워는 각국 정부가 협력하여 "각국의 우라늄과 핵분열 물질"을 UN산하 기구에 제공하자고 제안했다. 걱정할 일은 아무 것도 없을 것이다. 전문가들이 모든 것을 통제할 것이다. 이렇게 하면 강대국들은 인류의 공포가 아니라 복지를 위해 협력할 수 있을 것이다.[1)]

지금 생각하면 지나친 낙관론인 것 같지만 핵발전의 시대가 왔다는 것을 강조했다는 점에 있어서는 아이젠하워의 말이 옳았다. 아이젠하워의 연설이 있고 나서 수개월 후에 펜실베니아 주 쉽핑포트에서 최초의 상업용 핵발전소 건설공사가 시작되었다. 원래는 석탄을 연료로 하는 발전소를 지을 계획이었으나 대기오염 가능성 때문에 지역주민들이 반대하였다. 피츠버그 지역은 석탄 때문에 대기오염을 오랫동안 경험했다. 그래서 뒤케스너 전력회사는 핵발전소로 변경하였다. 이 무렵 원자력위원회 의장 루이스 L. 스트라우스(Lewis L. Strauss)는 원자력 에너지는 "너무 값이 싸서 계산할 수가 없다"는 연설을 하였다.[2)]

이후로 핵에너지의 생산이 급격하게 증가했다. 이 무한대의 에너지 덕분에 미래는 장밋빛으로 보였다. 그런데 환경주의자들이 득세한 1960년대가 찾아왔고, 핵의 안전성에 관한 의구심이 대중들 사이에 퍼져나갔다. 소수의 과학자들이 나서서 대중을 겁주고 새로운 기술에 대한 신뢰감을 붕괴시켰다.

할리우드도 자신의 몫을 충실히 이행했다. 네빌 슈트(Nevil Shute)가 제작하고 스탠리 크레이머가 감독한 「그날이 오면」(*On the Beach*)이라는 영화는—이 영화의 주인공역은 그레고리 펙이 맡았다—전면적인 핵전쟁이 벌어지고 전 세계가 치명적인 방사능으로 오염되는 상황을 보여주었다. 영화 속에서 프레드 아스테어는 "우리는 망했어. 우리는 바보 같고 가련하며 술 취한 인간들이야. 우리가 숨 쉬는 공기 때문에 죽게 되었어"라는 대사를 읊조린다. 영화는 상업적으로 성공했지만 영화가 보여준 과학은 잘못된 것이었다. 물리학자 하워드 해이든(Howard Hayden)—그는 콜로라도 주민이다—은 핵폭턴의 폭발로 생긴 열 때문에 수백만의 사람이 죽게 되겠지만, 잔존 방사능은 일반적으로 "영화 속에서 아무런 피해를 입지 않는 콜로라도 주민들이 일상적으로 경험하는" 양보다 적을 것이라고 평가했다. 자연방사선의 증가는 일시적으로 일어나겠지만 "급속히 사라질 것이다."[3)]

> **"나는 아이젠하워가 좋아"**
>
> "미국은 가장 파괴적인 핵군비 기술을 평화적 목적에 사용한다면 인류 전체를 위해 커다란 혜택이 될 것임을 알고 있습니다."
>
> "미국은 핵에너지의 평화적 이용이 미래의 꿈이 아니라는 사실을 알고 있습니다. 그 가능성은 이미 입증되었고, 지금 당장 시행할 수 있습니다. 전 세계의 과학자들과 기술자들이 그들의 아이디어를 시험하고 발전시킬 수 있는 적정량의 핵분열 물질을 갖게 된다면 이런 가능성은 신속하게 보편적이고 효율적이며 경제적인 수단으로 변모할 것임을 의심할 사람이 누가 있겠습니까?"
>
> **아이젠하워 대통령,**
> "평화를 위한 핵", 유엔 총회 연설,
> 1953. 12.

언론이 곧 공포를 퍼뜨리기 시작했다. NBC TV의 인기 있는 평론가 에드윈 뉴먼(Edwin Newman)이 방송에 나와 핵발전소에서 생긴 열 때문에 "1960년대 말이 되면 우리 주변의 강물의 온도가 비등점에 이를" 거라고 하였다.[4)]

일상생활이 영화를 모방하기 시작했다. 1979년에 컬럼비아 영화사가 사회운동가 제인 폰다를 주연으로 한 「차이나 신드롬」(*China Syn-*

drome)이란 영화를 내놓았다. 영화에서는 핵반응로의 노심이 녹아 지구 반대쪽인 중국에까지 영향을 미친다. 영화가 개봉되고 나서 2주 후에 펜실베니아의 쓰리마일 섬에 있는 핵발전소에서 실제로 사고가 발생했다. 제인 폰다의 말을 빌리자면 "영화의 픽션이 실제 생활로 연결될 수 있는 최악의 재앙"이 발생한 것이다. 제인 폰다와 당시 그의 남편이던 급진적인 운동가 톰 해이든이 52개의 도시를 순회하면서 반핵 시위를 주도하였다.[5)]

놀라운 일은 아니지만 대중들의 생각 속에서는 사실과 픽션이 뒤섞였다. 재앙은 피해갔고, 핵발전소에서 일하던 사람이나 쓰리마일 섬 인근 주민들 가운데 다친 사람은 아무도 없다는 사실을 아는 사람은 오늘날 별로 없는 것 같다. 약간의 방사능 유출이 있었으나 인근 주민들이 받은 평균 조사량(照射量)은 흉부 X-레이 촬영 때보다 훨씬 적은 9밀리렘이었다. 미 대륙을 횡단하는 여객기 승객들은 정상적인 자연방사선과 우주방사선으로부터 약 2밀리렘의 방사선에 노출된다. 그러나 이 사고는 많은 사람들에게 반핵운동가들의 주장이 옳다는 인식을 심어주었고, 새로운 핵발전소의 건설은 멈추었다.

그로부터 7년 후에 소련의 체르노빌에서 핵반응로가 폭발하는 사고로 50여 명이 사망했다.[6)] 발전소 바깥에 있던 사람이 사망한 사례는 확인되지 않았다. 인접한 지역에 방사능이 유포되었고 갑상선 암환자가 발생했다는 보고가 있었다. 그러나 같은 지역에서 갑상선 암의 주요 발병 원인인 요오드 결핍 사례도 보고되었다. 오늘날 체르노빌 지역의 방사능 자연방사선 수준은 뉴욕의 그랜드 센트럴 역의 화강암에서 방출되는 것보다 낮다.

온갖 방법을 동원해 핵발전소의 건설을 반대하던 반핵운동가들에게 「차이나 신드롬」과 쓰리마일 섬 사고, 체르노빌 사고는 꿈이 현실이 된 것이었다. 활동가들이 거리로 나섰고, 그들의 활약은 신문 머릿기사를 장식했다. 코미디 배우이자 활동가이며 단식농성으로 유명한 딕 그레고리는 미국 내의 모든 핵발전소가 폐쇄될 때까지 물 이외의 음식을 먹지 않겠다고 선언했다. 대중들의 인식 속에서 핵발전소는 신망을 잃었다. 연료 운송상의 위험, 사고의 가능성, 대기오염 등을 고려할 때 훨씬 덜 안전한 대체수단이 채택되었다. 천 메가와트의 석탄연료발전소와 같은 양의 전력을 생산하는 핵발전소를 비교해 보자. 1년 동안 배출하는 오염물질은 다음 표와 같다.

	이산화탄소	이산화황	산화질소	고형 폐기물
석탄발전소	7백만 톤	12,000톤	20,000톤	750,000톤
핵발전소	없음	없음	없음	50톤

그러나 미 해군에서는 핵동력이 계속하여 사용되었다. 현재 핵동력으로 움직이는 전함은 83척이며 탑재된 핵반응로는 105기인데 지금까지 한 건의 사고도 없었다. 이 전함들은 150곳의 외국 항구를 방문했으나 그곳에는 현지의 제인 폰다는 없었다. 핵잠수함에서 근무하는 사병들은 차폐된 핵반응로로부터 1피트 떨어진 장소에서 일하고 잠잔다. 그런데 그들이 1년 동안 받는 추가적인 방사선 조사량은 5천 밀리렘으로 제한되어 있고, 이로 인한 발병사례는 한 건도 없다.

핵에너지는 한 가지 커다란 약점을 갖고 있다. 많은 사람들이 핵에너지와 핵무기를 구분할 줄 모른다는 것이다. 평화를 위한 핵과 전쟁을 위한 핵 … 그 차이를 아는 사람이 몇이나 되었던가? 핵을 에너지로 한다는 점에서는 차이가 없다. 둘 다 원자의 분열을 이용하고 방사능을 방출한다. 선동가들은 바로 이 점을 이용한다. 복잡한 기술문제로 들어가면 사람들은 들은 대로 믿는 경향이 있고, 그 때문에 핵과 관련된 것이라면 모조리 두려운 것으로 생각한다.

≫≫ 새로운 연금술

핵에너지란 무엇이며 어떻게 발생하는가? 오랫동안 과학자들은 자연의 원소가 안정되어 있는 것으로 생각해 왔다. 그러나 연금술사들—아이작 뉴턴도 연금술사였다—은 다른 생각을 갖고 있었다. 그들은 원소가 변질될 수 있다고 믿었다. 그들의 꿈은 "기초" 금속을 금으로 바꾸는 것이었다. 20세기 초가 되자 이 이론은 안팎이 완전히 바뀌었다. 과학자들은 어떤 원소—특히 무거운 원소들—는 전혀 고정되어 있지 않다는 것을 알아냈다. 그런 원소들은 변질되면서 다른 원소를 생성한다.

연금술사들은 이와는 반대 과정을 추구했다. 납은 기초물질이 아니라 원소 변질의 마지막 생성물질임이 밝혀졌다. 그리고 물질을 변질시키기 위해 열을 가할 필요가 없으며, 물질이 변질되는 과정에서 열을 방출한다는 사실도 알게 되었다. 뉴턴 같은 과학자들이 수세기 동안 찾아내려고 노력했던 성분인 철학자의 돌이 발견된 것이다. 그러나 그것이 현실이 되자 세상에서 가장 바람직한 물질에서 가장 두려운 물질로 변모했다. 그 이름이 방사능이다.

우라늄은 변질되는 원소 가운데 하나이다. 우라늄은 두 가지 동위원소로 변질되어 U-235와 U-238이 된다. 자연상태에서 발견되는 우라늄의 99%는 비활동성의 U-238이다. 반면에 U-235는 보다 휘발성이 강하다. 과학자들은 이 U-235를 분리해낸 다음 90% 이상의 순도로 농축하면 폭발한다는 사실을 알아냈다.[7)]

우라늄 핵으로부터 하나의 중성자가 방출되면 그 중성자는 인접한 원자의 핵을 가격해서 분열시키고 원자는 다른 원소로 변한다. 이때 몇 개의 중성자가 더 방출되면서 연쇄적으로 핵을 분열시키게 되고, 그 과정에서 에너지가 발생한다. 원래 핵에 단단히 고정되어 있던 프로톤이 튕겨져 나온다. 이런 과정이 단시간 안에 다량의 에너지를 발생시킨다. 이것이 핵폭탄이다. 우라늄 원자 하나의 핵분열은 석탄의 주성분인 탄소 원자 하나의 연소시에 발생하는 에너지의 천만 배 가량의 에너지를 발생시킨다.

그러나 저농축 우라늄의 경우는 다르다. 순도 3.5%의 U-235에서도 연쇄반응은 일어나지만 보다 느리게 일어난다. 폭발하지 않고 사그라지는 것이다. 발생하는 열을 물 속에 가두면 물이 끓게 된다. 이때 발생하는 증기로 터빈을 돌려 전기를 생산한다. 핵반응로는 거대한 솥이다. 그 내부에 우라늄 막대기가 있고 물을 데워 끓게 한다.

핵에너지는 전부터 존재해 왔지만 불과 100여 년 전에 발견된 물질을 이용함으로써 가능해졌다. 에너지를 발생시키는 전체 과정에서 가장 어려운 부분인 우라늄을 두 개의 동위원소로 분리하는 과정은 (다행스럽게도) 기술적으로 발전한 나라에서만 가능했다.

핵에 관한 가장 잘못된 오해는 방사능 물질의 반감기이다. 지금껏 독자들에게 책임감 있게 설명해 준 출판물이 별로 없었다. 반감기가 짧은 방사능 원소는 반감기가 긴 방사능 원소보다 훨씬 위험하다.

예컨대 U-235의 반감기는 7억 년이며, 플루토늄의 반감기는 2만 3천 년이다. 가장 큰 근심의 대상이 되는 두 개의 동위원소는 세시움-137과 스트론티움-90이다. 이 두 원소의 반감기는 약 30년이다. 그런데 반감기가 매우 짧은 동위원소는 반응로 밖으로 나오지 않으므로 염려할 필요가 없다.

반감기가 짧은 방사능 물질은 가이거 계수기 상에서 급격한 진동음을 낸다. 전직 에너지부 장관은 이런 비유를 하였다 : "폭죽을 담은 상자 위에 앉아야 한다면 한 주 안에 절반이 터져나갈 상자 위에 앉겠는가, 아니면 2만 4천 년 안에 절반이 터져나갈 상자 위에 앉겠는가?"

그런데 반감기가 긴 방사능 물질은 매우 위험하다고들 하며, 그래서 오염된 지역은 영원히 인간이 거주할 수 없다고 한다. 이것은 사실이 아니다. 중요한 변수는 사람의 신체가 일정한 양의 방사능 물질에서 방사되어 나오는 소립자에 노출되는 정도이다. 그 정도가 낮으면 위험하지 않으며, 어떤 경우에는 이롭기까지 하다. 자연방사선 때문에 우리는 항상 저강도의 폭격에 노출되어 있다.

불행하게도 정부의 발표는 방사선에 노출되어도 안전한 수준은 없다고 한다. 이를 근거로 반핵운동가들은 (자연방사선보다 낮은 수준인데도) 모든 인위적인 방사선 방출을 반대한다. 우라늄 매장량이 풍부한 로키 산맥 지역에서는 자연방사선이 상대적으로 높다. 피츠버그 대학의 버나드 코헨(Bernard Cohen)이 운동가들의 대부라고 할 수 있는 랄프 네이더(Ralph Nader)가 일정량의 카페인을 먹는다면 자신은 같은 양의 플루토늄을 먹겠다고 제안한 적이 있다(네이더는 1파운드의 플루토늄이 80억 명에게 암을 일으킬 수 있다고 주장한다). 물론 네이더는 이 제안을 거절했다. 코헨은 다시 TV에 출연하여 플루토늄을 먹어보이겠다고 제안했으나 제작자와 기자들은 관심을 보이지 않았다. 플루토늄이 위험한 물질임은 맞다. 그러나 플루토늄으로 원자탄을 만들지만 반감기가 길기 때문에 그것으로부터 방사되는 방사능은 인체에 유해하지 않다.

> **당신이 읽지 말았어야 할 책**
>
> • 피터 베크만(Peter Beckman) 저, 『핵이 없을 때 건강에 미치는 악영향』(*The Health Hazard of Not Goning Nuclear*), Golem Press, 1977.
>
> • 하워드 해이든(Howard Hayden) 저, 『태양열 사기극』(*The Solar Fraud*), Vales Lake Publishing, 2004.

한 세대 동안 부당하게 공포의 대상이 된 핵에너지를 다루는 기술은 현 단계에서 성숙되어 있다. 중국 같은 나라에서는 핵에너지가 확산되고 있다.[8] 세계적으로도 약 백여 기의 핵발전소가 건설 대기 중이다. 미국에서는 훨씬 진보된 기술로 설계한 3기의 핵발전소가 계획 중이다. 미국에서는 핵발전소 때문에 죽은 사람은 한 명도 없지만 피터 베크만(Petr Beckmann)이 수년 전에 그의 저서 『핵이 없을 때 건강에 미치는 악영향』에서 주장했듯이 석탄연소에 의존한 결과로 수만 명—어쩌면 수십만 명—이 죽었다.[9]

"1970년대 이후로 녹색 반핵운동이 성취한 것은 무엇인가? 그들이 원했던 에너지 수요의 감소가 아니라, 오히려 우라늄보다 훨씬 덜 깨끗한 석탄연소 양의 거대한 증가만 가져왔다." 피터 휴버(Peter Huber)와 마크 밀스(Mark Mills)는 시티 저널에 기고한 글에서 이런 의문을 제기했다.[10]

오늘날 미국에서 가동되고 있는 핵발전소는 104기이며, 그곳에서 미국 전체 전력 소비의 20%를 감당하고 있다. 많은 숫자같이 들리겠지만 한때는 2000년까지 1천 기의 핵발전소가 가동되리라고 예상했었다.

⋙ 무지, 공포, 그리고 장점을 찾아서

1976년 이후로 2명의 민주당 대통령의 에너지 정책은 무지와 무책임의 진수라고 할 수 있다. (공화당 행정부는 일부 예외적인 경우는 있었으나 환경운동가들로부터 정치적 방사능 낙진을 맞을까봐 이 문제에 관해서 방어적으로 대처했다.) 지미 카터는 에너지 절약의 "시범"을 보이느라 백악관 안에서 카디건을 걸쳤다. 에너지 절약은 "도덕적 전쟁" 수준이었다. 빌 클린턴은 미국의 에너지 수요에 대한 대책은 별로 없으면서 교토로 가 온실가스 배출량을 1990년 수준으로 줄이겠다고 약속했다. 2001년에는 에너지 장관 스펜서 에이브러햄(Spencer Abraham)이 클린턴 행정부의 에너지 정책이라면서 "좋아하지 않는 연료의 목록—핵에너지, 석탄, 수력, 석유—을 제시했는데, 이런 연료가 미국의 에너지 공급의 73%를 담당하고 있었다. 이런 걸 정책이라 할 수 있는가."[11]

새로운 발전소와 정유공장의 건설은 중지되었다. 알래스카의 미개발 유전은 순록의 생활환경을 해친다는 이유로 개발이 제한되었다. 꽤 잘 사는 사람들이라면 이처럼 무신경할 수 있을 것이다. 환상적인 연료라면서 제시된 것이 천연가스였고, 녹색운동가들도 이를 모호하게나마 받아들였다.

같은 시기에 녹색운동가들은 재생 에너지를 찬양하는 선전활동을 전개했다. 재생 에너지는 "태양열", 풍력발전, 바이오메스(쉽게 말하자면 "장작"이다), 수력발전을 지칭했다. 하워드 해이든이 그의 저서 『태

양열 사기극 : 왜 태양열로는 세계를 움직일 수 없나』에서 주장했듯이 재생 에너지 찾기가 전국적인 유행이 되었다.[12] 대부분의 환경운동가들에게 "재생" 에너지는 고결한 에너지이다. 그것은 오염시키지도 않고, 지구 온난화를 유발하지도 않으며, 멈추지도 않고 비용도 들지 않으며 고갈되지도 않는다. 최소한 이론상으로는 그렇다.

1960년대에 히피들이 등장하면서 사회로부터 떨어져 나와 자연과 조화를 이루며 살 수 있다는 생각이 퍼졌다. 전기 석쇠를 사용하지 않고 수도, 전기, 가스, 통신, 교통수단이 없이도 살 수 있다. 자신이 먹을 채소를 직접 기르면서 오두막에 틀어박혀 살 수 있다. 세상과 단절하고 밤이면 헨리 소로우를 읽으면서 영감을 얻을 수 있다. 하루 종일 태양이 비치면 지붕 위의 태양열 집열판이 욕실의 물까지도 데워줄 것이다. 그런데 여기까지다.

녹색운동가들은 그들이 꿈꾸는 것은 결국 하찮은 에너지에 불과하다는 것을 깨달았다. 사람들은 히피처럼 광야에서 살아간다는 것은 문명으로부터 한 발짝 뒤떨어져 가는 일임을 알았다. 환경단체의 기부금으로 살아가는 열성적인 운동가들은 마을 전체를 외부세계와 격리시키는 방법도 생각했다. 그들은 정치적인 방사성 낙진에 맞설 수 있는 재원을 갖고 있었다. 전기공급이 끊기거나 가솔린 값이 지나치게 오르면 정치적 반동이 있을 것이다. 그렇게 되면 정치가들은 환경운동가들을 두려워하는 대신 그들에게 등을 돌릴 것이다.

좀 더 영리한 환경주의자들은 재생 에너지라는 비전을 달성하려면 뒤뜰에 풍차를 돌리는 것만으로는 안 된다는 것을 알았다. 그들은 풍력발전기의 규모를 키워야 했다. 그래서 그들은 세금면제를 요구했다. 정치가들은 환경을 파괴한다는 비난을 받는 것보다는 환경주의자

유언비어 유포자들의 연합

1968년 매사추세츠 주 캠브리지에서 결성된 걱정하는 과학자들의 연합(Union of Concerned Scientists : UCS)이 정치화된 과학의 진원지 역할을 해왔다. 초창기 UCS의 주된 관심사는 핵문제였고, 그들의 활동은 요격미사일 배치 반대운동에 초점을 맞추었다. 그후로 핵실험 반대운동, 전략방어체제 반대운동, 핵무기 해체 지지운동으로 옮겨갔다.

최근에 와서야 UCS는 환경문제를 들고 나오기 시작했다. 2004년의 대통령 선거가 있기 수개월 전에 UCS는 정치적 의도가 담긴 보고서를 발표하여 부시 행정부가 "자신의 정치적 의제에 봉사하도록 과학을 조종하고 검열해 왔다"고 비난했다. 그런 사례로 예시된 것이 기후변화, 대기오염, 콘돔 사용을 권장하는 대신 금욕주의를 권장한 일이었다.

그렇다고 핵과 관련된 것이라면 무엇이든 걱정하는 과학자들의 관심이 바뀌지는 않았다. 오늘날 이들은 핵발전소는 당신의 이웃에 자리 잡은 걱정거리라는 생각을 퍼트리고 있다. 이 단체는 2004년에 발표한 "허드슨 강변의 체르노빌"이란 분석 보고서에서 "맨해튼에서 35마일 떨어진" 인디언 포인트 핵발전소가 "뉴욕 시 전체에 심각한 위협이 된다"는 무책임한 결론을 내렸다.

이들의 분석은 핵발전소에 대한 테러리스트들의 "성공적인 공격이 장기적으로 암을 유발시켜 51만 8천 명을 죽음에 이르게 할 수 있다"는 "데이터"를 찾아냈다고 주장했다. 이 숫자는 히로시마와 나가사키의 원폭투하로 인한 전체 사망자보다 2-3배나 많다. (UCS를 포함하여 그 누구도 핵발전소에 대한 테러리스트들의 공격이 핵폭발을 야기할 것이라고 생각하는 사람은 없다.)

겁주는 얘기 덕분에 잡지가 팔려나갔고, 다른 대중매체도 장단을 맞추었다. 타임지에 실린 "이 바벨탑은 안전한가? 왜 미국의 핵발전소는 아직도 테러리스트의 공격에 취약하며 안전을 강화하려면 어떻게 해야 하나"라는 제목의 기사가 좋은 예이다. 이 주간지는 8페이지에 걸쳐 검은 복면을 한 저격수와 그가 사용하는 각종 무기와 장비(구경 50미리 자동소총, 철망 절단기, 레이저 조준경, 섬광발생기, 방해전파 발사기, 핵발전소 배치도, 발전소 사령탑 구조도 등)를 마치 현장 취재하듯 보여주었다.

"일단 발전소 내부로 침투하면 테러리스트의 어려운 일은 다 끝난 셈이다. 다음 단계의 작업은 의외로 쉽다. 반응로가 녹아내리도록 하면 된다. 이 일을 하는 데는 2-3분이면 충분하다. 냉각수 펌프의 작동을 멈추게 하고 반응로 운전 열쇠를 돌리기만 하면 된다. 반응로가 녹아내리면 결국 수십만 명의 사람을 죽일 수 있다."

테러리스트는 어떻게 이런 일을 알아냈을까? "반응로 운전실에서 일한 적이 있는 공범으로부터 반응로의 운전방법을 미리 알아낼 수 있을 것이라 추론할 수 있다."[13)]

이 시나리오대로라면 아무리 정교한 보안장치라도 핵심 위치에 있는 내부 배신자의 도움으로 뚫을 수 있다. 이런 식이라면 안전한 곳은 어디에도 없다. 알카에다가 CIA에 침투하는 것은 어떨까?

타임지는 이런 시나리오의 작가가 "반응로 운전작업에 17년 동안 종사한 경험을 가진 핵기술자" 데이비드 로치바움이라고 밝혔다. 그런데 기사의 다음 단락에서는 이 인물이 "핵 감시 그룹 UCS의 핵안전 기술자"로 등장한다. 이처럼 걱정하는 과학자들은 여전히 우리의 걱정을 부추기고 있다. 그들을 반핵운동 그룹이라고 부르는 게 좋겠다.

들의 요구를 들어주는 것이 유리함을 알고 있었다. 세금혜택이 주어지면 민간기업들은 환경주의자들이 원하는 것이면 무엇이든 만들어낼 것이다.

풍차는 컨테이너 선박에 짐을 싣는 기중기만큼이나 거대한 풍력 터빈으로 바뀌었다. 샌프란시스코로 가다보면 이스트 만을 둘러싼 갈색 민둥산 위에 풍력 터빈이 줄을 지어 서 있는 모습을 보게 된다. 이 지역은 알타몬트 고갯길이라고 부른다. 이곳에 설치된 풍력 터빈은 규모가 작은 구형이다. 신형 풍력 터빈은 이보다 훨씬 크다. 여기에 사람들이 잘 모르는 아이러니가 숨겨져 있다. 풍력발전기의 규모가 커지자 운동가들 사이에 의견이 갈려 "녹색" 내전이 일어났다. 영원히 단결할 것 같던 집단들 사이에 분열이 발생한 것이다. 환경주의자들과 재생에너지 옹호자들 사이에 의견이 갈려 법정 소송으로까지 이어졌다.

⋙ 녹색 내란

하워드 해이든은 자신이 발행하는 "에너지 옹호자"란 소식지를 통해 수십 년 동안 환경주의자들이 재생 에너지의 가장 철저한 반대자가 될 것이라고 예견해 왔다. 그의 예견대로 생물 다양성 센터(Center for Biological Diversity : CBD)가 알타몬트에서 풍력발전기를 운영하는 몇 개의 기업을 고소했다. 다양성 센터는 샌프란시스코의 극단적으로 보수적인 환경주의자 단체이며, 그 상층부에는 십여 명의 귀족들이 포진해 있다.

고소장의 첫 구절을 보면 눈이 휘둥그레질 지경이다.

> 본 센터는 피고들에게 그들이 지금까지 황금 독수리, 붉은 꼬리 매, 미국 황조롱이, 송골매, 부엉이 등 맹금류를 포함하여 수천 마리의 보호 조류를 무참하게 살해한 행위를 원상복구할 것을 요구한다. 이런 극악무도한 살상행위는 캘리포니아 주 사냥 낚시법, 연방 대머리 독수리와 황금 독수리 보호법, 연방 철새 보호법의 여러 규정을 위반한 범죄행위이다. 피고들은 캘리포니아 주 알라메다 카운티와 콘트라 코스타 카운티에 소재한 알타몬트 고갯길에서 본인 또는 본인의 지휘를 받는 자들을 통해 수천 기의 작고 구식인 풍력 터빈을 이용해 전력생산 사업을 영위해 오면서 이 고귀한 맹금류와 기타 조류를 규칙적이고도 연속적으로 살상해 왔다.[14]

알타몬트에서는 5천 기 이상의 풍력 터빈이 작동하고 있고, 고소장에 의하면 풍력 터빈이 "수만 마리의 새를 죽였으며, 그 가운데는 1만 7천에서 2만 6천 마리 사이의 맹금류가 들어 있고, 그 맹금류 중에는 천 마리 이상의 황금 독수리와 수천 마리의 송골매가 포함된다."

천 마리 이상의 황금 독수리라! 수천 마리의 송골매라! 맨해튼에서 어떤 한 조합회사가 송골매 둥지 하나를 옮겼다가 어떤 소동이 벌어졌는지를 회상해 보라. 그 새의 애칭이 페일 메일이었던가? 이 고귀한 맹금류가 캘리포니아에서는 이윤을 목적으로 전기를 생산하여 공공기관에 판매하는 회사에 의해 수천 마리나 죽임을 당하고 있다! 이런 범죄자라면 진즉에 감옥에 집어넣었어야 하지 않는가?

한마디 덧붙이자면 새들이 왜 풍력 터빈 쪽으로 날아드는지 아는 사람이 없다. 우리는 황금 독수리 같은 맹금류는 시력이 무서울 정도로 좋다는 것을 알고 있다. 맹금류는 1마일 밖에 있는 쥐의 움직임까지도 포착한다. 이에 대해 해이든은 터빈 날개의 회전이 느린 것처럼 보이는 착시현상 때문이라고 설명한다.

> 풍력 터빈 날개 끝의 속도는 날개의 길이와 관계없이 대체로 풍속의 여섯 배이다. 허공에서 천천히 돌아가는 선풍기처럼 보이지만(분당 회전율이 낮기 때문에) 실제로는 세 개의 날개가 빠른 속도로 움직이고 있다. 그래서 맹금류는 날개가 시야에 들어왔다가 사라지는 것으로 느낀다. 그들은 허공 속을 난다고 생각하지만 다음 날개가 다가올 때까지 6 내지 10피트의 틈새를 통과하지 못하면 날개와 부딪치게 된다.[15)]

고소장은 "낡은 1세대 발전기가 문제"라고 지적한다. 최근의 풍력 터빈은 날개가 지상으로부터 더 높이 떨어져 있고 더 많은 전기를 생산한다. 최신 날개는 "킬로와트당" 새들에게 덜 위험한 것으로 알려져 있다. 고소장은 신형 터빈 하나가 구형 터빈 20개 이상을 대체할 수 있다고 주장하고 있다.

요즘의 풍력 터빈은 자유의 여신상만 하다. 매사추세츠에 풍력 발전기를 설치하려는 계획이 있는데, 이것도 활동가들 사이에 분열을 일으키고 있다. 케이프 코드에서 가까운 난투켓 섬에 130기의 풍력 터빈을 설치하여 케이프 코드 지역 전력수요의 75%를 공급한다는 계획이다. 그런데 이곳에 사는 케네디 집안이 빙빙 돌아가는 터빈 날개가 풍경을 망칠 거라고 걱정하고 있다. 환경주의자인 로버트 케네디 2세는 이 계획에 반대한다. "최초로 미국에 정착한 우리 조상들의 고향의 모습"을 옛날대로 보존해야 한다는 이유에서이다.

미국에서 가장 신뢰할 수 있는 인물의 명단에 올랐던 월터 크롱카이트(Walter Cronkite)는 처음에는 이 계획에 반대했다가 마음을 바꾸었다. 크롱카이트는 노련한 뱃사람이라도 되는 듯 "난투켓 섬은 황무지이며, 근처의 수심이 얕아 배를 타고 구경하러 올 사람이 별로 없을 것"이라고 말한다. 그러나 그가 참여했던 초기의 반대운동은 "거의 히스테리"라고 할 수 있었다. 이 문제에 관한 한 가장 신뢰받는 미국인이 이제는 미국인 전체는 아닐지라도 최소한 활동가들 사이에서는 신뢰할 수 없는 인물이 되어버렸다.[16)]

케이프 코드 풍력발전 계획은 아직 실행에 옮겨지지 않았고, 어느 편이 이길지가 관심거리다. 약삭빠른 크롱카이트가 이기는 쪽에 패를 던진 것 같다. 이 계획은 진행될 것이 분명한데, 일부 비관론자들은 유지보수가 골칫거리로 등장할 것이고, 케이프 코드 지역의 전력공급을 늘리자면 정부 보조금도 끊임없이 늘려가야 할 것이라고 주장한다.

좋은 기사제목 하나가 천 마디 말보다 낫다

기사제목이 사설보다 영향력이 크다. 핵폐기물 처리는 중요하지만 해결되지 않은 문제다. 반핵 선전에 세뇌당한 많은 시민들은 핵폐기물 처리장은 수백 마일 떨어져 있어도 죽음의 별과 같다고 생각한다.

라스베가스에서 백여 마일이나 떨어져 있는 네바다의 유카 산에 1998년까지 미국의 주 폐기물 처리장을 건설할 계획이었다. 그런데 네바다 주의 정치인들이 반대했다. 덕분에 정치인들은 연방정부로부터 여러 가지 특혜와 신문지상에 좋은 기사제목을 끌어낼 수 있었다.

지방신문은 이런 기사를 실었다 : "주정부 핵계획청의 밥 루 청장은 환경보호청의 평가를 근거로 하여 고준위의 사용 후 방사능 연료를 라스베가스 서북쪽 100마일 거리에 있는 산에 묻으면 백만 년 동안 천만 명이 암으로 사망할 것이라고 말했다."

네바다 리뷰 저널은 어떤 기사제목을 달았을까?

"주정부 관리가 안전기준을 지킨다면 천만 명의 암사망자는 받아들일 만하다고 말하다."[17]

네바다 주민들은 왜 유카 산 처리장을 반대하는가? 이제 우리는 안다! 한 "주정부 관리"가 이 시설이 들어선 후 천만 명 정도의 암사망자가 발생하는 것은 받아들일 만하다고 생각하기 때문에 화가 난 것이다.

여러분은 구형 풍력 터빈은 너무 작고 날개와 지면 사이의 간격도 좁아 맹금류에게 위협이 되고 있음을 상기하실 것이다. 개선된 신형 터빈은 지면과의 사이가 커서 새들에게는 보다 안전할 것이다. 그러나 워싱턴포스트에 다음과 같은 걱정스런 기사가 실렸다.

연구자들이 풍력 터빈으로 인한 박쥐떼의 죽음을 경고하다.

이제는 박쥐 차례다. 박쥐는 훌륭한 음파탐지기를 내장하고 있는 동물이 아닌가? 애팔레치아 산맥의 일부인 웨스트 버지니아 산악지역에는 건설현장의 크레인 크기인 높이 350피트의 거대한 풍력 터빈이 세워져 있다. 연구자들은 돌아가는 터빈의 날개가 "박쥐를 유혹하는" 것인지, 아니면 나무를 피하고 한밤중에도 허공에서 모기를 잡을 수 있는 박쥐의 음파탐지기가 "터빈의 날개를 감지하지 못하는" 것인지 밝혀내지 못해 "당혹스러워"하고 있다. "날개가 찢기고 얼굴이 피투성이인" 채로 죽은 수천 마리의 박쥐떼가 발견되었다.[18]

수렵관리국은 박쥐의 죽음에서 "연방법을 위반한 흔적은 보이지 않는다"고 밝혔다. 그런데 박쥐는 수 톤의 모기와 해충들을 먹어치우는 유익한 동물이다. 텍사스 주 오스틴에 본부를 둔 박쥐보호재단이란 단체가 들고 나섰다. 이 단체의 지도자들은 이미 "지속 불가능한 사망률"을 언급하기 시작했다. 재생 에너지 옹호론자들은 머지않아 이 단체의 질문에 답해야 할 것이다.

≫≫≫ 보잘 것 없는 효율

재생 에너지에 관해 우리가 한 가지 분명히 알고 있는 것은 생각대로 잘 안 되고 있다는 사실이다. 1979년에 지미 카터 대통령은 2000년까지 미국 전체 에너지 수요의 20%를 이른바 재생 에너지로 조달한다는 "국가 태양열 에너지 계획"이란 것을 발표했다. 그런데 1980년에서 2000년 사이에 재생 에너지가 전체 에너지 공급량에서 차지하는 비율은 줄어들었다. 새로운 세금면제 정책과 보조금 지급 정책을 실시했는데도 그렇다.

2002년의 수치를 보면 미국 전체 에너지 공급량에서 재생 에너지가 차지하는 비율은 5.9%에 불과하다. 그 중에서도 수력발전이 압도적이다. 환경주의자들은 수력발전소 댐이 아름다운 경치를 수몰시키고 연어의 회귀를 막는다고 해서 싫어한다. 클린턴 행정부의 환경보호청장이었던 캐럴 브라우너는 수력을 재생 에너지원으로 분류하는 것조차도 거부했다. 환경주의자들은 가능한 한 많은 댐을 허물고 싶어할 것이다.

하워드 헤이든의 주장에 따르자면 수력과 바이오매스를 제외하고 나면 광기전성(光起電性) 발전(태양열)과 풍력발전이 미국 전체 에너지 수요의 0.19%를 공급하고 있다. 이를 다른 말로 표현할 때는 "가망이 없다"고 한다.[19]

언론이 아무리 노력해도 숫자를 가릴 수는 없다. 예컨대 풍력은 가장 빠른 속도로 성장하고 있는 에너지원이라는 평가를 받고 있다. (사실이다. 출발점이 너무나 미미하니까 급성장할 수밖에 없다.) 박쥐 죽음 관련 보도에서 워싱턴포스트는 풍력 터빈을 이용한 발전량이 "170만 가구에 전력을 공급할 수 있는 시간당 170억 킬로와트이며, 이는 미국 전체 전력 생산량의 1%에 미치지 못한다"는 점을 인정했다.

태양열을 이용한 상업적 전력 생산에 관해서는 물어볼 필요도 없다. 이 화제가 거론되면 환경주의자들은 진저리를 친다. 그럴 수밖에 없을 것이다. 모하비 사막에서 솔라 2라는 태양열 발전 시범사업이 진행되고 있다. 모하비 사막은 태양열 발전에 최적의 조건을 갖추고 있다. 태양열 에너지를 얻자면 햇볕이 풍부해야 하고, 이는 낮 시간 동안에만 에너지를 생산할 수 있음을 의미한다.

풍력과 태양열의 근본적인 문제는 그것이 이미 "희석된" 에너지원이란 점이다. 확대경을 이용하여 햇빛을 모아 종이 위에 구멍을 낼 수 있다는 원리는 누구나 다 안다. 문제는 그것이 한 점 위에서만 가능하다는 것이다. 태양전지도 같은 문제를 갖고 있다. 태양전지로는 계산기를 작동시킬 수 있으나 희미하게나마 전구 하나도 밝히지 못한다.

해이든이 계산한 바에 따르면, 태양광 반사장치를 이용하여 표준적인 핵발전소 한 곳이 1년 동안 생산하는 것과 같은 전력을 생산하려면 127평방마일의 지면을 반사경으로 덮어야 한다. 워싱턴 시의 두 배가 되는 면적에다 이동식 반사경을 설치해야 한다는 얘기다. 뿐만 아니라 반사경을 2-3일에 한 번은 닦아주어야 한다. 서미놀(therminol : 뜨거운 액체)이 계속 끓도록 하려면 흐린 날과 해가 진 이후에는 천연가스를 보조연료로 사용해야 한다.

상업적 풍력발전에는 얼마만큼의 토지가 필요할까? 풍력 터빈 단지가 폭 1마일의 띠를 이루면서 샌프란시스코에서 로스앤젤레스까지(400마일) 이어진다고 상상해 보라. 풍력발전으로 석탄이나 천연가스, 또는 핵발전소—이런 발전소는 통상 1평방킬로미터의 면적이면 충분하다—하나가 24시간 동안 생산하는 전력과 맞먹는 전력을 생산하기 위해서는 이 정도의 면적이 필요하다.

어떤 구조물에 새가 날아들다 부딪친다고 해서 그 구조물을 지은 사람이 책임을 져야 한다고 할 수는 없다. 그러나 환경주의자들이 책임을 져야 할 부분이 한 가지 있다. 환경주의자들—우리 모두가 그렇기도 하지만—은 시민의 세금으로 재생 에너지 생산에 보조금을 지급하는 일에 마지못해 동의하고 있다. 풍력발전이 보조금을 지급받지 않는 다른 에너지원과 경쟁할 수 있다면 기꺼이 동의하겠지만 실상은 그렇지 못하다. 어떤 보도에 의하면 재생 에너지에 대한 세금감면 시한

인 2003년 말 이후 "전국적으로 풍력발전은 급격하게 줄었다"고 한다. 2004년 10월에 세금감면을 1년간 연장하는 법안이 통과되자 곧바로 풍력발전 사업은 이전상태로 회복되었다.

재생 에너지 문제 때문에 녹색운동가들 사이에 "심각한 분열"이 일어나고 있다고 걱정하는 사람들이 많다. 여하튼 박쥐와 독수리들의 죽음, 그리고 에너지 수요의 극히 일부분만을 감당한다는 사실은 많은 재생 에너지 옹호자들에게 타격을 주었다.[20]

그런데 같은 시기에 지구 온난화란 더 큰 이슈가 제기되었다. 역설적이게도 환경주의자들이 제기한 지구 온난화 문제 때문에 핵발전이 주목을 받게 된 것이다. 환경주의자들은 지구 온난화가 태양의 변덕스런 운동 때문이 아니라 대기 중에 이산화탄소 배출량이 늘었기 때문이라고 주장한다. 녹색운동가들의 공포와 유행이 왔다갔다 하는 이유가 무엇인지 추측하지 말자. 핵심은 언론의 주목을 받는 사람들이 이산화탄소가 대기 상층권으로 올라가면 지구에 유해하다고 결론내 버릴 수 있다는 점이다. 그래서 핵발전이 주목을 받게 된 것이다. 이산화탄소는 화석연료의 연소에서 나오는 것이지 우라늄의 핵분열에서 나오는 것이 아니다. 그래서 일부 녹색운동 지도자들이 핵에너지를 문젯거리가 아니라 해결책으로 인식하기 시작했다.

전 지구편람(Whole Earth Catalog)이란 단체의 창립자인 스튜어트 브랜드(Stewart Brand)는 핵에너지의 훌륭한 장점을 강조했다. 핵에너지는 대기를 오염시키지도 않고, 관련 기술은 "반세기 동안의 경험과 지속적으로 발전한 배후기술 덕분에" 성숙되어 있다. 녹색운동가들이 핵을 혐오하는 것은 마치 "유사종교"와 같다. 영국의 환경주의자이자 가이아 이론가인 제임스 러브락(James Lovelock)은 핵에 대한 혐오는

"할리우드 스타일의 픽션, 녹색운동가들의 로비, 그리고 언론 때문에" 생겨난 것이라고 지적했다. 그는 핵에너지가 "모든 에너지원 가운데서 가장 안전하다"고 강조했다.[21]

가장 놀라운 일은 지구의 친구들(Friends of Earth)의 이사회 멤버인 성공회의 휴 몬테피오르(Hugh Montefiore) 주교가 작고하기 전에 지구 온난화의 해법은 "더 많은 핵에너지를 사용하는 것"이라고 말했다는 사실이다. 그는 이 발언을 한 후 즉시 이사회에서 제명되었으나 그는 괘념치 않았다. "지구의 미래가 지구의 친구들의 이사자리보다 더 중요하다." 그린피스의 공동설립자인 패트릭 무어(Patrick Moore)도 핵에너지의 유용성을 인정한 후 이 단체를 떠났다.

갈수록 더 많은 사회지도층 인사들이 핵에너지의 부활을 요구하기 시작했다. 애리조나 출신 상원의원 존 매케인도 이 대열에 동참했다. 정직한 풍향계라면 여론의 바람이 어디로 불고 있는지 분명하게 느낄 수 있을 것이다. 다른 이유도 있다. 석유와 천연가스의 가격이 오르고 있고, 중동의 정세는 불안하다. 그러나 우리가 무엇보다 감사해야 할 것은 지구 온난화이다. 환경주의자들은 겁주는 카드를 바꾸었다. 지구 온난화로 인해 좋은 일이 생길 거라고 생각한 사람은 아무도 없었다. 그런데 그렇게 돼가고 있다.

Chapter 3

유익한 방사능

알고 있나요?

* 미 해군의 핵 전함을 건조하는 조선소에서 일하는 70여 만 명의 노동자들은 방사능에 노출되지 않은 작업장에서 일하는 노동자들에 비해 암 발병률이 25%나 낮다.
* 1945년 나가사키와 히로시마의 원폭투하 후의 생존자들은 피폭지역이 아닌 곳에 거주하는 일본인들보다 수명이 더 길다는 연구결과가 있다.
* 환경보호청은 라돈 수치를 낮추기 위해 수백만 달러를 썼다. 그런데 라돈 조사량이 많을수록 폐암 발병률이 낮다는 사실이 밝혀졌다.

과학은 유행을 타지 않는다고 한다. 그런데 사실은 그렇지 않다. 유행을 탄 과학의 대표적인 사례가 호메시스(hormesis)이다. 호메시스 현상은 백여 년 전에 발견되었다가 이후로 서서히 잊혀졌다. 이 현상은 광범위하게 관찰되었으므로 하나의 자연법칙이라고 불러도 좋을 것이다. 그런데 호메시스는 환경주의자들에게는 결코 달갑지 않은 현상이며, 그래서 사람들에게 잘 알려져 있지 않다. 개략적으로 말하자면 호메시스는 간단하다. 다량을 섭취하면 유독한 물질이 소량을 섭취하면 유익하다는 것이다. 이런 물질은 알코올에서부터 다이옥신, 수은, 핵방사선에 이르기까지 다양하다.

이것이 공공정책에서 갖는 의미는 매우 중요하다. 호메시스가 널리 인정된다면 아마도 환경보호청 직원의 절반은 일자리를 잃을 것이다. "정치적으로 왜곡된" 과학의 사례를 찾자면 호메시스가 으뜸자리를 차지할 것이다.

호메시스는 공공보건 정책의 기초가 되는 여러 가정과 상충된다. 다량을 섭취하면 유독한 물질이 소량을 섭취해도 여전히 유독하다는 가정은 법의 보호를 받는 교조주의이다. 섭취량과 신체반응의 관계는 직선형이라고 알려져 있다. 환경보호청은 한 발 더 나아가 발암물질에는 "역치"(閾値, threshold : 자극에 대해 반응이 시작되는 경계선)가 없다고 선포했다. 아무리 적은 양일지라도 안전하지 않다는 것이다.

이런 교조주의 덕분에 환경보호청이 35년간 자리를 유지할 수 있었다. 이를 간단한 표로 나타내면 다음과 같다.

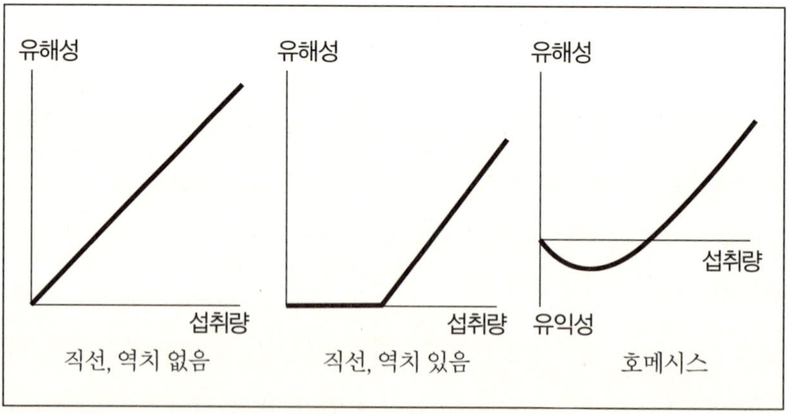

역치를 가지는 "변형" 직선 이론도 있다. 섭취량이 일정 수준 이하이면 유독물질이 영향을 미치지 못한다는 것이다. 발암성이 아닌 여러 가지 화학물질이 여기에 속한다고 인정되고 있다. 역치 이론을 간단한 도표로 나타내면 하키 스틱과 같은 모양이 된다.

다음으로는 호메시스 형이 있다. 섭취량이 일정 수준 이하이면 반응은 다른 영역에서 나타난다. 유익한 효과가 나타나는 것이다. 섭취량이 "0"이면 효과도 당연히 "0"이다. 하향곡선 부분이 "호메시스 영역"인데, 이곳에서는 유독성 물질이 오히려 유익한 반응을 자극한다.

호메시스 곡선과 위의 두 직선형 사이에는 큰 차이가 있다. 호메시스 데이터는 실험을 통해 관찰된 것이다. 호메시스 이론을 지지하는 사람들은 실험대상 물질 모두에서 같은 결과가 나왔다고 주장한다. 이와 대비하여 역치가 있는 직선형에서 하부 직선은 단순한 외삽(外揷)이다. 낮은 수준에서는 측정수치가 나타나지 않거나 무시할 수 있는 정도이다. 그러므로 호메시스 현상이 있다는 '사실'은 미국 정부가 채택하고 있는 과학의 '철학'과 대비되어야 한다.

뉴욕타임스는 호메시스에 관한 기사를 다룬 적이 거의 없다. 소수의 사람들만 호메시스에 관해 알고 있는 이유가 이런 것이다. 핵문제에 관한 기사를 자주 쓰던 뉴욕타임스의 기자 매튜 왈드는 2002년에 뉴욕타임스의 전자 파일에서 호메시스에 관한 기사를 검색해 보고 20년 전의 기사에서 호메시스가 딱 한 번 언급된 적이 있음을 알아냈다.

1982년의 기사가 어떻게 언급하고 있는지 살펴보는 것은 의미있는 일일 것이다. 그 기사는 세 사람의 과학자가 대담하는 내용이었는데, 그 중의 한 사람은 캘리포니아 대학(버클리) 의료물리학 명예교수인 존 고프만(John Gofman)이었다. 고프만은 이전에 로렌스 리버모어 국립연구소에서 부책임자로 일한 적이 있고 맨해튼 프로젝트에도 참가했었다. 1982년 무렵 그는 미국 내에서 핵에너지에 대해 가장 강력한 비판자 중의 한 사람이었다. 그는 핵발전소 건설 허가를 내주는 것은 "예견할 수 있는 살인자에게 무작위로 허가를 내주는 것과 같다"고 주장했다.[1] 대담에 참가한 또 한 사람은 매사추세츠 종합병원 방사선학 책임자인 에드워드 웹스터(Edward Webster)였다. 기사에는 다음과 같은 대담내용이 실려 있었다.

고프만 박사 : 현 시점에서는 부작용이 없는 방사선 조사량이 있다고 생각할 수가 없습니다. 절대적인 확신이 없는 상황에서 그런 조사량이 있다고 가정하는 것은 공중보건을 위해 무책임한 발언이라고 생각합니다.

웹스터 박사 : 나도 동의합니다. 상당한 불확실성이 있는 것은 사실입니다. 그런데 동물실험에서는 낮은 수준의 방사선 조사량이 수명을 연장한다는 흥미로운 연구 사례가 있습니다. 사실 호메시스 이론에 따르자면 소량의 방사선 조사는 유익하다고 합니다. 내가 이 이론을 지지하는 것은 아니지만 소량일지라도 방사선 조사는 해가 된다는 주장의 반대 학설이 있는 것도 사실입니다. 어디까지가 소량인지는 아직 데이터가 빈약하므로 결론을 내릴 수 없고, 전반적으로 보아 두 주장의 접점을 찾을 수가 없습니다. 고프만 박사가 말씀하시는 연구도 이런 범주에 들어가지 않을까 생각합니다.

고프만 박사 : 천만의 말씀입니다, 웹스터 박사. 내가 말하는 연구란 히

로시마-나가사키의 사례를 대상으로 소량의 방사선 조사도 영향을 준다는 결과가 나온 것입니다. … 영향을 낮게 추정하는 것은 공중보건을 위해 무책임한 일입니다.[2)]

거의 20년의 세월이 지난 2001년 11월에 뉴욕타임스는 9·11 사태 이후의 상황을 보도하는 토막기사에서 호메시스에 관해 몇 차례 간략하게 언급했다(그러나 호메시스란 용어는 등장하지 않았다). 지나 콜라타란 기자가 다음과 같이 썼다.

일부 과학자들은 소량의 방사선 조사는 유익하다는 주장까지 내놓고 있다. 그들은 이런 조사가 세포의 자연 방어제계를 활성화시켜 암을 예방할 수 있다는 이론을 만들어냈다. 그들은 흉부 X-레이 촬영을 자주 하는 캐나다의 폐결핵 환자 그룹과 미국의 핵발전소 노동자 그룹을 조사한 결과를 증거로 제시하고 있다. 분석에 의하면 폐결핵 환자 그룹은 예상보다 흉부 암 발병률이 낮고 핵발전소 노동자 그룹은 예상보다 사망률이 낮다고 한다.[3)]

콜라타 기자는 원폭 피폭 생존자들에게서 "과도한 암 발생률을 찾아보기 힘들다"는 점도 지적했다. 방사선 전문가이자 하버드 대학의 명예교수인 데이드 모울러(Dade Moeller)는 1945년의 피폭 생존자 가운데 "거의 절반"이 여전히 생존해 있다는 점을 지적했다. 당시 원자탄 폭발에서 살아남은 아동들의 90% 이상이 50년이 지난 지금도 생존해 있다. 또한 이들의 후손에게서도 통계적으로 의미 있는 출산시의 이상 징후가 발견되지 않았고, 유전적 질병이 드러난다는 20세 이전에 사망의 위험성이 증가했다는 증거도 찾기 어렵다.

1997년에 워싱턴포스트의 존 워릭(John Warrick) 기자는 저준위 방사선 조사에 관한 기사를 썼다. 이 기사는 오려서 잘 보관할 가치가 있다. 기사의 서두는 다음과 같이 시작한다.

> 통계는 명백히 인정하지 않을 수 없지만 상식에 배치되는 결과를 보여준다. 핵공격을 받은 유일한 나라인 일본에서 원폭 피폭자들은 동시대인들보다 더 오래 살고 있다. 피폭자들을 50년 동안 과학적으로 모니터링한 결과 나타난 이상한 왜곡현상 중 하나이다. 충분히 예견되는 일이지만 폭심에 가까운 곳에 있었던 사람들에게서는 핵방사능의 백열 섬광이 유발한 암 때문에 사망한 비율이 높게 나타난다. 그러나 폭발지역에서 더 멀리 떨어질수록 피폭자들 가운데서 암으로 인한 사망률은 낮아지다가 결국 비피폭지역의 평균적인 암 사망률보다 낮아지기에 이른다.[4)]

여하튼 핵방사선에 관한 미국 정부의 정책은 "역치 없는 직선" 가설(방사선에는 안전한 수준이 없다)을 따르고 있다. 이것은 제2차 세계대전 이후 가장 큰 과학정책의 실수일 것이다. 방사선에는 "역치가 없다"는 확신을 정부 관리들에게 심어준 책임은 라이너스 폴링(Linus Pauling)이란 과학자가 져야 한다. 그 경위는 이렇다.

1954년 3월 원자력 위원회 의장 루이스 스트라우스가 18개월 전 남태평양 에니웨톡 환초에서 실시한 최초의 수소탄 실험의 영향으로 미국 본토 일부 지역의 방사선 수치가 약간 증가했다고 발표했다. 이때의 실험으로 방사능 먼지 구름이 13만 5천 피트 상공으로 올라갔다가 퍼진 후에 2년에 걸쳐 점차적으로 지구 표면으로 떨어져내렸다는 것이었다. 이것을 '방사능 낙진'이라 불렀다. 모든 사람의 입에 이 단어가 오르내렸고, 마침내 유쾌하지 못한 부수효과를 일컫는 말이 되었다. 스트라우스는 덧붙여 자연방사선의 증가치는 "어떤 형태로든 사람의 신체에 해를 끼칠 수 있는 수준보다 훨씬 낮다"고 하였고, 이것은 정확한 해명이었다. 그러나 이미 때는 늦었다. 대중들의 상상 속에서 방사능 낙진은 곧 죽음의 재를 의미했다. 스트라우스는 "역치 이론"을 주장했다. 일정 수준 이하의 방사선은 위험하지 않다는 것이다. 이 설명은 일시적으로 받아들여졌다. 예컨대 구두 가게에서는 손님들이 신발을 신었을 때의 발의 윤곽을 보여주기 위해 X-레이 상자를 사용했다.

그러다가 1955년에 캘리포니아 공과대학의 유선학자 에드워드 루이스(Edward Lewis)가 방사능 낙진에 관한 메모를 작성하여 동료들에게 회람시켰다. 히로시마-나가사키 생존자들의 백혈병 발병률에 관한 데이터를 입수한 루이스는 백혈병이 "방사선의 직접적인 영향일지도 모른다"는 해석을 내놓았다. 그 직후 뉴욕타임스가 3만 명의 피폭 생존자들을 대상으로 조사한 결과 백혈병과 백내장의 발병률이 증가했다는 원폭 희생자 위원회의 발표를 보도했다. 그리고 프랑스령 적도 아프리카에 있던 노벨 평화상 수상자 알버트 슈바이처가 핵폭탄 방사능 낙진은 인류에게 "가장 두렵고 거대한 위험"이라고 말했다.

1954년 노벨 화학상 수상자였던 라이너스 폴링(Linus Pauling)이 핵실험을 중단하라고 요구했다. 시카고에서 행한 연설에서 그는 영국이 준비하고 있던 수소탄 폭발 실험을 실행하면 수천 명이 백혈병으로 죽게 될 것이라고 말했다. 어쨌든 수소탄 폭발 실험은 실시되었고, 폴링은 배리 커머너(Barry Commoner) 등과 함께 핵실험 중지 청원운동을 시작했으며, 9천 명의 과학자가 서명한 청원서가 백악관에 전달되었다.

1957년에 에드워드 루이스는 사이언스지에 「백혈병과 전리(電離)」라는 논문을 기고했다.[5] 겁에 질린 아이젠하워 대통령은 잠정적인 핵실험 금지 명령서에 서명했고, 폴링과 "수소폭탄의 아버지"라 불리던 에드워드 텔러(Edward Teller)가 TV에 나와 이 문제를 두고 논쟁을 벌였다. 케네디 대통령으로부터 백악관 방문을 초청받은 폴링은 대통령 집무실로 들어가기 전에 잘 계획된 시위를 벌여 자신의 주장을 선전했던 것이다.

폴링의 이런 노력은 1962년의 노벨 평화상으로 보상받았다. 뿐만 아니라 그는 간디 평화상과 레닌 평화상도 받았다.

루이스가 제공한 정보를 바탕으로 폴링은 다음과 같은 주장을 펼쳤다 : 길을 벗어난 중성자 하나가 암을 유발할 수 있다고 한다면 세계의 모든 사람을 대상으로 하고 몇 가지 위험요소가 추가되었을 경우를 가상해 보면 핵실험을 중지함으로써 수많은 생명을 구할 수 있다고 추론할 수 있다. 이렇게 하여 "역치 없는 직선형 이론"이 핵방사선에

방사선에는 두 종류가 있다. 대부분의 사람들이 방사선이란 말을 들을 때 머리 속에 떠올리는 것이 전리성 방사선이다. 이 방사선 또는 방사선 입자는 전자에 충격을 주어 그 궤도를 벗어나게 할 충분한 에너지를 갖고 있다. 이때 생긴 전리성 원자 또는 분자는 화학적 재결합과 매우 유사하다. 비전리성 방사선은 휴대전화나 전력선에서 발생하는데 위험하지 않다. 그런데 어떤 사람들은 이 방사선도 위험하다는 생각을 우리에게 주입시키려 하고 있다.

관한 정부 입장으로 채택되었다. 하버드 대학에서는 또 다른 노벨상 수상자인 조지 왈드(George Wald)가 "모든 조사량은 과다 조사량"이라는 말로 이 주장을 뒷받침해 주었다.

이런 흐름을 더욱 강화시켜 준 사람은 초기에는 열정적인 핵옹호론자였던 존 고프만(John Gofman)이었다. 1950년대에 그는 핵증식로를 기반으로 한 "플루토늄 경제"를 지지했고, 천 곳의 핵발전소 건설 허가를 내주어야 한다고 주장했던 인물이었다. 그러나 1960년대 말에 와서 그는 U턴했다. 1999년에 발표한 "염려의 편지"를 통해 그는 "안전한 [방사선] 조사량은 없으며, 방사능 원자 하나의 붕괴만으로도 세포 유전자의 항구적인 돌연변이를 유발할 수 있다"고 주장했다.

보건물리학의 편집장을 지낸 H. 웨이드 패터슨(H. Wade Patterson)은 1945년 이후로 버클리의 방사선 연구소에서 일했다. 그는 다음과 같이 회고했다.

> 연구소가 있는 버클리나 다른 곳의 시민들도 핵실험에 관한 엄청난 논쟁이 벌어지기 전까지는 방사선을 두려워하지 않았다. 폴링과 텔러의 공개토론이 대표적인 논쟁이었다. 폴링-텔러 논쟁이 벌어지고 있는 동안에 존 고프만이 여러 차례의 대중 강연을 통해 "역치 없는 직선형 이론"을 비판한 것은 흥미 있는 에피소드이다. 무슨 이유인지는 모르겠으나 고프만은 후에 입장을 180도 바꾸었다. 반핵운동가들과 언론은 핵실험을 반대하는 논리적 근거로서 무(無)역치 이론을 채택했고, 핵에너지의 가공할 역효과를 예측할 때는 언제나 이 이론을 들이댔다.

세월이 지나면서 정부 관리들과 그들과 손잡은 안전장비 회사들은 무역치 직선형 이론을 더욱 더 신봉하게 되었다. 정부는 시주하듯 우라늄 광산 노동자들이나 핵전함을 건조하는 조선소 노동자 같이 방사선에 노출될 가능성이 높은 노동자들의 단체에 돈을 주었다. 라돈 가스의 측정과 감소 사업은 연간 1억 불짜리 시장으로 성장했고, 여로 분야의 안전 전문가들이 평생 일자리를 얻었다.

핵발전소에서 방출되는 방사선의 수준은 우주공간에서 날아오는 방사선과 지구 자체에서 방출되는 방사선 같은 자연방사선보다 훨씬 낮다. 그런데도 극소량의 추가적인 방사선이라도 위험하다는 생각이 우리를 지배하고 있다. 핵발전은 정체되었고, 우리는 전력 생산을 위해 갈수록 석탄에 더 많이 의존하게 되었다. 그러나 석탄은 방사선보다 환경에 훨씬 더 유해하다.

≫≫≫ 자연방사선

시어도어 록웰은 맨해튼 프로젝트에 참여하여 농축 우라늄을 생산하는 일에 종사했고, 1949년에는 하이만 릭오버 회사에 고용된 후 해군 핵추진 프로그램에 투입되었다. 그는 이 프로그램의 기술책임자가 되었고, 『핵반응로 차폐장치 설계지침』이란 책을 썼다. 이 지침서는 아직도 현장에서 사용되고 있다. 이후 그는 방사선, 과학, 건강이란 회사를 설립하는 일에 도움을 주었다.

미국의 핵발전소는 103곳이지만 핵발전기를 탑재한 전함은 220척이다. 핵추진 전함은 1955년부터 취항하고 있는데 지금까지 중대한 방사선 누출 사고는 없었다. 록웰의 말에 의하면 "수병들은 반응로로부터 1피트 이내에서 잠을 잔다." 잠수함에서는 "집에서보다 더 적은 방사선에 노출된다. 주위를 둘러싼 바닷물이 우주방사선을 차폐해 주기 때문이다."[6)]

자연방사선은 우리에게 많은 것을 가르쳐 준다. 우리가 일상생활에서 노출되는 자연방사선의 양은 환경보호청이 규정한 인공방사선 허용치보다 훨씬 적다. 자연방사선은 우주공간, 우라늄이나 기타 방사능 광석, 라돈 가스(라듐에서 방출된다), 의료기기, 인간의 신체(몸의 물질대사 과정에서 방사선이 방출된다) 등에서 나온다.

방사선은 언제 어디서나 방출되며 점차적으로 약해졌다가 소멸하는데, 그 시간은 방사능 물질의 반감기에 따라 결정된다. 반감기는 수십억 년(우라늄의 경우)에서부터 몇 분의 1초(몇몇 가스의 경우)에 이르기까지 다양하다. 인류가 아프리카의 사바나 지역에서 진화해 왔다는 수백만 년 전으로 되돌아가 보면 방사선의 강도는 높았고, 그래서 진화론적으로 보자면 인류는 방사선에 관한 한, 이전보다 열악한 환경 쪽으로 진화해 왔다. 결론적으로 말하자면 자연방사선은 인공방사선이 축적되는 것보다 빠른 속도로 붕괴하고 있다. 그러므로 우리가 건강을 유지하기에 충분한 방사선을 받지 못하고 있다는 가설은 신빙성이 있다고 할 수 있다.

핵방사선이 노동자들에게 미치는 위험을 보여주려던 주목할 만한 연구는 전혀 다른 결과를 보여주었다. 1991년에 에너지부는 존스 홉킨스 대학의 공중보건학 교실에서 10년에 걸쳐 실시한 역학조사 결과를 공개했다. 이 조사는 70만 명 이상의 노동자를 대상으로 하였고, 그 가운데는 직업상 방사선에 노출되어 왔던(해군함정에 핵반응로를 설치하거나 수리하는 작업을 하는 사람들) 10만 8천 명을 포함하고 있었다

(민간 핵발전소는 1973년 이후로 건설 허가가 나지 않았지만 핵추진 전함은 지금까지 건조되고 있다).

> **우리의 생각이 문제다**
>
> "1986년 4월 체르노빌 핵발전소 사고에 영향을 받았던 1천5백만 명의 벨라루시, 우크라이나, 러시아 시민에게서 관찰된 심신이상은 아마도 이 사건이 공중건강에 미친 가장 큰 영향일 것이다. 이런 이상은 전리성 방사선이 아닌 인공방사선은 아무리 소량이라도—거의 제로에 가깝더라도—유해하다는 대중의 믿음과 관계가 있는 것으로 추정된다. 이런 가정은 1950년대에 받아들여진 후 광범위하게 유포되었고, 결국 이 독단적인 가정이 방사선과 핵 안전기준의 기초가 되었다.
>
> **즈비그뉴 야보로우스키**,
> "방사선의 위험과 윤리", *Physics Today*,
> 1999. 9.

연구자들은 방사선에 노출된 노동자들과 같은 조선소에서 일하지만 방사선에 노출되지 않은 노동자들을 세밀하게 대조했다. 노출집단은 비노출집단보다 약 열 배의 방사선을 받았다. 그런데 연구자들은 노출집단이 비노출집단에 비해 사망률에 있어서는 24%가, 암환자의 사망률에 있어서는 25%가 낮다는 사실을 발견했다. 이 보고서는 중요한 내용에도 불구하고 공개된 후 곧바로 주목을 받지는 못했다. 데이터는 문장 속에 묻혀 있었고, 모든 사람이 쉽게 이해할 수 있는 도표로 표시되지 않았기 때문이었다.[7]

1950년에 미국의 한 방사선 학자가 발표한 논문을 보면 핵방사선에 노출된 환경에서 일하는 노동자들이 백혈병으로 사망한 비율은 의료기관에서 방사선을 취급하던 사람이 백혈병으로 사망한 비율보다 훨씬 높았다. 그런데 당시의 노동자들은 여러 면에서 핵기술의 선구자들이었다. 그들은 아직 방사선의 위험이 제대로 인식되지 않았던 시절에 일찍 노출된 사람들이었다. 그후 영국의 한 방사선 학자가 연구한 결과를 보면 1955년에서 1979년 사이에 의료기관 종사자 중 X-

레이를 다루는 일을 한 사람들의 암으로 인한 사망률은 그렇지 않은 집단의 암으로 인한 사망률의 절반밖에 안 된다는 사실이 밝혀졌다. 여기서 다시 한 번 저수준의 방사선 조사는 유익한 영향을 미칠 수 있다는 점이 드러난다.[8]

≫≫ 체르노빌

1986년 4월, 체르노빌 핵발전소의 4번 반응로가 폭발했다. 한 덩어리의 반응로 노심이 주변의 들에 떨어졌고, 방사능을 가진 구름이 대기 중으로 피어올랐나. 불은 열흘 동안 계속 타올랐고, 바람이 방사능 입자들을 우크라이나의 넓은 지역으로 실어날랐다. 뉴욕타임스는 이 사건을 "핵 시대의 민간부문 최대의 재앙"이라고 묘사했다. 2000년 6월, 뉴욕타임스는 1면에 이 사고가 "북유럽 일대의 광범위한 지역에 방사능을 쏟아놓아 밝혀지지 않은 수많은 죽음과 질병을 유발하였다"고 보도했다. '밝혀지지 않은' 이란 중요한 의미를 가지는 말이다.[9]

UN이 발표한 600쪽에 이르는 "체르노빌의 유산"이란 보고서에는 방사선에 노출되어 사망한 사람은 "50명에 불과하다"고 밝혔으나 뉴욕타임스는 시침 떼듯 "전문가들, 체르노빌의 영향은 크지 않다고 밝히다"라는 제목을 단 기사를 귀퉁이에 실었다. 이 보고서는 지금은 러시아, 우크라이나, 벨라루시로 나뉘어진 지역의 700만 명이 "아직도 매월 지급되는 보조금, 대학입학 특혜, 치료를 위한 연차 휴가 등 일종의 체르노빌 수당을 받고 있다"고 밝혔다. 방사선의 수준은 계속 낮아지고 있는데도 우크라이나에서는 영구적인 장애를 입었다고 인정받은 사람이 2001년까지 9만 천 명으로 증가했고, 이 때문에 우크라이나 정부는 연간 예산의 5%를 체르노빌 희생자들에게 지급하고 있다.[10)]

이 보고서가 공개되기 수년 전에 시어도어 록웰은 UN 핵방사선 영향에 관한 과학위원회(Scientific Committee on the Effects of Atomic Radiation)가 작성한 두께가 전화번호부만한 보고서를 읽었다. 록웰은 이 보고서의 내용을 요약하여 발전소 내부에 있던 30여 명이 사망했다고 전해주었다. 록웰은 다음과 같이 말했다.

> 어떤 사람은 폭발 때문에 사망했고, 어떤 사람은 화재 때문에 사망했으며, 방사선 노출 때문에 사망한 사람이 있었음도 의심의 여지가 없다. 그러나 사망자는 모두 발전소 내부에 있었다. 이 사고는 산업현장 사고인데도 우리는 훨씬 나쁜 쪽으로 보아왔다. 그들은 일반 대중을 상대로 갑상선의 요오드 함량을 조사했고, 당연한 결과이지만 1만 8천 명의 아동이 갑상선 혹을 갖고 있음이 밝혀졌다. 그러나 이 지역은 원래 요오드 결핍 지역으로, 이 지역 사람들은 이전부터 심각한 공중보건 문제를 갖고 있었다. 갑상선 혹을 가진 두 명의 아동이 실려온 후 이내 사망했다. 사망한 두 아동은 방사선에 노출될 수 있는 지역에 있지 않았음이 밝혀졌다. 세 번째 아동은 전혀 다른 원인으로 사망했다. 1천8백 명 가운데서 방사선 노출량과 연관된 사람은 전혀 없었다. 다량으로 노출된 아동들에게서는 갑상선 혹을 발견할 수 없었고, 일부 소량으로 노출된 아동들에게서 혹을 찾을 수 있었다. 그러므로 이들이 방사선과 관련성이 있는지는 전혀 분명치 않다. 그리고 UN 보고서를 작성한 위원회의 위원장도 이들이 방사선과 관련성이 있다고 보지는 않는다.

록웰은 2001년 현재로 "체르노빌의 방사선 수준은 덴버에 사는 내 누이 집 정원의 자연방사선 수준보다 낮다"고 첨언했다.

> **방사능 낙진 : 잘못된 예측**
>
> 1986년 우크라이나 체르노빌에서 핵반응로가 폭발하자 방사능 낙진 때문에 15만 명이 목숨을 잃을 것이란 예측이 나왔다. 그러나 2005년 9월 공개된 100명 이상의 전문가들이 참여해 작성한 UN의 "체르노빌의 유산"이란 보고서에서 확인된 사망자는 50명을 넘지 않는다. 사망자는 모두 반응로 운영자들과 비상구급 요원들이었는데, 이들은 대부분 폭발 당시 반응로 건물 안에 있던 사람들이었다.
>
> **엘리자베스 로젠탈,**
> "전문가들, 체르노빌의 영향은 크지 않다고 밝히다",
> *New York Times*, 2005. 9. 6.

런던에서 발행되는 선데이타임스는 자연방사선의 증가가 유익할 수 있음을 시사하는 기사를 실었다. 기사는 체르노빌 사고 후 사람들은 소개(疏開)시켰으나 동물들은 그대로 남았는데, 동물들이 "번성하고 있다"는 내용이었다. 영국 생태 및 수문(水文)학 센터의 존 스미스(John Smith)는 사람들은 체르노빌이 "묵시록에 등장하는 것처럼 황폐해졌을 것이라고 생각하지만 오히려 정반대"라고 하였다.

조지아 대학의 독성물질 학자인 챔 달라스(Cham Dalas)는 이 지역을 여러 차례 찾아가 폐기된 반응로 가까이에 사는 쥐들을 연구했다. 그는 "쥐들의 상태가 매우 나쁠 거라고 예상하겠지만 불가사의하게도 쥐들은 어떤 손상도 입지 않았다. 쥐들은 환경에 잘 적응하고 있는 것같아 보인다"고 하였다. 기자는 그의 말을 인용해 생명체는 "우리가 생각해 왔던 것보다 방사능에 훨씬 잘 적응하는 것 같다"고 썼다.

≫≫ 플루토늄 신화

언론이 조장한 공포의 연대기를 보면, 플루토늄은 다이옥신에 앞서서 "인간에게 알려진 가장 강력한 독성물질"로 등장한다. 랄프 네이더는 플루토늄 1파운드가 80억 명에게 암을 일으킬 수 있다고 말한 적이 있다. 버나드 L. 코헨이 수년 동안 이 말이 거짓임을 입증하려고 도전했으나 대중의 관심을 끌지는 못했다. 「플루토늄 유독성의 신화」는 그가 1979년에 전문가들의 사전심사를 거쳐야 하는 학술지에 발표한 논문의 제목이었다. 이 논문을 보고 분개한 랄프 네이더는 핵통제위원회에 조사를 요청했다. 코헨의 말을 빌리자면 "그들은 상당히 깊고 자세하게 조사했다"고 한다. 위원회에서 코헨의 논문에 오류가 없음을 인정하자 네이더는 더 이상 문제를 제기하지 않았다.[11]

미국 내의 (라돈을 제외한) 자연방사선의 평균치는 연간 80밀리렘이지만 콜로라도 주에서는 이보다 두 배나 높다. 우라늄과 토륨이 매장된 로키 산맥 지역이기 때문이다. 또한 콜로라도 주는 표고가 높아 대기층의 우주방사선 차단 기능이 감소한다. 반면에 멕시코 만에 접한 주에서는 지표면에서 방출되는 방사선의 수준이 상당히 낮다. 자연방사선의 강도가 이처럼 큰 편차를 보이면 호메시스 현상의 자연 면역력을 검증하기에는 이상적인 조건이다.

코헨에 의하면 "로키 산맥 지역의 암 발생률은 전국 평균의 2/3"라고 한다. 이와 대비하여 멕시코 만 연접지역의 암 발생률은 평균보다 높다. 두 지역 간의 차이는 주목할 만하며, 그 원인을 연구해 볼 필요가 있다. 코헨은 복합적인 요인들이 작용하기 때문에 이 점에 대해 큰 의미를 두지 않는다고 한다. 인종적 또는 문화적 차이가 원인일 수도 있다. 캘리포니아(버클리) 대학의 브루스 에임스(Bruce Ames) 같은 연구자는 식습관, 흡연 여부, 그 밖의 다른 원인을 지적한다. 서부지역의 공기가 더 좋아서 그런가? 누구도 만족할 만한 설명을 제시하지 못하지만 방사선 호메시스 현상일 가능성도 있다.

그러나 코헨은 라돈 수준과 폐암 발병률을 비교한 보다 충격적인 연구결과를 내놓았다. 무역치 직선형 이론이 미국 정부로 하여금 수십억 달러의 돈을 쓰게 하고 있을 때, 코헨은 이 이론을 사람을 대상으로 하여 보다 엄격하게 검증해 보아야 한다고 생각했다. 그러기 위해서는 사고, 직업, 의료상의 노출 이외에 더 많은 경우를 조사해야 했다.

한 잔의 모닝 커피 또는 한 잔의 모닝 플루토늄

핵물리학과 핵에너지에 관한 여러 권의 책을 썼고 피츠버그 대학의 명예 물리학 교수인 버나드 L. 코헨은 방사선에 대한 과장된 두려움을 바로잡기 위해 오랫동안 노력해 왔다. 플루토늄은 임계질량에 이르면 핵폭발을 일으킨다는 점에서 '위험한' 물질이다. 그러나 독성은 없다. 코헨은 이렇게 말했다 : "나의 연구에 의하면 카페인은 상당히 위험한 물질이다. 나는 그[네이더]가 섭취하는 카페인 양만큼의 플루토늄을 먹겠다고 제안했다. 아니면 TV가 제대로 보도해 준다는 조건 하에서 그가 치명적이라고 주장하는 양의 천 배의 플루토늄을 들이마시겠다고 제안했다. … 주요 TV 방송사 모두에게 나의 제안을 전달했으나 내 연구논문을 한 부 보내달라는 요청 이외에 어떤 답변도 없었다. 그런데 잘못된 얘기가 언론에 계속 보도되고 있고, 대중의 95%가 이를 사실로 받아들이고 있다. 그렇지만 방사선 보건과학계에 종사하는 사람이라면 사실상 누구도 이런 주장을 신뢰하지 않는다. 과학계와 언론 간에는 의사소통의 통로가 단절되어 있고, 언론은 유례없이 무책임한 보도를 내놓고 있다."[12]

> **당신이 읽지 말았어야 할 책**
>
> • 버나드 코헨(Bernard L. Cohen), "플루토늄 독성의 신화"(The Myth of Plutonium Toxicity), 『보건물리학』(*Health Physics*), Vol. 32, 1977, pp. 359–79.
>
> • 칼 오토 오트(Karl Otto Ott)와 버나드 스피너드(Bernard I. Spinard) 편저, 『핵에너지』(*Nuclear Energy*), New York : Plenum Press, 1985, pp. 355–65.
>
> • "방사선, 과학, 그리고 건강"(http://cnts.wpi.edu/rsh/) [저준위 방사선의 객관적 조사에 주력하는 웹사이트].

좋은 측정 대상의 하나가 라듐에서 방출되는 방사선 가스인 라돈이었다. 환경보호청은 라돈이 "극도로 유해"하며, 미국에서 매년 1만 5천 명의 폐암을 일으킨다고 한다. 이 숫자는 전체 암 발생건의 약10%이다. 약 15년 전에 환경보호청은 주택 내에서의 조사량은 일정 수준(리터당 4피코큐리)을 초과해서는 안 된다고 권고했다. 우라늄 광산에서 일하는 사람이라면 고준위의 라돈에 노출될 것이 분명하지만 집안에 있는 사람에게 무슨 위험이 있겠는가?

자연방사선 가운데서 라돈의 자연상태에서의 수준은 지역에 따라 10가지 요인에 의해 상당한 편차를 보인다. 그래서 비교가 가능하다. 미국 내에서 폐암 발병에 관해서는 매우 잘 기록되어 있다. 코헨은 피츠버그에서 자신의 연구팀과 함께 미국 전역의 1,729개 카운티의 평균을 구하기 위해 수십만 곳의 라돈 방사선량을 측정했다. 측정대상 지역의 인구는 미국 전체 인구의 90%였다. 흡연 여부와 관련하여 보정을 거친 데이터는 라돈 노출량이 증가할수록 폐암 발병률이 낮은 분명한 경향을 보여주었다. 이 정보는 사회경제학적 · 지리적 · 인종적 연관성 등 500여 가지 가능한 요인들을 대입하여 분석되었다. 코헨의 연구결과는 호메시스 현상을 강력하게 뒷받침해 주었다.[13)]

코헨은 피츠버그에 있는 자택의 라돈 수치가 환경보호청이 규정한 허용기준치보다 다섯 배나 높다는 사실을 알았다. 그 무렵 코헨은 자택에 라돈 저감장치를 설치해두고 있었는데 자신의 연구결과가 나온 후 이 장치의 전원을 꺼버렸다. 그는 (상대적인 의미에서) 라돈 욕탕 안에서 살고 있었던 셈이다. 한 카운티 한 카운티를 조사한 그의 연구결과는 1995년에 보건물리학에 실렸으나 이를 선전하기가 쉽지 않음을 알게 되었다. 그는 자신의 연구결과가 무역치 직선형 이론과 일치한다고 설명할 수 있는 사람에게 5천 달러를 주겠다고 공표했다.[14)]

2001년 6월, 국립 방사선 방지 및 측정위원회(National Council on Radiation Protection and Measurement)는 6년간의 연구 끝에 무역치 직선형 이론은 유지되어야 한다는 권고를 내놓았다. 그러나 위원회는 다음과 같이 인정했다 : "저준위 방사선에 노출된 인구의 대부분에게서 암 발생률의 증가를 포착할 수 없었으며, 많은 경우에 암 발생률이 하락하는 것으로 보인다는 점에 주목할 필요가 있다."

이 말의 후반부는 요약하자면 호메시스 현상이다.

호메시스 현상을 지지하는 사람들의 주된 관심사는 언제쯤 저준위 방사선이 비방의 대상에서 벗어나 치료에 쓰이게 될 것인가 하는 것이다.

- 최근 타이완에서 흥미 있는 연구결과가 나왔다. 우연히 코발트-60에 오염된 철강재로 지어진 1,700가구의 아파트 주민들의 암 발병률에 관한 것이다. 코발트-60은 더 무서운 방사능 물질이다(여러분 가운데 일부는 코발트 폭탄의 공포를 기억할 것이다). 1만여 명의 주민이 16년 동안 자연방사선보다 몇 배나 많이 암을 유발할 수 있는 양의 방사선에 노출되어 왔다. 보건당국의 통계를 보면 이 정도 규모의 집단에서는 170건의 암 발생

사례를 예상할 수 있다. 그런데 결과는 단 5건의 사례만 보고되었다. 루안(Y. C. Luan)은 이 “믿을 수 없는 방사선학상의 사건”이 암을 유발하는 요인이라고 믿어왔던 바로 그 요인 때문에 생긴 “암에 대한 효과적인 면역력”을 보여주는 사례일 것이라고 표현했다.[15]

- 이란 북부 카스피 해 연안에 있는 람사르란 마을도 연구대상이었다. 이 마을의 집들은 우라늄을 풍부하게 함유한 석재로 지어졌다. 2천 명의 람사르 주민은 핵발전소에서 일하는 사람들에게 1년에 허용된 양보다 15배나 많은 베타선과 감마선에 노출되어 있었다. 주민들은 수세대에 걸쳐 상당한 양의 우라늄을 음식을 통해 섭취했고, 많은 양의 라돈을 흡입했다. 연구자들은 이곳 주민들의 혈액을 채취하여 자연방사선이 정상적인 곳의 주민들과 비교했다. 혈액 샘플을 “도전적인 수준”의 감마선에 노출시키자 람사르 지역 주민들에게서는 비교대상지역 주민들에 비해 절반 수준의 염색체 이상이 나타났을 뿐이다.[16]

≫≫≫ 몇 가지 (감마) 방사선 쬐기

1949년에 몬태나 주 보울드의 한 기술자가 이전에 은과 납을 채굴하던 광산에서 방사능이 나온다는 사실을 알고 이를 임차했다. 2년 후 로스앤젤레스의 한 여인이 이 광산에서 광부로 일하는 남편을 만나러 왔다. 이 여인은 남편의 작업장을 보러 몇 차례 지하 갱도로 내려갔다 온 후로 앓고 있던 점액낭염(粘液囊炎)이 나았다는 사실을 알게 되었다. 현재 광산주는 이곳을 만성병과 자가 면역이상 환자들을 위한 미국 내 유일의 광천욕장으로 운영하고 있다. 지하 85피트에 있는 "치료지역"은 휠체어를 타고도 갈 수 있도록 되어 있다. 고객들은 한 시간에 5달러를 지불하며 여름이면 하루 50명이 찾아온다. 리터당 1,700피코큐리인 라돈 농도는 환경보호청 권장치의 400배를 넘는다.

어느 날 휴가를 이용해 "방사선(감마선과 알파 입자)"을 쬐러 미국으로 온 클라우스 베커(Klaus Becker)가 이곳을 찾았다. 그는 오크 리지 국립연구소에서 응용 도시메트리(Dosimetry : 방사선 조사량의 정확한 측정) 책임자로 일하다가 은퇴하여 독일에 사는 사람이다. 최근 오타와 대학에 저준위 방사선연구소를 설립한 필립 듀포터(Philip DuPort)도 이곳을 찾아왔다.

클라우스 베커의 말에 의하면 우리가 라돈의 존재를 알기 훨씬 전부터 로마 사람들은 라돈 온천—카프리 섬 근처의 이스키아 섬에 라돈 온천이 있었다—을 즐겼다. 실재로 유럽의 유명한 온천은 대부분 라돈 온천이다. 독일 작센 주 남부에 가스타인 바트(Gastein Bad) 온천이 있다. 베커의 말에 의하면 이 온천에서 사람들은 10시간 동안 환경보호청이 규정한 허용치의 천 배가 넘는 라돈을 흡입하기 위해 550달러를 지불한다. 독일에는 11곳의 라돈 온천이 있고 오스트리아에 세 곳, 체코에 세 곳이 있다. 일본에도 라돈 온천이 있다.[17)]

"재미있는 것은 독일 정부가 이런 치료법에 20억 달러를 지불한다는 사실이다. 같은 시기에 같은 지역에서 새로운 라돈 온천이 문을 열자 공중보건 당국이 치료비를 지불한다." 베커가 전해준 얘기다. 독일에서는 연간 7만 5천 명 정도가 이런 치료를 받는데, 대부분이 류마티스 환자와 천식 환자들이다. 필립 듀포터의 말에 의하면 러시아에서는 연간 수백만 명이 이런 치료를 받는다고 한다. "환자들은 지하 갱으로 내려가지 않아요. 병원에 방사선 치료실이 있어요." 필립의 말이다. 일본에서도 치료목적의 방사선이 공식적으로 사용되고 있다.

Chapter 4

"유익한 화학물질"

알고 있나요?

* 호메시스 이론에 대한 지지가 상당히 늘어났다. 환경독물학 분야에서는 이 이론에 대해 논란이 별로 없다.
* 사람들은 의식하지 못하고 있지만 유독성 화학물질이 복합 비타민으로서 섭취하면 유익하다는 것을 인정하고 있다.
* 다이옥신처럼 유독한 물질도 유익한 효과를 낸다.

위해물질이라고 규정된 물질이 소량 유출되면 '위해물질 대응조치' 가 취해진다. 학교는 휴교하고, 빌딩은 폐쇄되며, 강과 하천은 오염되었다고 간주되고, 동네 전체를 소개시킨다. 아래 사건들을 떠올려 보라.

- PCBs라 부르는 소량의 물질이 허드슨 강에서 발견되었다. 제너럴 일렉트릭사는 이 물질을 제거하기 위해 2억 5천만 달러

를 소비했다.

- 미주리 주 타임스 비치에서 다이옥신이 발견되었다. 동네 전체가 소개되었다.
- "위해물질" 수은 16방울이 워싱턴의 한 고등학교 일층에서 발견되었다. 학교는 몇 주 동안이나 휴교했다.

예시한 사례에서 문제가 된 물질은 저준위로 노출되었을 때는 유익한 영향을 미치는 것으로 알려져 왔다. 그러나 대부분의 경우 이 저준위 노출이 긴급 대응조치를 불러올 수 있다. 뭔가 잘못된 것 같다. 저준위 노출이면 실제로는 유익한 물질을 청소하기 위해 사회가 소란스러워지고 돈을 쓴다. 환경보호청이 인가하지 않더라도 화학적 호메시스에 대해 관심을 가져야 할 때이다. 그러면 우리의 돈과 시간을 적잖이 절약할 수 있을 것이다.

화학적 호메시스의 증거는 너무나 분명하기 때문에 이의를 제기하는 사람이 거의 없다. 효과를 경시할 수는 있어도 부정할 수는 없다.

호메시스에 대한 관심을 부활시키는 데 누구보다도 많은 역할을 한 사람이 매사추세츠 애머스트 대학의 에드워드 칼라브리즈(Edward Calabrese)이다. 공중보건을 가르치는 그의 전공분야는 유독성 화학물질이다. 호메시스는 화학물질과 방사선 두 가지 범주로 나누어진다. 방사선의 호메시스 효과에 대해서는 그것이 대량파괴와 연관되어 있으므로 논란이 많다. 칼라브리즈는 상대적으로 논란이 적은 화학분야의 호메시스 현상을 주로 연구해 왔다. 그가 상대해야 하는 사람들은 수은, 납, 카드뮴, 다이옥신, PCBs 등을 걱정하는 사람들이다. 아, 비소도 있다. 비소는 소량일 때는 강장제다. 너무 많이 섭취하지 마실 것.

스카치 온 더 락도 많이 마시면 탈이 나는 것과 같다.

⋙ 에드워드 칼라브리즈 박사의 귀환

1960년대에 칼라브리즈는 브리지워터 주립대학의 학생일 때 포스폰이라는 상표의 약품이 박하 풀의 성장에 미치는 영향을 실험했다. 포스폰(phosfon)은 인과 염소를 주성분으로 하여 제조되었고 정원사들 사이에서 널리 알려진 풀의 성장 억제제였다. 그런데 한 실험에서 뭔가 잘못 되었다. 박하 풀은 오히려 더 잘 자랐고, 지도교수는 실험의 결과를 보고 당황했다.

연구팀이 포스폰을 너무 많이 희석시키는 실수를 저질렀음이 밝혀졌다. 낮은 농도에서는 정 반대의 효과가 나온 것이다. 박하 풀이 저농도의 포스폰을 좋아했음이 분명했다. 칼라브리즈는 이 실험을 다시 해볼 것을 제안했고, 지도교수 케네스 하우(Kenneth Howe)는 그에게 12가지의 다른 희석비율을 적용하여 실험을 되풀이해 보라고 지시했다. 칼라브리즈는 1,500포기의 박하 풀을 대상으로 실험했다. 대상 개체수에 있어서 이 정도면 오늘날 환경보호청이나 식품의약청이 독성 실험의 기준치로 요구하는 것보다 훨씬 많은 숫자다. 저준위의 성장촉진 효과는 연속적으로 나타났다. 고준위에서는 식물들이 표시된 효능대로 시들어 죽었다. 호메시스 곡선이 분명했다.

실험결과는 1976년에 논문으로 발표되었다. 칼라브리즈 박사는 이렇게 회상한다: "우린 그걸 호메시스라고 부르지 않았어요. 나도 하우 교수님도 그런 용어를 들어본 적이 없었으니까요." 칼라브리즈는 그후 다른 풀을 대상으로 하여 저농도 포스폰의 성장촉진 효과를 연구한 논문이 1958년에 이미 발표된 적이 있음을 알게 되었다.[1)]

그는 매사추세츠(애머스트) 대학에 자리를 잡았고, 거의 10년이 지난 1985년에서야 같은 현상이 다른 분야에서도 일어나고 있었음을 알게 되었다. 어느 날 그는 "방사선 호메시스" 관련 학회가 열린다는 전단 한 장을 받았다. 그는 호메시스가 무슨 의미인지 몰랐으나 곧 자신이 발견했던 것과 유사함을 알게 되었다. 그는 학회 책임자인 레오나드 세이건(Leonard Sagan)에게 자신의 실험결과를 알렸고, 그래서 화학적 호메시스 효과에 관한 논문을 보내달라는 요청을 받았다. 1989년에 사이언스지가 유례없이 호메시스에 관한 논쟁을 게재했다.

그 다음해에 칼라브리즈는 12명의 과학자를 매사추세츠 대학으로 초청했고, 이렇게 하여 현대의 호메시스 연구가 시작되었다. 연구팀의 한 참가자가 BELLE(Biological Effect of Low Level Exposure : 저준위 노출의 생물학적 영향)란 약칭을 제안했다. 이 약칭을 채용한 웹사이트(www.belleonline.com)는 호메시스에 관한 풍부한 정보를 제공하고 있다. 이때부터 매년 호메시스 학회가 애머스트에서 열리고 있다. 미국 정부의 에너지부도 방사선 및 화학물질 저준위 노출의 효과에 대해 수년 동안 연구해 왔다.

호메시스 이론은 이후로 상당한 지지를 받게 되었고, 환경 독성학 분야에서는 별다른 이론 없이 받아들여지고 있다. 호메시스는 저준위 노출이 박테리아, 곤충, 식물, 어류, 무척추동물에 미치는 영향을 연구하는 사람들 사이에서는 광범위하게 인정받고 있다. 포유류를 연구하는 사람들 사이에서는 논란이 있으나 이 분야에서도 지지자들이 늘어나고 있다. 반면에 방사선을 연구하는 사람들 사이에서는 찬반 양쪽으로 극명하게 대립되어 있다.

2003년에 네이처지는 "독성학은 핵심 개념을 재고하고 있다"는 제목을 달아 칼라브리즈의 논평을 실었다. 이 논평은 호메시스는 "생물학 전반에 걸쳐 섭취–반응의 관계에 관한 사고의 전환을 의미한다"고 결론지었다. 생물학적 법칙이라고 할 만한 것이라도 발견했다는 말인가? 그런 건 아니다. 매우 유사한 주장이 백여 년 전에 이미 제시되었다.[2)]

호메시스란 용어는 그리스어로 "자극하다"라는 뜻이며, 1943년에 처음으로 사용되었다. 두 사람의 저자가 삼나무 추출물이 저준위에서는 균의 번식을 촉진하고 고준위에서는 억제한다는 사실을 발견하였다. 이런 현상은 19세기 독일에서 밝혀진 적이 있다. 호메시스란 단어는 원래 '자극'을 의미하지만 근래에 와서는 "유익한" 영향을 의미하는 데 사용된다.[3)]

물론 자극이 "유익하다"는 것은 우리가 그런 결과를 원했을 때의 일이며, 그런 경우에만 유익하다고 할 수 있다. 균의 번식 촉진은 균의 입장에서 볼 때는 "유익한" 것이지만 사람의 입장에서는 바람직하지 않을 수 있다. 때로는 촉진과 유익함을 동일시하는 것이 위험할 수 있다. 만약 호메시스 현상이 박테리아에게서 나타나는 것이 사실이라면—나타난 증거는 그렇다고 한다—항생제를 적정량 이하로 복용하면 특별한 위험이 될 수 있다. 항생제의 소량 복용은 포스폰이 박하의 성장을 촉진시키는 사례에서 보듯 박테리아의 번식을 촉진할 것이다. 그러므로 항생제는 가볍게 다루어서는 안 된다. 항생제는 실제로 인간에게 해를 끼칠 수 있다. [제2차 세계대전 직후의 상황을 묘사한 「제3의 사나이」란 영화에서 해리 라임(Harry Lime)이란 악당이 희석시킨 페니실린을

소량은 효과가 좋아!

2003년에 사이언스지는 호메시스에 관한 에드워드 칼라브리즈 박사의 주장을 일부 검증해 보고 "독이 든 성배를 한 모금 마시다"라는 제목의 기사를 4쪽에 걸쳐 실었다(사이언스, 2003. 10. 17). 이 잡지는 "한때 과학계에서 불신되던 호메시스란 개념이 화려하게 복귀하고 있음"을 발견했다. 소량의 다이옥신을 투여한 쥐들에게서 종양이 감소한다는 사실이 간단한 도표로 제시되었다.

포춘과 U. S. 뉴스 엔드 월드리포트도 호메시스에 대해 긍정적인 기사를 실었다. 포춘에는 다량의 사카린 섭취가 쥐들에게 암을 일으키지만 소량을 섭취했을 때는 암 발생이 감소됨을 보여주는 도표가 실렸다(포춘, "소량의 독은 유익하다", 2003. 6. 9 ; U. S. 뉴스 엔드 월드리포트, "독소는 강장효능을 갖고 있는가?" 2004. 10. 18.)

암시장에 내다 판다.]

호메시스 효과는 여러 곳에서 관찰되기 때문에 오히려 저준위일 때 촉진작용을 '하지 않는' 물질을 발견하기가 쉽지 않다. 호메시스는 하나의 법칙이라고 할 만하다. 백여 년 전에 독일에서 아른트-슐츠 법칙(Arndt-Schultz Law)이란 것이 나왔다. 후고 슐츠(Hugo Schultz)는 여러 가지 화학물질을 효모에 첨가했을 때 발효작용이 촉진됨을 알았다. 그는 의사 루돌프 아른트(Rudolph Arndt)와 함께 연구했는데, 두 사람은 그들의 발견이 모든 유기체와 독성물질에 적용된다는 주장을 내놓았다. 저준위 독성물질의 성장 촉진작용의 법칙은 1896년에 페르디난트 휘페(Ferdinand Hueppe)가 이를 지지함으로써 설득력을 더해갔다. 휘페는 노벨상을 수상한 로베르트 코흐(Robert Koch)의 조수였다.

우리가 복합 비타민을 복용하는 것은 소량의 독성물질 섭취가 유익할 수 있음을 무의식중에 인정하는 행위이다. 복합 비타민 병의 성분표시를 보라. 요오드, 인, 마그네슘, 셀레늄, 아연, 동, 마그네시아, 크롬, 몰리브덴, 포타슘, 니켈, 붕소, 바나듐 … 이 모든 것들은 다량 섭취할 때는 유독한 물질이다.

예시한 성분은 생명체에게 필수적인 "미량원소"이기 때문에 이런 주장은 유효하지 않다고 말하는 사람도 있다. 그러나 예시한 성분은 대부분 다량으로 섭취하면 치명적일 수 있다. 복합 비타민 복용이 확산되고 있다는 것은 사람들이 보조의약품을 통해 "무역치 직선 이론"이 아닌 다른 무엇인가를 받아들이고 있음을 의미한다.

진짜 싸움은 생명체에게 필수적인지 알려지지 않은 물질들을 둘러싸고 벌어질 것이다. 칼라브리즈와 블레어는 2004년도 환경 모니터링 저널(*Journal of Environmental Monitoring*)에 발표한 논문에서 호메시스 반응이 "대부분의 유독성 중금속에서 공통적으로 나타나며, 심지어 뇌와 같은 고도로 민감한 조직에서도 나타난다"고 보고하였다. 그런 물질로서는 알미늄, 비소, 카드뮴, 크롬, 코발트, 동, 금, 납, 수은, 니켈, 셀레늄, 주석복합물, 바나듐, 아연 등이 있다. 이들 금속은 동일한 형태의 섭취반응을 나타냈다. 소량을 섭취했을 때 광범위한 신체조직에서 촉진효과를 나타낸 것이다.

사람들이 호메시스에 관한 얘기를 들으면 흔히 호메오파시(homeopathy : 동종요법)를 연상하거나 두 가지가 같다고 혼동한다. 호메오파시는 18세기 말 라이프치히의 두 의사가 고안한 요법이다. 옥스퍼드 영어사전은 호메오파시를 "어떤 질병을 치료할 때 투여하는 약물을 건강한 사람에게 (통상적으로 소량) 투여하면 그 질병과 매우 유사한 증상이 건강한 사람에게서도 나타나는 현상을 이용한 요법"이라고 정의하고 있다.

호메오파시의 기본 원리는 "유사한 것으로 유사한 것을 치료한다"는 말로 요약될 수 있다. 그러나 호메오파시에 있어서 유사성이란 투여하는 약물이 아니라 증상임을 명심해야 한다. 예를 들자면, 호메오파시 요법을 적용하는 의사는 "비소 중독도 (위장 바이러스 감염과 같은) 복부 통증과 구토 증상을 보이기 때문에 위장 바이러스 감염에 소량의 비소를 처방할 것이다. 이것은 생물학적 처치라기보다는 논리학적 유추이다."[4)]

뿐만 아니라 호메오파시에 따른 처방약의 농도는 호메시스 효과가 관찰된 경우의 섭취량 범위보다 훨씬 옅다(아마도 백만분의 1 정도). 실제로 호메오파시 요법에 따른 투여량은 일반적으로 매우 소량이라 그 효과는 플라시보(placebo ; 僞藥) 효과와 비교될 수 있을 것이다. 그래서 과학자들에게는 호메오파시의 효능을 중시하지 않는 경향이 있다.

그런데 여기서 중요한 것은 역사적 연관성이다. 아른트와 슐츠는 자신들의 발견을 호메오파시의 효능을 입증해 주는 것으로 생각했고, 이를 의학적 치료에 도입했다. 루돌프 아른트 자신이 호메오파시를 잘 활용한 개업의였고, 호메오파시가 확산되자 호메시스의 기초개념이 불신을 받게 되었다. 1940년대에 호메시스 개념이 다시 등장했을 때 이전의 호메오파시와 호메시스의 관계를 기억하던 사람들은 여전히 호메시스를 불신했다.

호메시스 이론이 일찍 쇠퇴하게 된 또 하나의 이유는 X-레이의 발견이었다. 1898년에 X-레이가 발견된 후 방사선의 위험이 알려지지 않은 상태에서 유익한 효과만 강조되고 이용되었다. 연구자들은 방사선의 호메시스 효과를 발표하기 시작했고, 일부 의사들은 여러 가지

스카치 온 더 락스의 호메시스 효과

어떤 물질에 있어서는 호메시스 효과가 전통적인 지혜와 맞아 떨어지고 있다. 사이언티픽 아메리카는 2003년 2월호에 "건강을 위해 마신다?"라는 제목을 기사를 실었다. 이 기사의 부제는 "30년 동안의 연구결과 소량에서 적정량의 술을 마시면 심장혈관계에 좋은 영향을 미친다는 사실이 밝혀지다"였다. 그 며칠 전에 워싱턴포스트는 1면에 "매일 술을 마시면 심장마비의 위험이 준다는 연구결과가 나오다"라는 제목의 기사를 실었다. 음주로 말하자면 과다하면 죽음에 이를 수 있다는 점은 우리 모두가 인정하고 있다.

만성 질병에 대한 방사능 특효약을 선전했다. 방사능 특효약과 라듐 요법의 전성 시대는 1932년 3월 31일 백만장자 사업가가 골수암으로 사망하자 종말을 고했다. 그의 죽음은 뉴욕타임스의 1면 머릿기사로 보도되었다 : "에벤 바이어스(Eben M. Byers), 라듐 중독으로 사망!" 바이어스는 수년 동안 습관적으로 라듐이 함유된 라디솔(Radithor)이란 약물을 복용하였다. 그 무렵 연구자들은 시계 문자판에 라듐 페인트를 칠하는 노동자들에게서 암이 발생하고 있다는 사실을 알고 있었다(노동자들은 붓끝을 뾰족하게 하기 위해 입술로 붓을 빨았다).

이런 상황에서 호메시스는 발견이 아니라 실책이었다. 후에 환경주의자들이 대중에게 위해물질을 알려주자 엄청난 공포의 소용돌이가 일어났다. 1980년대 초반에 의회가 이른바 대형기금(Superfund) 법을 통과시키자 공포는 정점에 이르렀다. 오염에 책임이 있는 회사에게 무거운 벌금을 소급 부과하는 이 법은 아직도 유효하다. 미국 정부는 대부분의 위해물질에 대해 무역치 이론을 기초로 하여 무거운 벌금과

형사처분의 원칙을 채택하고 있다. 다이옥신 같은 물질은 소량만 검출되어도 엄청난 비용을 들여 제거해야 한다. 때로는 마을 전체를 비우는 경우도 있었다.[5)]

≫≫≫ 다이옥신 공포

1970년대 이래로 다이옥신이 관련된 대형 소동이 네 차례 있었다. 이들의 네 차례의 사건은 일어날 때마다 세계적인 관심을 모으고 엄청난 공포를 불러일으켰다.

- 다이옥신은 월남전에서 미군이 고엽제로 사용한 에이전트 오렌지의 제조과정에서 생긴 부산물이며, 제조사는 다우 케미컬(Dow Chemical)이다. 1967년에서 1970년 사이에 1,300명의 공군 요원들이 이 약품을 살포하는 일에 동원되었다. 1970년 이후로 베트남에서 이 약품의 살포는 중지되었다. 병사들에게서 에이전트 오렌지와 관련된 여러 가지 건강상의 문제가 발생한 사례가 확인되었고, 그 중에는 암 발생과 기형아 출산 사례가 포함되어 있다. 20만 명의 제대 군인들이 참가한 집단 소송이 제기되었고, 이 소송은 1984년 5월에 제조사가 배상에 동의함으로써 종결되었다.[6)]
- 1976년 7월, 세베소(이탈리아)에 있던 호프만-라로슈 사의 화학공장이 폭발했다. 이 사고로 3만 7천여 명이 다이옥신이 포함된 화학 가스에 노출되었다. 다음해에 오리건 주에 사는 한

여인이 이 회사에서 제조한 제초제 때문에 유산했다고 주장했다. 환경보호청이 조사에 나서 이 여인의 주장을 타당하다고 판정했다. 1979년 당국은 이 회사가 제조한 제초제의 미국 내 판매를 금지했다.

- 뉴욕 주 나이아가라 폴 시의 주택지역인 러브 커낼(Love Canal)은 후커 케미컬(Hooker Chemical) 회사의 폐기물 처리장 위에 건설되었다. 25년 동안 버려진 폐기물에서 침출수가 흘러나왔다. 주민들은 악취에 시달렸고, 이어서 앓기 시작했다. 이 사건은 전국적인 관심사가 되었다. 마이클 푸멘토(Michael Fumento)는 『포위당한 과학』(*Science Under Siege*)이란 저서에서 "주민들을 공포에 떨게 한 것은 무엇보다도 나이옥신의 존재였다"고 썼다. 주민들은 "이곳에 다이옥신이 있다", "다이옥신은 살인자"라고 적힌 팻말을 들고 거리로 나왔다. TV 다큐멘터리는 다이옥신은 독성이 매우 강해 "1온스로 백만 명의 목숨을 앗아갈 수 있다"고 하였다. 랄프 네이더와 그의 조수들은 러브 커낼 지하에는 벤젠과 클로로포름을 포함한 각종 화학물질 4천3백만 파운드가 묻혀 있다는 보고서를 내놓았다. 특히 다이옥신은 "과학자들과 의사들 사이에서 공포와 불안"을 불러일으켰다. 추정에 의하면 100파운드 이상의 다이옥신이 그곳에 묻혀 있다고 한다.[7)]
- 1982년에는 미주리 주 타임 비치에서 더 많은 다이옥신이 발견되었다. 여드름과 피부병 치료용 살균제를 만드는 화학공장에서 나온 것이었다. 다이옥신은 이 약품을 제조하는 과정에서 나온 부산물이었으며, 그 무렵 50파운드가 미주리 주 안에 퍼

져 있었다. 1982년 성탄절 무렵에 미국 질병통제센터(U. S. Centers for Disease Control)는 타임스 비치 마을을 소개하라는 권고를 내놓았다. 의회가 개입하였고, 모든 증거가 수집되기 전까지는 최종적인 조치를 취하기를 거부하던 환경보호청의 관리 리타 라벨(Rita Lavelle)이 파면되었다(이 관리는 의회모욕죄로 기소되었다). 1983년 2월에 연방정부는 타임스 비치의 주거지역과 상업지역의 모든 건물을 매입하겠다고 발표했다.

≫≫ 다이옥신 연구

세베소 공장 폭발이 공중보건에 미친 영향은 세밀하게 조사되었다. 약 900에이커의 면적이 오염되었다. 사고 직후 다이옥신의 평균 농도는 500ppb로 측정되었고, 이는 질병통제센터가 타임 비치 지역에 적용한 "경계 수준"보다 500배나 되는 수치였다. 질병통제센터는 백만 명이 1ppb의 다이옥신에 평생 동안 연속적으로 노출되면 1명의 추가 암환자가 발생한다고 계산하였다.

환경보호청과 질병통제센터의 계산은 섭취-반응의 직선형 가정을 바탕으로 한 것이었다. 호메시스 이론은 이런 가정을 부정한다. 미국 정부와 UN 기구는 모두 이런 가정을 수용하고 있다. 직선형 관계에서는 농도 500ppb의 다이옥신이 인구 백만 명당 500명의 추가 암환자를 발생시킨다고 계산한다.

뉴스위크지는 세베소 폭발사건을 보도한 기사의 제목을 "우리 자신의 히로시마"라고 붙였다. 그러나 조사자들은 다이옥신 노출로 인한 사망자를 단 한 사람도 찾아내지 못했다. 염소 여드름(염소 노출로 인한 여드름의 약칭) 발생 사례가 180건 조사되었고, 특히 아동들에게서 많이 나타났다. 염소 여드름은 10대 청소년들의 여드름과 유사하며, 화학공장 노동자들에게서 흔히 발견된다. 이 증상은 1895년 독일에서 처음 관찰되었다. 세베소의 사례에서는 염소 여드름은 5년 이내에 모두 사라졌다.

1976년 당시까지 이탈리아에서는 낙태가 위법이었고, 화학물질 낙진에 노출된 임산부들은 공포에 빠져 임신중절 수술을 받기 위해 스위스로 몰려갔다. 이들의 공포는 근거가 없는 것이었다. 25건의 임신중절 사례에서 "염색체 이상의 증거는 발견되지 않았다."[8] 1988년 미국의학협회 저널(*Journal of American Medical Association*)이 기형아 출산에 관한 후속 연구결과를 발표하였다. "오염지역과 [태아] 기형 사이의 연관성이나 상관관계는 발견되지 않았다." 모태 안에 있을 때 다이옥신에 노출되었을 가능성이 높은 1977년 초반에 태어난 신생아들 가운데서 "중요한 기형을 가진 경우는 한 건도 없었다."

에이전트 오렌지의 경우에도 유사한 결과가 나왔다. 제초제를 살포한 비행사들은 일상적으로 노출되어 있었다. 뉴욕타임스(1984. 8. 13) 기사에 의하면 "임무수행 중 그들은 지상병력보다 천 배나 많이 살포 제초제에 직접 노출되어 있었다." 그러나 조사결과 이들의 건강은 "비정상적인 질병의 징후를 보인 경우가 없었다." 워싱턴포스트(1985. 1. 15) 기사는 장기간에 걸친 조사결과 "제대병들 자신과 그 후손들이 앓고 있는 질병이 에이전트 오렌지에 의해 유발되었다는 확실한 증거가 없다"고 결론지었다.

다이옥신과 암 사이의 관계에 관한 주요한 연구가 다우 케미컬

우리가 정부이고 우리는 도우러 왔습니다

1991년에 환경보호청은 다이옥신이 건강에 미치는 영향의 재평가를 실시하였다. 뉴욕타임스는 사설을 통해 이렇게 논평했다 : "이제 연방정부의 관리들은 다이옥신 노출 허용치를 지나치게 낮게 설정하였고 미주리 주 타임스 비치의 주민 전체를 영구적으로 소개시킨 것은 지나친 대응이었다고 믿고 있다. … 지속적으로 축적된 데이터는 많은 보건전문가들에게 다이옥신이 인간에게 비교적 온건한 위협임을 확신시켜 준다. 다이옥신은 예컨대 석면, 라돈, 니켈, 코카콜라, 크롬산염, 흡연보다 훨씬 덜 위험한 것 같다."

타임스 비치의 소개를 강력하게 주장했던 질병통제센터의 관리 버논 후크(Vernon Houk) 박사는 그 조치는 실수였다고 말했다. 당시로 되돌아갈 수 있다면 어떤 조치를 취할 것인가? "우리가 틀렸다고 말해야 하겠지요. 그런데 우리가 틀리게 될지라도 그건 인류의 건강을 지키기 위해 틀린 겁니다." 이것이 그의 답변이다. 그는 이렇게 덧붙였다 : "나의 결정은 당시의 가장 좋은 과학적 정보를 바탕으로 한 것이었습니다. 우리가 실수를 저질렀음이 뒤에 밝혀졌지만."

뉴욕타임스도 사설에서 인간이 사고나 산업현장에서 유독물질에 노출된 사례를 연구한 결과를 보면 "고도로 노출된 사람들에게서 암 발생은 아무런 영향이 없거나 미미한 증가가 나타난다"고 하였다.

그러나 저수준의 노출에 대해서는 언급이 없다. 뉴욕타임스뿐만 아니라 다른 언론들도 이와 관련된 정보는 꾸준히 무시해 왔다. 다이옥신뿐만 아니라 다량 섭취 때에는 유독한 여러 가지 물질에 대해서도.

사에 의해 진행되었다. 이 연구는 책임자의 이름을 따서 코시바(Kociba) 연구라 불렸고, 그 결과가 1978년에 발표되었다. 2년에 걸쳐 수백 마리의 쥐가 여러 농도의 다이옥신에 노출되었다(먹이와 함께 섞어 먹였다). 환경보호청은 연구결과를 기초로 하여 다이옥신이 발암성 물질이라고 자신 있게 공표했다.

그러나 데이터는 섭취-반응의 관계가 직선이 아니라 J자 형태임을 보여준다. 실험쥐는 유독물질에 정교하게 노출되지 않더라도 암이 발생한다. 그래서 비노출 "통제집단"의 쥐가 자연방사선에 의한 종양 발생 실험에 쓰인다. 이런 쥐들은 생존하는 동안 한 번에서 세 번이라는 높은 빈도로 종양에 걸린다.

연구자들에게 있어서 쥐들의 이런 특성은 결함이 아니라 장점이다. 자연방사선에 의한 발병 사례가 매우 낮거나 "0"이라면 소량 섭취의 효과도 나타나지 않을 것이다. 쥐를 대상으로 한 실험에서는 의미 있는 데이터가 나오지 않는 경우가 종종 있다. 피실험 집단에서 종양이 발생하는 경우가 한두 사례밖에 안 되기 때문이다.

실험대상 쥐들에게 다이옥신을 섞은 먹이를 주고 종양발생 부위를 합산한 결과 암컷과 수컷 쥐 모두에게서 종양발생 사례가 급격하게 줄었다. 암컷의 경우 한 마리당 자연방사선에 의한 종양발생 부위가 평균 2.6개이던 것이 소량 섭취 후에는 1.92개로 줄었다. 수컷에서는 자연방사선에 의한 종양발생 부위가 평균 1.62개 이던 것이 소량 섭취 후에는 0.8개로 줄었다. 가장 적은 양을 섭취한 수컷들은 통제집단에 비해 종양 발생률이 절반에 지나지 않았다.

이런 관계—소량 섭취시 종양의 감소현상—는 종양발생 부위별로 구분하여 살펴보았을 때도 성립되었다. 다만 암컷의 간 종양 한 가지 경우에만 다량 섭취 두 그룹에서 종양발생 사례가 현저하게 증가했다. 그러나 이 범주에서도 소량 섭취 그룹에서는 종양발생 사례가 10%에서 6%로 줄었다.

연구결과를 종합하면 소량 섭취할 경우 다이옥신은 실제로 쥐들에게서 암 예방효과를 나타냈다. 종양의 종류별로 보면 일부의 경우—자궁, 유방, 뇌하수체, 췌장—다량의 다이옥신을 섭취한 경우에도 통

피부에만 나타난 영향

2004년에 다이옥신이 다시 뉴스에 등장했다. 누군가가 우크라이나의 대통령선거 직전에 야당 지도자 빅토르 유센코에게 다이옥신을 몰래 먹였다. 언론보도는 유센코가 "가장 강력한 유독물질"을 섭취하였고, 혈중농도가 정상인의 6천 배나 된다고 보도했다. 그의 얼굴에는 추한 여드름이 돋아났으나 내장조직은 영향을 받지 않았다. 유센코의 보기 흉하게 변한 얼굴은 전 세계에 알려졌다. 그의 음식에 다이옥신을 탄 사람에 관한 추측은 명백히 잘못된 것이었다. 그들도 미국 언론을 본받아 다이옥신이 "인간에게 알려진 가장 유독한 화학물질"이라고 보도했다.

제집단에 비해 상당히 낮은 종양발생 빈도를 보였다. 이것은 실험자들이 다이옥신의 "반대 효과"가 나타나는 최저 섭취량이 어느 수준인지를 찾아내지 못했다는 것을 의미한다.

그런데 다량 섭취한 암컷들에서는 간 종양발생 빈도가 7배나 증가하였고, 따라서 다이옥신이 발암물질이라는 환경보호청의 규정이 입증되는 범주는 오직 이 한 곳뿐이었다.

랄프 쿡(Ralph Cook)은 그의 저서에서 요즘의 동물 독성학은 "신체의 한 조직에서 종양이 증가하면 다른 모든 부위에서도 종양의 발생빈도가 높아진다는 가정을 가지고 출발한다. 그런데 사실은 그렇지 않다. 더 나아가 동물실험에서 종양발생 빈도가 증가하면 인간에게서도 같은 현상이 나타날 것이란 가정을 세워놓고 있다"고 지적했다.[9)]

수년 후 국립 독성학 프로그램—국립보건원의 한 부서—에서 다른 계통의 쥐를 상대로 코시바 연구를 재현해 보았는데 같은 결과가 나왔다. 소량의 다이옥신 섭취가 종양발생 사례를 현저하게 감소시켰다. 이 실험에서는 다이옥신 양을 세 등급으로 나누어 투여했다. 자연방사선에 의한 통제집단 암컷의 간 종양의 발생 비율은 6.66%였다. 그러나 다이옥신을 소량 투여한 쥐들에게서는 이 비율이 2%로 떨어졌다. 중간 정도를 투여한 경우에는 통제집단의 종양 발생률과 같았고, 다량을 투입한 경우에는 통제집단보다 4배나 높았다.

당신이 읽지 말았어야 할 책

• 마이클 고우(Michael Gough), 『다이옥신, 에이전트 오렌지 : 사실』(*Dioxin, Agent Orange : The Facts*), New York : Plenum Press, 1986.

미국 정부의 문건을 보면 섭취량의 차이에 따른 신체반응의 "양 국면"에 관한 언급은 찾아보기 어렵다. ("양 국면"이란 그래프에서 두 가지 국면이 나타나는 것을 의미한다. 즉 소량 섭취시에는 하향곡선이 나타나고 다량 섭취시에는 상승곡선이 나타난다.) 오히려 정부의 '독성물질 및 질병등록부'는 암컷 쥐들에서 "체중 1킬로그램당 0.071마이크로그램의 다이옥신을 매일 섭취했을 때 간의 종양성 혹과 암세포가 증가했다"고 기록하고 있다.

그러나 '등록부'는 소량 섭취할 경우 같은 물질이 같은 부위에서 보호작용을 한다는 사실은 기록하고 있지 않다. 물론 대부분의 사람들은 독성학자들이 섭취량을 표현할 때 사용하는 복잡한 용어들을 해독하지 못한다. 문외한들은 소량이라 함은 '등록부'에 예시된 대로 투여되는 것으로 알고 있으며, 동물실험에서 실제로는 그보다 더 적은 양이 투여되어 긍정적인 효과가 나온다는 사실을 알지 못한다.

그러므로 동물실험의 결과는 다이옥신의 호메시스 효과를 강력하게 입증하고 있다. 소량 섭취할 경우 이 공포의 화학물질은 항암효과를 나타낸다. 한 제약회사는 다이옥신을 기초로 한 암 예방약의 개발을 진지하게 검토하기 시작했다.

다이옥신의 인체에 대한 영향은 어떤가? 사람을 대상으로 한 섭취 실험은 시도된 적이 없지만 세베소 폭발사건이 의도하지 않은 실험으로 간주될 수 있을 것이다. 1984년에 미국을 포함한 각국의 의료전문가들로 구성된 국제조정위원회가 세베소 사건과 관련된 여러 가지 연구결과를 검토하고 다음과 같은 결론을 내렸다 : "세베소 사건이 발생한 후 거의 8년이 지난 지금 극소수 조사대상 집단에서 염소 여드름이 발생한 것을 제외하고는 공장에서 생산한 화학물질로 인한 건강에 부정적인 영향은 관찰되지 않았다."[10]

10년간의 추적조사도 실시되었다. 1989년 6월 미국 역학 저널(*American Journal of Epidemiology*)은 이탈리아 의사들의 연구결과를 게재했다. 연구자들은 "종합적으로 유해성의 상대적 위험은 전체적으로 1.0 이하이다"라고 결론지었다. 이 말은 노출되지 않은 집단에 비해 유해성의 차이가 거의 없다는 의미이다.[11]

세베소 사고에서 노출된 집단은 세 부류로 분류되었다(A구역-가장 많이 노출됨. B구역-중간 정도로 노출됨. R구역-가장 적게 오염됨). R구역으로 분류된 조사대상은 26,227명이었고, 그 지역의 비교대상 집단 167,000명과 사망률을 비교하였다. 이 구역의 간암으로 인한 남여의 사망 사례는 비노출 비교대상 집단의 같은 원인에 의한 사망률의 절반에 미치지 못했다. 폐와 유방암으로 인한 사망 사례도 간암보다는 덜 극적이기는 하지만 줄었다. 랄프 쿡은 이런 상황을 두고 다음과 같이 결론지었다 : "다이옥신이 유발자라고 한다면 의미 있는 결과를 얻기에는 아직 흘러간 시간이 너무 짧다. 반면에 나타난 결과는 다이옥신이 유방암에 대해 예방적 치료적 작용을 한다는 주장과 부합된다. 다른 종양의 경우에도 그럴 것이다."[12]

Chapter 5

DDT 사용 금지

알고 있나요?

* 환경보호청은 1972년에 DDT 사용을 금지시켰다. 오늘날 아프리카에서만 해도 연간 백만 명 이상이 말라리아로 사망하고 있다.
* 뉴욕타임스와 월스트리트 저널의 사설은 종래의 태도를 바꾸어 DDT의 사용을 다시 허가해야 한다고 주장했다.[1)]
* 랄프 네이더조차도 DDT의 조심스런 사용을 지지하고 있고, 록스타들도 말라리아의 귀환이란 프로그램에 참여하기 시작했다.

디클로로-디페닐-트리클로로에탄(Dichloro-Diphenyl-Trichloroethane : DDT)은 1874년에 독일의 한 화학자가 합성했다가 잊혀졌고, 그후 1939년에 폴 뮐러(Paul Mueller) 박사가 다시 발견했다. 뮐러는 DDT가 선(腺)페스트, 티푸스, 황열, 뇌염, 말라리아 등의 전염병을 옮기는 파리, 이, 벼룩, 모기를 죽이는 데 탁월한 효과가 있음을 알아냈다. 이 살충제는 1943년에 미국에서 특허를 받았고, 얼마 되지 않아 미국 농무부는 이 약품의 유익한 효능을 인정했다.

제2차 세계대전이 끝나갈 무렵 미 육군은 농도 10%의 DDT 분말을 담은 작은 깡통을 전선에 있는 사병들에게 지급했다. 이 약품은 병사들의 몸에 기생하는 이를 죽이는 데 효과적이었다. 이탈리아 전선에서 급속하게 번지고 있던 발진티푸스를 예방하기 위해 500갤런의 DDT가 지급되었다. 폴 뮐러는 이 약품을 발명한 공로로 1948년 노벨 의학상을 받았다. 식수 정화장치가 고안된 이후로 이 약품만큼 공중보건을 개선하는 데 뛰어난 효과를 보여준 것은 없었다.[2)]

1945년 이후 미국의 공중보건국은 국무부의 지원을 받아 전 세계 18개국에서 말라리아 근절 프로그램을 수행했다. 예컨대 그리스에서는 이 프로그램이 시행되고 나서 3년 만에 말라리아 환자 발생건수가 연간 200만 건에서 5만 건으로 떨어졌다.

그런데 1955년 무렵이 되어서도 세계 인구의 10%가 여전히 말라리아의 공격을 받고 있었고, 10초에 한 사람씩 이 질병으로 사망하는 것으로 추정되고 있었다. 매년 3-4억 명이 말라리아에 감염되고, 그 중에서 300-400만 명이 죽었다. 인도 한 나라에서만도 해마다 80만 명이 말라리아로 죽었다. 1955년에 세계보건기구(WHO)는 말라리아와의 전쟁을 선포했고, 미국 의회도 1957년에 같은 정책을 채택했다.

이런 캠페인을 벌인 결과 1967년이 되자 모든 선진국에서 말라리아는 근절되었다. 열대 아시아와 라틴 아메리카 지역의 대부분이 천형과도 같은 이 질병에서 해방되었다. 훗날 스리랑카라고 불리게 되는 실론에서는 연간 말라리아 환자 발생건수가 280만에서 17건으로 떨어졌다. 인도에서는 말라리아로 인한 사망자 수가 미미해졌다. 그러나 적도 아프리카 지역에서는 세 나라에서만 말라리아 근절 캠페인이 시작되었다. 보다 가난한 나라에서는 말라리아 근절운동이 효과를 볼 수 없다고 평가되었기 때문이다.

≫≫≫ 조용하지만 치명적인 사건 : 레이첼 카슨

레이첼 카슨(Rachel Carson)이 『침묵의 봄』(*Silent Spring*)이란 책을 출판하자 DDT에 대한 반대물결이 일기 시작했다. 사실상 현대 환경운동의 기초 문건인 이 책은 뉴요커에 연재한 칼럼을 책으로 엮어 1962년에 출판되었다. 이 책은 미국인들에게 생태가 무엇인지 알려주는 계기가 되었다. 한 생명체가 중독되면 그것을 먹고 사는 다른 생명체가 다음 차례로 중독된다. 모기를 죽이기 위해 살충제를 뿌리면 의도하지 않았지만 독수리가 그 살충제에 중독되어 죽는다. 또한 생명체가 멸종하면 다른 생명체들이 천적을 잃게 된다. 이처럼 모든 것이 상호 연결되어 있다. 자연은 너무나 복잡하기 때문에 인간은 자연을 다루는 방법을 알지 못하며, 따라서 자연은 그냥 놓아두고 간섭하지 않는 것이 좋다.

미국 어류 및 야생동물관리국(U. S. Fish and Wildlife Service)에서 오랫동안 일했던 레이첼 카슨은 DDT에 관심이 많았다. 그녀의 저서는 원래 롱 아일랜드 지역 주민들이 DDT를 공중 살포한 데 대해 연방정부와 주정부를 상대로 제기한 소송에 대비하기 위한 보고서로서 작성된 것이었다. 이 소송은 절차상의 하자 때문에 기각되었으나 보고서는 살아남아 책으로 출판되었다. 카슨 자신은 1964년에 56세의 나이로 암으로 죽었다.

그녀의 책은 전환점이 되었다. 미국인들이 처음으로 과학자들과 관리들이 들려주는 설명에 의문을 갖기 시작했다. 권위가 무너지자 그 빈 자리를 경각심과 정치가 차지했다.[3]

⋙ 정치화된 과학

1971년에 환경보호청이 DDT의 위험과 이익을 가리기 위해 몇 달에 걸쳐 청문회를 열었다. 사람들은 DDT가 암을 유발한다는 소문 이외에는 신경을 쓰지 않았다. DDT는 아무런 제약 없이 공중에서 살포되었고, 바람을 타고 야외에서 놀이하는 아이들에게 날아갔다. 청문회 조사관은 최종적으로 DDT는 발암성이 없다는 결론을 내렸다. 그러나 1972년에 환경보호청의 행정관 윌리엄 럭클스하우스(William Ruckelshaus)가 "발암위험이 있다"는 이유로 DDT의 사용을 금지시켰다.[4]

럭클스하우스는 쥐를 대상으로 한 실험에서 DDT가 암을 일으킨다는 연구결과를 근거로 제시하였다. 그러나 그 실험의 증거는 분명치 않았다. 실험에서 투여된 DDT의 양은 인간이 어떤 환경에

정치적으로 왜곡되기 전에 그들이 한 말 :

1970년에 미국학술원의 한 위원회는 "DDT만큼 인간에게 혜택을 준 화학물질은 많지 않다. … 20년이 채 안 되는 기간 동안 DDT가 말라리아로부터 500만 명의 목숨을 구했다. 다른 어떤 화학물질도 그렇게 할 수 없었을 것임이 분명하다."

"생명과학", 미국학술원(National Academy of Science), NAS Press, Washington D. C., 1970.

서든 섭취할 수 있는 양의 천 배를 넘었다. 실제로 실험을 수행한 연구자들은 그들이 원하는 결과가 나올 때까지 DDT의 투여량을 늘렸다. 어떤 실험에서는 대상 동물들에게서 추가적인 암이 발생하지 않는다는 결과가 나왔다. 쥐를 대상으로 한 실험에서 최소한 한 차례는 DDT가 반(反)발암성 물질이라는 결과가 나왔다. DDT로 "실험용 쥐를 사전 처리한 결과 유방암 유도 경향이 현저하게 감소했다." (머지않아 제약회사들은 항암제로서 DDT의 가능성에 주목할 것이다.)

> **DDT와 출산율**
>
> "DDT가 민간용으로 소개되었을 때부터 나는 출산을 억제하는 효과가 있다는 주장에 대해 의문을 가졌다. 가이아나에서는 2년 만에 말라리아가 거의 사라졌지만 같은 기간 동안에 출산율은 두 배가 되었다. DDT가 인구과잉 문제를 가속화시키지 않을까 걱정이다."
>
> **알렉산더 킹**(로마클럽 공동설립자), 『호기심의 법칙』, Burlington, MA : Elsevier, 1990, 43쪽.

발암위험을 말하자면 쥐를 상대로 한 다량 투여의 반응이 인체를 대상으로 한 소량 투여에서도 그대로 나타나리라는 보장은 없다. 동물을 대상으로 다량을 투여한 실험물질—예컨대 소금과 비타민 A—이 암을 유발한다는 사실은 이미 밝혀졌다. 캘리포니아(버클리) 대학의 화학자 브루스 에임스는 설치류 동물에게 암을 유발하는 물질로는 거의 모든 야채와 과일(사과, 바나나, 브로콜리, 식물의 싹, 양배추, 버섯, 오렌지 등)이 포함된다고 지적했다. 그렇다고 해서 이런 것들이 금지식품이 되어야 한다는 의미는 아니다.

DDT는 축적된다는 주장도 나왔다. 이 화학물질은 자연상태에서 소멸되지 않고 축적되었다가 해양으로 흘러들어가 수십 년간 약효를 유지한다는 것이다. 『침묵의 봄』이 출판되고 나서 얼마 지나지 않은 1964년에 한 과학자가 이런 주장을 담은 글을 사이언스지에 실었다. 이 과학자는 어떤 지역의 숲에 DDT를 살포하고 토양 속의 DDT 농도를 측정한 결과 농도가 해마다 높아졌다는 사례를 제시했다. 그러나 실험대상이 된 지역은 실험을 위해 DDT를 살포하는 비행기들이 이착륙하는 그 지방의 삼림비행장 부근이어서 고농도의 DDT에 노출될 수밖에 없는 지점이었다.

이 과학자는 환경보호청의 청문회가 있기 직전에 자신의 주장을 철회했다. 이 과학자와 그의 공동저자들은 실험대상 지역 이외의 지역에서는 한 해 DDT 생산량의 1/30 이하가 발견된다는 조사보고서를 사이언스지에 실었다. 그들의 결론은 이랬다 : "생산된 DDT의 대부분은 무해한 수준으로 축적되거나 아니면 소멸한다."

어류 및 야생동물관리국 연구소 책임자의 한 사람인 필립 버틀러(Philip Butler) 박사가 실시한 실험에 의하면 "DDT와 그 대사(代謝)산물의 92%는 살포 후 38일 이내에 자연에서 사라진다." 이 데이터는 환경보호청의 청문회에 제출되었다. 그 이전에도 세계보건기구의 책임자가 "DDT 살포작업에 종사하는 13만 명이나 DDT가 살포된 가옥에 거주하는 수백만 주민에게서" DDT로 인한 이상 증상은 관찰된 적이 없다고 말했다.

세계보건기구의 책임자는 다음과 같이 덧붙였다. "수백만 명의 생명을 구한 이 화학물질을 포기할 근거가 없다. 이 물질의 사용을 중지한다면 수천 명이 생명을 잃게 될 것이고, 수백만 명이 질병을 앓게 될 것이다. 이 물질은 전 세계 20억 명의 건강을 지켜주었고, DDT 중독으로 사망한 사례는 한 건도 없다. DDT 사용 중지는 세계의 보건에 재앙이 될 것이다." 1969년의 일이었다.

⋙ 얇아진 알껍데기

가장 널리 알려진, 그리고 가장 해로운 DDT의 부작용은 조류 알껍데기를 약하게 만든다는 것이었다. 둥지로 돌아오는 새들이 자신이 낳은 알을 깨트릴 수 있다! J. 비트맨(J. Bitman)이란 연구자가 새를 대상으로 DDT를 투여하는 실험을 하였다. 그는 DDT를 투여하면서 먹이 가운데 칼슘의 양도 줄였다. 그 결과 알껍데기는 얇아졌다. 비트맨은 다음 단계의 실험에서 DDT의 양은 그대로 두고 칼슘 투여량을 늘렸다. 이번에는 알껍데기의 두께가 정상으로 돌아왔다.

고든 에드워즈(J. Gordon Edwards)는 DDT를 둘러싼 불공정한 처사를 두고 이렇게 말했다. "불행하게도 사이언스지의 편집자는 두 번째 실험결과를 실어주지 않았다. 편집자 필립 에이블슨(Philip Abelson)은 이미 캘리포니아(버클리) 대학의 토머스 쥬크(Thomas Juke) 박사에게 사이언스지는 DDT에 대해 적대적이 아닌 어떤 기사도 싣지 않을 것이라고 말했다. 그렇기 때문에 비트맨은 정당한 실험결과를 잘 알려지지 않은 전문 학회지에 실을 수밖에 없었다. 많은 사이언스지 독자들은 DDT가 새의 알껍데기를 얇게 만든다고 믿고 있다."[5)]

두 번째 논문은 가금(家禽)류 과학지에 실렸다.

에드워즈는 산호세 주립대학의 곤충학자이며 오랫동안 DDT 사용 금지에 반대해 왔다. 그는 환경보호청 청문회에서 DDT의 살충효과를 지지하는 증언을 했으며, DDT가 인간에게 유해하지 않다는 자신의 확신을 증명하기 위해 신학기 초에 학생들 앞에서 DDT 한 숟가락을 먹어보였다. 그는 건강하게 등산을 즐기다가 2004년에 85세의 나이로 사망했다.

≫≫≫ 환경보호청의 금지조치

환경보호청의 청문회 감독관 에드먼드 스위니(Edmund Sweeney)는 보고서 결론부에서 이렇게 썼다 : "DDT는 인간에게 암, 돌연변이, 또는 기형을 유발하는 위험성을 갖고 있지 않다. 관련 규정에 따라 사용할 때 DDT는 담수어, 하구에 서식하는 생명체, 야생조류, 기타 야생동물에게 유해하지 않다. … 청문회에서 드러난 증거는 DDT 사용의 현존하는 필요성을 입증한다."

이 결정을 DDT 사용을 금지시킬 생각을 갖고 있던 환경보호청 행정관 러클스하우스가 뒤집었다. 그는 자신이 법무부 차관으로 있을 때인 1970년에는 "DDT는 사용 안전성의 표본적인 기록을 갖고 있으며, 사람이나 동물에게서 독성반응을 보이지 않고 유독하지도 않다. DDT가 발암성 물질이라는 주장은 입증되지 않은 추측이다"고 말한 바 있다. 그런데 그후 1971년에 오드본 협회(Audubon Society)에서 행한 연설에서 그는 이렇게 말했다 : "협회 회원의 한 사람으로서 나는 좋게 말해 이 합성물질에 대해 고도의 의구심을 가져왔습니다. 그러나 나는 자신의 감성을 누그러뜨리지 않을 수 없었습니다. 왜냐하면 드러난 과학적 증거가 선불리 행동을 취할 수 없게 했기 때문입니다. 여하튼 환경보호청은 행정절차를 간소화했고, 그래서 우리는 DDT와 기타 분해가 잘 안 되는 살충제의 등록을 검증기간 동안에는 언제든지 보류할 수 있습니다."

그후 아프리카와 다른 지역에서 일어난 사태를 보면 럭클스하우스는 DDT의 사용 금지가 어떤 환경적 재난을 가져올지 고려하지 않았음이 분명하다. 많은 사람들이 살충제에 대해 히스테리 증세를 보이고 개똥지빠귀 새가 줄어들 "침묵의 봄"을 걱정했지만, 제3세계에서의 질병과 죽음에 대해서는 누구도 신경 쓰지 않았다.

⋙ 아프리카가 치르는 희생

2004년에 뉴욕타임스 매거진은 티나 로젠버그(Tina Rosenberg) 논설위원이 쓴 "지금은 세계가 DDT를 필요로 하는 때"라는 장문의 사설을 실었다. 로젠버그는 『침묵의 봄』을 다시 읽어보고 전에는 알지 못했던 새로운 사실을 알고 충격을 받았다. "297쪽에 이르는 이 책의 어느 부분에서도 레이첼 카슨은 자신이 책을 저술하던 무렵에 DDT가 수백만 명, 아마도 수억 명의 생명을 구하는 데 기여하고 있음을 언

아프리카, 셰익스피어, 그리고 올리브 크롬웰의 공통점은?

많은 사람들은 말라리아가 "적도의 질병"이라고 생각하지만 선진국에서 DDT 덕분에 말라리아가 성공적으로 근절된 결과 그렇게 되었을 뿐이다. 미국에서는 1930년대까지만 해도 매년 600-700만 명이 말라리아로 고통 받았다. 몬트리올 같은 북쪽지방에서도 말라리아가 발생했다. 영국에서는 올리브 크롬웰도 말라리아로 죽었고, 셰익스피어는 여러 작품에서 이 질병을 "학질"이라고 불렀다.

급하지 않았다." 로젠버그는 이 책을 고발하는 중요한 이유를 다음과 같이 덧붙였다 : "DDT가 자연에서 분해되지 않음으로써 대머리 독수리를 죽였다고 하는데, 『침묵의 봄』이야말로 대중의 마음 속에 지워지지 않는 편견을 남겨 아프리카의 어린이들이 죽게 만들고 있다. DDT에 관한 여론은 너무나 견고해서 이 약품을 안전하게 사용할 수 있다는 것을 알고 있는 관리들조차도 감히 사용을 권고하지 못한다."

공정하지 못한 것은—이 점에 대해서는 의회의 아프리카계 의원들이 관심을 가져야 마땅하다—선진국에서는 말라리아를 근절하기 위해 DDT가 사용되었는데 저개발 국가에서 같은 효과를 보기 위해 같은 물질을 사용하는 것은 금지되었다는 점이다. 아프리카인들은 희생물이 되었다. 그래서 작은 질병에도 음모론이 나오는 것이다. 인종평등회의의 전국의장 로이 이니스(Roy Innis)가 2004년 11월에 부시 대통령에게 편지를 보냈다. 이 편지에는 다음과 같은 사실이 지적되어 있다.

> 미국과 유럽에서는 제2차 세계대전 후 살충제와 다른 물질을 이용하여 말라리아가 근절되었습니다. 그러나 오늘날 저개발 국가에서는 여전히 이 악마 같은 질병이 매년 미국 전체 인구보다 많은 3억 명을 괴롭히고 있습니다. 이 질병 때문에 매년 텍사스 주 휴스턴 시의 인구와 맞먹는 2백만 명이 사망합니다. 15초마다 아버지, 어머니, 또는 어린 아이 중 하나가 죽습니다. 희생자들의 거의 90%가 사하라 이남의 아프리카에서 생겨나며, 그들의 대부분은 어린이와 임신한 여성들입니다. 1972년 이후로 최소한 5천만 명이 말라리아로 사망했습니다. 이들 나라가 모기가 옮기는 이 질병을 통제할 수 있었더라면 얼마나 많은 사람들이 목숨을 구

했을지는 오직 하느님만이 아십니다.[6)]

핵심은 이것이다 : 환경보호청의 금지조치는 미국에게만 해당된다. 왜 제3세계 국가들이 영향을 받아야 하는가? 티나 로젠버그의 기사가 조각그림 맞추기의 잃어버린 부분을 알려주고 있다.

> 다양한 요인들, 그 중에서 주요하게는 서구 세계에 만연한 강력한 DDT의 독성 이미지와 미국의 결정이 전 세계에 미치는 특별한 영향력이 말라리아 다발 국가들에서 DDT 사용을 불가능하게 만든다. 남아프리카 공화국과 소수의 예외적인 국가를 제외하면 아프리카 국가들은 말라리아 퇴치를 위해 외국기관의 원조에 크게 의존하고 있다. … 미국 정부의 국제개발처(U. S. Agency for International Development : USAID)를 포함한 주요 원조기관들은 DDT 사용을 위한 재정지원을 해주지 않으며, 세계보건기구 같은 국제기구도 말라리아 퇴치를 위한 DDT 사용을 적극적으로 만류하고 있다.

미국의 국제적인 영향력이 (문자 그대로) 명백하게 부정적인 경우가 이런 것이다. 이것은 또한 외국 원조의 함정이 보여주는 객관적인 교훈이며, 왜 많은 나라가 외국 원조에 의존하는 일을 피해야 하는지 그 이유를 설명해 준다. 원조를 받는 국가는 원조를 해주는 국가의 돈만 들여오는 게 아니라 편견까지도 들여온다.

국제개발처의 국제 보건담당 부행정관인 앤 페터슨(Anne Peterson)은 DDT 사용을 위한 재정지원에는 이중 잣대의 적용 문제가 제기된다고 말했다. "우리가 우리의 시민들에게는 피하려 하는 일을 아프리카인들에게 하려 한다면 그들이 어떻게 생각할까요?" 이중 잣대란 너무도 단순한 논리다. 미국은 미국인들을 말라리아로부터 해방시키기 위해 화학물질을 사용해 놓고 다른 사람들에게는 그것이 악마라고 한다면 말이 안 된다.

럭클스하우스—지금은 은퇴했다—는 최근에 이런 말을 했다. "다른 사람들의 위험과 이익의 균형을 잡아주는 것은 우리 몫의 일이 아니다. 내가 DDT의 이익이 그것이 주는 위험을 훨씬 능가하는 스리랑카 같은 곳의 정책결정자였더라면 DDT의 사용을 금지하지 않았을 것이다. 모든 사람이 우리가 하는 대로 해야 한다는 생각은 오만이다. 우리가 그런 결정을 한 것은 나머지 세계를 위해서가 아니다. 그렇지 않은가?"

맞아요, 맞습니다.

≫≫≫ 배워가는 길

다른 나라들은 미국 정치가들과 환경주의자들의 자비심에 의존해서는 안 된다는 것을 천천히 배워가고 있다. 그리고 가능한 분야에서는 이런 영향에서 벗어나고 있다. 인도와 중국은 현재 DDT를 생산해 사용하고 있다. 이런 조처가 옳다는 증거는 두 나라에서 매년 증가하고 있다. 2004년 말 월스트리트 저널에는 다음과 같은 기사가 실렸다 : "남아프리카 공화국이 환경주의자들의 압력 때문에 1996년에 DDT 사용을 중지하자 말라리아 발생건수가 1995년의 6천 건에서 2000년 6만 건으로 증가했다. 이 나라의 최대 말라리아 발생지역인 콰

줄루 나탈 주에서 DDT 사용을 재개하자 2001년에 말라리아 발생건수는 80%나 줄었다. 아프리카 최빈국 중의 하나인 잠비아에서도 수년 전에 살충제 살포가 재개된 후 말라리아 발생건수가 급격하게 줄었다."

이 문제에 관심을 가진 뉴욕타임스의 칼럼니스트 니콜라스 카리스토프(Nicholas D. Kristof)도 2005년 1월에 "DDT를 뿌릴 때가 되었다"는 칼럼을 썼다.

> 가난한 나라들 가운데서 말라리아 통제에 성공한 나라는 에콰도르처럼 DDT 사용을 계속한 나라들이다. 멕시코에서도 DDT 사용 여부와 비례하여 말라리아 발생률이 증감했다. [그런데 멕시코는 북미 자유무역협정에 따라 DDT의 사용을 포기했다고 한다.] 남아프리카 공화국은 다른 살충제 사용으로 전환하였다가 말라리아가 증가하자 다시 DDT를 사용하기 시작했고, 이제 이 나라는 말라리아를 통제할 수 있게 되었다. 증거가 말하고 있다. DDT는 목숨을 구한다.

국제원조기구의 DDT 사용에 관한 태도는 매우 편협하다. 오늘날 어떤 단체는 DDT 사용에 대해 별다른 반대를 보이지 않는다. 크리스토프는 자신을 비난할 만한 환경단체 몇 곳을 지목했다. 그런데 세계야생동물기금(World Wildlife Fund) 사람들은 침묵하고 있다. 이 단체의 리처드 리로프(Richard Liroff)는 "아프리카가 DDT를 사용한 것은 옳은 결정이었다. 남아프리카 공화국의 경우처럼 DDT 대체품이 효과가 없다면 DDT를 사용해야 한다"고 말했다. 그린피스 쪽에서도 릭 힌드(Rick Hind)가 "생명을 구하는 데 다른 수단이 없다면 우리는 어떤 수단이든 지지한다. 누구도 교조적이어서는 안 된다"고 말했다.

당신이 읽지 말았어야 할 책

• 스티븐 멀로이(Steven Milloy), 『잡동사니 과학의 유도』(*Junk Science Judo*), Washington D.C. : Cato Institute, 2001.
• 또 http://www.junkscience.com에 실린 멀로이의 DDT에 관한 논문을 보라.
• 티나 로젠버그(Tina Rosenberg), "지금은 세계가 DDT를 필요로 하는 때", *New York Times Magazine*, 2004. 4. 11.

이제 DDT 사용 금지를 지지하는 사람을 찾기는 쉽지 않다. 전직 미 해군 군의감 해롤드 쾨니그 소장은 DDT 사용 금지의 정치적 의미에 대해 이렇게 말했다 : "형편없는 공중보건 정책[DDT 사용 금지]이 채택되는 이유는, 정치가들의 입장에서는 과민반응을 보이는 사람들의 소란에 편승하는 것이 상황의 전모를 공부하여 일반 유권자들을 상대로 DDT가 안전하게 사용될 수 있다고 설득하는 것보다 쉽기 때문이다."[7]

메릴랜드 베데스다에 소재한 미군 보건과학 대학(Uniformed Services University of the Health Science)의 도널드 로버츠(Donald Roberts) 교수는 "DDT 사용 금지는 엄청난 실수였다. 환경정책과 무능한 관료제도의 혼란 때문에 생긴 일"이라고 말한다. 그는 FrontPageMag.com과의 회견에서 이렇게 말했다 : "말라리아를 근절하는 데 현재로서는 DDT만한 살충제가 없다. DDT의 효력은 오래 지속되지만 대체물은 그렇지 못하며, DDT는 저렴하지만 대체물은 그렇지 못하다. 그렇다면 얘기는 끝난 것이다."

DDT 사용 금지론자들은 어리석고도 비극적인 이유를 댄다. DDT를 반대하는 주장을 굽히지 않는 사람 중의 하나가 스탠포드 대학의 생물학자 폴 얼리치(Paul Ehrlich)이다. 그는 이슈가 있을 때마다 언제나 틀린 쪽에 서 왔었고, 대표적인 경우가 인구과잉과 기아문제였다. 얼리치는 뉴욕타임스에 보낸 (공동) 서한에서 "더 잘 안다는 사람들이 목청을 높이고 있지만 DDT의 사용과 관리는 말라리아를 유발하지도 않고 그렇다고 치유하는 것도 아니"라는 이상한 주장을 하였다.

"말라리아를 유발하지도 않고 치유하지도 않는다 … ?" 그는 누구도 생각하지 못한 DDT 사용 금지의 이유를 제시했다. DDT가 말라리아를 치유하지 못한다고? 말라리아를 옮기는 모기를 죽이는 것은 DDT가 아니고 무엇인가? 시에라 클럽(Sierra Club)의 마이클 매클로스키(Michael McClosky) 같은 사람은 1971년에 이런 말을 했다 : "시에라 클럽은 DDT가 말라리아를 통제하는 데 효력을 보이는 나라에서도 이 살충제의 사용을 반대한다 … DDT를 사용하면 저개발 국가의 사망률을 줄일 수는 있겠지만 늘어난 인구를 어떻게 부양할 것인지는 대책이 없기 때문이다."[8)]

진실이 밝혀지면 이들은 학살의 책임을 추궁당할 것이다. 우리는 여기서 DDT를 반대하는 수많은 사람들의 부끄러운 동기를 간파할 수 있다.

≫≫≫ 사용금지를 푸는 길

여기에는 세 가지 가능성이 있다.

- 빌과 멜린다 게이츠 재단이 후원한 열대지역 질병에 관한 회의에서 DDT 살포를 재개하는 문제가 제기되었다. 이 문제는 원래 의제에는 포함되지 않았으나 비공식적으로 제기되었다.

DDT를 다시 사용하는 문제에 대해 동정적인 사람은 아무도 없었을 뿐만 아니라 생각조차도 하지 않는 것 같았다. 그런데 한 참석자가 이렇게 말했다 : DDT를 다시 사용하려면 우선 이름부터 바꿔야 할 것입니다. 내 생각이기는 하지만.[9)]

- 전직 국방부 차관인 폴 월포위츠(Paul Wolfowitz)를 세계은행 총재로 임명하는 문제를 두고 논란이 일자 월포위츠는 즉각 아일랜드 출신의 록 가수 보노(Bono)와 만날 약속을 하였다. 보노는 해외원조 결정에 큰 영향력을 가진 인물이었기 때문이다. 부시 대통령의 재무장관 폴 오닐은 보노를 따라 제3세계 시찰 여행을 다녀왔다. 아마도 보노를 설득하여 부시 대통령에게 아프리카 어린이들의 사망률을 낮추는 데 역할을 하도록 말해보는 건 어떨까?[10)]
- 그러나 전직 군의감 해롤드 쾨니그는 농담 같은 사태를 해법으로 제시했다. "시간이 해결해 줄 거요, 그것도 아주 짧은 시간 내에. 모기가 옮기는 이 질병이 적도에서 극지방까지 다시 퍼지면 사람들이 생각을 바꿀 거요."

말라리아가 미국에 다시 돌아오면 DDT도 다시 돌아올 것이다. 머지않아 그렇게 될 것이다.

Chapter 6

생물 다양성과 멸종위기 종

알고 있나요?

* 화석기록은 대부분의 종이 장구한 세월을 지나며 소멸했으며 인간은 그들의 멸종과 관계가 없음을 말해준다.
* 지난 20년 동안 확인된 포유류의 종은 25%나 늘었다.
* 최근 수십 년 동안 소멸한 종보다 새로 발견되어 기록된 종이 훨씬 더 많다.

에드워드 윌슨(Edward O. Wilson)은 하버드 대학 교수로 퓰리처상을 두 번이나 수상하였고, 개미 전문가이며, 추리 생물학의 위대한 전도사이다. 아마도 그는 생물 종의 멸종에 관해서는 미국에서 최고의 권위자일 것이다. 오늘날 이 주제는 "생물 다양성"이란 제목으로 언급된다. 2002년에 출간된 저서 『생명의 미래』(*The Future of Life*)에서 그는 다음과 같이 말했다.

> 오늘날 얼마나 많은 멸종이 일어나고 있는가? 연구자들은 파국적

인 숫자라는 데 대체로 동의한다. 인간이 환경에 심각한 압력을 가하기 이전에 비해 천 배에서 만 배 사이라는 것이 중론이다. 고생물학자들의 연구에 의하면 인류가 등장하기 이전의 자연상태는 4억 5천만 년 전에 시작되었다고 한다. 약 5만 년에서 만 년 전에 구석기 후기와 신석기 시대에 인류가 등장함으로써 이 시기는 끝이 났다. 도구를 다룰 줄 알고 숫자도 많으며 자연을 개척하는 데 무서운 효율성을 보이던 인간이 멸종의 회오리를 불러일으킨 것이다.[1)]

윌슨에 의하면 다행인 것은 과학자들이 "생물권이 원래 생각했던 것보다 다양성 면에서 풍부하다는 사실"을 알게 된 점이다. 그러나 나쁜 소식도 있다. 30억 년 이상을 거치며 형성된 이러한 다양성이 "인간의 활동에 의해 가속적으로 붕괴되고 있다." 우리는 "인구과잉과 1인당 소비증가"라는 문제에 직면해 있다. 윌슨은 "우리가 당면한 위기"와 "대량멸종"을 걱정한다. 모든 것이 인간 탓이라는 것이다.

윌슨은 훌륭하게 변신을 거듭한 인물이다. 1970년대 중반과 후반만 해도 그는 좌파로부터 악마라는 평을 들었다. 그는 자신의 저서 『사회생물학 : 새로운 통합』(*Sociobiology : The New Synthesis*)을 통해 인간의 행동은 어느 정도까지는 유전자의 통제를 받는다는 주장을 펼쳤다. 전체적으로 보아 그의 입장은 이후의 하늘 아래 모든 것을 유전자 탓으로 돌리는 생물학자들에 비하면 온건한 것이었다. 그렇지만 그의 유전자 결정론은 하버드의 진보파들로부터 성차별적이자 인종차별적이라고 비난을 받았다. 그가 스미스소니언 연구소에서 강연을 할 때 좌파 행동가가 그의 머리에 찬물을 들이부은 적도 있었다.

세월이 흐르자 여론은 그의 주장에 근접한 쪽으로 옮겨갔다. 윌슨과는 달리 오늘날 생물학자들은 하버드 패거리의 눈치를 보지 않고 가벼운 기분으로 유전자 결정론을 언급한다. 그동안 윌슨의 사회생물학은 잘 보전되었을 뿐만 아니라, 확대되어 "진화심리학"(유사과학으로 포장한 인간본성에 관한 연구)이란 상표로 이름을 바꾸어 달았다.

한편으로 윌슨은 자신의 초기 입장을 버리지 않은 채 유행을 따라 정치분야로 진입했다. 이번에는 브라질 열대우림의 파괴, 멸종위기종, 인구과잉, "무절제한 소비" 같은 고매한 환경주의의 구호를 들고 나왔다. 그는 "기술맹신주의"를 맹렬히 비난하며 인간을 지구의 약탈자로 지목하고 세계무역기구(WTO) 앞에서 시위를 벌이는 사람들을 찬양했다. 그는 끊임없이 글을 써댔는데, "헨리 소로우에게 보내는 편지"라는 과장된 글에서는 이렇게 썼다 : "2001년이면 자연계는 도처에서 조각나고 베어지며 경작되어 우리 눈앞에서 사라질 것이며, 그 자리를 인공물이 대체할 것이다."[2)]

지난 세기의 진화론자들은 빅토리아 시대의 낙관주의에 물들어 있었으나 우리 시대의 지도적 진화론자인 윌슨은 인류에 대해 비관적이다.

그는 오늘날의 지적인 유행을 충실히 따르고 있다. 종의 소멸, 생물 다양성의 상실, "우리의 눈앞에서 사라지는" 자연계라는 주장 속에는 얼마만큼의 진실이 담겨 있을까? 윌슨이 제시하는 증거는 모호하고, 결과적으로는 설득력이 없다. 오늘날 매우 높은 비율로 종이 사라지고 있다는 그의 주장은 검증을 통과할 수 없는 숨겨진 가정을 근거로 하고 있다.

환경주의가 정치적 주장으로 변질되기 이전 지난 시대의 생물학 교과서는 모든 종의 99%가 인간이 등장하기 이전에 멸종되었다고 가르쳤다. 멸종은 예상된 일이었다. 다윈은 『종의 기원』의 한 장을 할애하여 멸종은 결코 비극이 아니라 진화의 핵심적인 작용이라고 설명했다. 다윈은 자연선택은 "덜 개선된 생명형태의 멸종을 거의 불가피하게 만든다"고 썼다. (적자생존을 잊지 마시라. 적응하지 못하면 낙오한다.) 진화생물학자들은 1960년대 말까지는 모든 종은 언젠가는 소멸한다고 믿고 있었다.

≫≫≫ 종은 얼마나 되며 얼마나 소멸했는가?

윌슨은 실제로 세어본 종의 숫자가 "150만에서 180만 사이지만 사실상 존재하는 종은 1억 가지 이상일 것으로 추산된다"고 말한다. 그가 제시하는 숫자는 애매하다. 그는 명단에 오른 종이 "천만 또는 그 이상"이라고 말한다.[3] 그렇다면 종의 숫자는 여러 갈래이다. 세어본 종의 숫자는 2백만 이하이고 전체는 1억일 것이다. 윌슨은 "지구상의 생명체를 탐구하기 시작한 데 불과하다"고 인정한다.

그래서 종의 소멸이란 주장에 의심을 품게 된다. 몇 명의 학생이 학교를 빠졌는지 모르는 교장 선생님을 상상해 보라. 명단에 오른 학생이 몇 명인지 묻는데 교장은 1,600명까지는 세어보았지만 실제 숫자는 16,000이나 160,000이 될 거라고 대답한다. 학생의 결석률을 알기 위해서는 먼저 정확한 학생 숫자를 알아야 한다.

화석기록은 장구한 세월을 두고 대부분의 종이 소멸했음을 말해주지만 인간은 그 일과는 관계가 없다. 마지막의 대멸종—공룡은 이때 사라졌다—은 6,500만 년 전에 있었다. 현대에 들어와서도 특정한 멸종이 인간의 활동 탓이라고 명확하게 규정하기는 불가능하다. [명백한 사례는 북미에서 가장 흔했던 새인 과객(過客) 비둘기(passenger pigeon)일 것이다. 수백만 마리가 수렵으로 희생되었다. 마지막으로 남은 종이 1914년 신시내티 동물원에서 죽었다.] 털북숭이 매머드가 4천 년 전에 멸종된 것은 분명히 인간이 한 짓은 아니었다. 거대한 모아(moa)—이 새는 뉴질랜드에 살았고 날 줄 몰랐다—는 약 300년 전까지는 존재했지만 마오리 부족의 사냥으로 사라진 것 같다.

지금까지 다섯 차례의 대멸종이 일어났는데 정치에 물든 환경주의자들은 우리가 살고 있는 이 시대에 여섯 번째의 대멸종이 일어나고 있다고 주장한다. 그것도 인간의 탐욕 때문에.

내셔널지오그래픽(*National Geographic*)은 1999년에 발행한 "생물 다양성" 특집호에서 "여섯 번째의 멸종"이 지금 이곳에서 일어나고 있다고 주장했다. 이 잡지는 "모든 종의 절반이 다음 세기 안에 사라질 것"이라는 근거 없는 기사를 실었다. (윌슨도 같은 얘기를 했다.) 생물학자 스튜어트 핌(Stuart Pimm)은 이렇게 말했다 : "고립된 섬과 열대우림에 서식하는 종만이 아니다. 거대한 포유류나 새들만이 아니다. 모든 종, 모든 곳이 해당된다. 전 지구적인 멸종이 전염병처럼 번지고 있다."[4)]

그린피스의 공동 창립자이자 1977년부터 1979년까지 이 단체의 의장이었던 패트릭 무어(Patrick Moore)는 이 극적인 주장의 증거를 찾으려고 시도했다. 내셔널지오그래픽에 실린 도표는 6억 년 동안 지구상에 존재한 생물의 분류학적 족(族)을 보여주었는데, 그 숫자는 이전에 있었던 멸종의 물결에도 불구하고 꾸준한 증가세를 나타냈다. 그런데 현대에 들어와서는 갑자기 줄어들었다. 이것은 우리 시대의 "대량

그린피스 창립자 패트릭 무어

패트릭 무어는 1986년에 그린피스를 떠났다. 그의 말에 의하면 이 단체가 은퇴연금 프로그램을 만들었기 때문이라고 한다. 영국의 뉴 사이언티스트(*New Scientist*)가 1999년에 그를 인터뷰했는데 그 내용을 발췌하면 아래와 같다.

Q : 환경운동에 뭐가 잘못되었나요?

A : 환경운동은 1980년대 중반부터 과학과 논리를 버렸습니다. 그 무렵 주류사회는 보다 합리적인 문제들을 환경의제로 받아들이기 시작했는데 말입니다. 많은 환경주의자들이 운동방식을 대결에서 대화로 전환시킬 수 없었기 때문입니다. 그들은 대립적인 정치에서 빠져나올 수 없었습니다. 특히 정치적 활동가들이 실질적인 환경과학을 버리고 계급투쟁과 반기업주의를 전파하기 위해 환경주의의 수사를 이용했습니다. 대립적인 역할을 유지하기 위해 이들은 훨씬 더 극단적인 입장을 채택하지 않을 수가 없었던 겁니다. 왜냐하면 합리적인 환경주의적 주장이 수용되고 있었으니까요.

Q : 그런데 환경주의는 항상 기성체제에 반대해 오지 않았습니까?

A : 그랬습니다. 그런데 그린피스 초창기에는 우리는 좌파로 자처하지는 않았습니다. 베를린 장벽이 무너지자 평화운동, 여성운동, 노동운동에서 역할을 잃게 된 좌파 운동가들 무리가 모두 우리 쪽에 합류하면서 그렇게 되었습니다. 그린피스 토론토 사무실에 갔더니 군 작업복을 입고 붉은 베레모를 쓴 젊은이들이 그곳을 가득 메우고 있었습니다.

멸종"을 나타내는 것이다.

무어는 최근에 멸종한 족을 밝혀달라는 편지를 내셔널지오그래픽에 보냈다. 그는 이 잡지의 기사가 암시하듯 "곤충, 양서류, 조류, 대형 포유류의 족(族)으로서 멸종된" 사례를 알지 못했다. 기사를 작성하는 데 참여했던 연구자가 답장을 보내왔다. 연구자는 "이 미묘하고 논란이 많은 문제에 관해 견해를 같이 해준 데 대해 감사하다"는 인사를 하였지만 요구한 답변은 적어놓지 않았다. 편지는 다음과 같다.

> 우리 편집진은 보존생물학, 고생물학, 그리고 연관분야의 여러 전문가들과 긴밀한 관계를 갖고 작업하였습니다. "여섯 번째의 멸종"이라는 개념은 광범위한 토론을 거쳤고, 우리의 자문들과 이 분야의 다른 전문가들 대부분으로부터 강력한 지지를 받았습니다. 그러나 이 사태가 언제 일어날 것인지, 영향을 받게 될 종의 숫자가 얼마나 될 것인지 등 상세한 내용은 계속 토론할 것입니다.[5)]

내셔널지오그래픽의 기사는 어느 곳에서도 "여섯 번째의 멸종"이 논란거리가 될 수 있다는 인식은 보이지 않았고, 이미 알려진 사실로서 제시되었을 뿐이다. 무어가 받은 답신의 내용으로 볼 때 "대량멸종"은 사실상 여전히 미래의 일임이 분명하다.

무어는 편지에서 이렇게 썼다 : "달리 말하면 기사는 분명히 대량멸종이 일어나고 있다고 암시하고 있지만 실제로 그런 일이 일어나고 있다는 증거는 어디에도 없습니다. 답신도 여섯 번째의 멸종을 '개념'이라고 언급하고 있는데, 이는 그것이 입증된 사실이 아니라 하나의 생각에 불과함을 의미합니다."

환경주의가 퇴락한 수준이 이 정도다. 한때 주류매체였던 내셔널지오그래픽 같은 잡지를 통해 근거 없는 주장이 대량으로 유포되고 있다는 것은 놀라운 일이다. 또한 윌슨 같은 과학자가 이런 주장을 수용하는 것도 놀랍다.

뒤꼬인 결과

"멸종위기 종 보호법에 의하면 연방관리가 종의 서식에 위협이 된다고 판정하면 소유자는 아무런 보상도 없이 재산권을 희생해야 한다. 뿐만 아니라 소유자가 종을 손상시키거나 종의 서식지를 손상시키면 막대한 벌금이 부과된다. 법이 규정한 이 뒤꼬인 인센티브는 소유자로 하여금 은밀하게 위기 종 동식물을 파괴하거나 그것들을 불러들이는 서식환경을 파괴하도록 만들 것이다."

리처드 스트룹,
"멸종위기 종 보호법 : 생물 다양성을 지키기 위한 뒤꼬인 방법",
PERC Viewpoint, 1992. 4.

≫≫≫ 정치화된 과학

재앙의 시나리오는 한 세대 전에 워싱턴에서부터 유포되었다. 1970년에 스미스소니언 연구소의 간사인 딜론 리플리(Dillon Ripley) 박사가 1995년이 되면 모든 동물 종의 75% 내지 80%가 멸종될 것이라는 예측을 내놓았다. 그로부터 몇 년 후 저명하고도 신뢰할 수 없는 폴 얼리치가 리플리와 유사한 예측을 내놓았다. 얼리치는 1980년대가 되면 6천5백만 명의 미국인이 기아로 사망할 것이라는 지금 생각하면 코미디 같은 예측을 했던 인물이다. 1980년에 발표된 「글로벌 2000 보고서」는 2000년 이전에 모든 종의 15% 내지 20%가 사라질 것으로 예측했다.

이 숫자를 검토한 아론 윌대브스키(Aaron Wildavsky)와 줄리안 사이먼(Julian Simon)은 "순전한 억측"이라고 결론지었다. 이 말은 그래도 점잖은 편이다. 학계에서는 얼리치를 혐오하는 표현이 대세를 이루었다. 얼리치의 잘못된 예측만큼 유명한 것은 그의 각종 수상경력이다. 그가 상을 받은 이유는 물론 잘못된 예측을 내놓았기 때문이 아니라, 수많은 지식인과 학자들이 듣고 싶어하는 바를 정확하게 생각해냈기 때문이었다. 그는 인간의 나쁜 점과 지구의 불길한 미래를 말한 것이다.

4만여 종이 사라질 것이란 예측이 1979년에 영국에서 『가라앉는 방주』(方舟, *The Sinking Ark*)라는 책으로 나왔다. 이 책의 저자는 윌슨의 평가에 따르자면 "영국의 생물 다양성 연구를 주도하는 과학자"인 노먼 마이어스(Norman Myers)였다. 마이어스는 매년 4만여 종이 사라진다고 독자들을 설득했다. 이전에 그린피스의 회원이었던 적이 있는 비요른 롬보르그(Bjørn Lomborg)가 독자적인 연구를 통해 이 숫자의 허구성을 지적했다. 2001년 영국에서 출판된 그의 저서 『회의적인 환경주의자』(*The Skeptical Environmentalist*)가 전환점이었다.[6)]

녹색 신념에 대한 광범위한 도전을 담은 롬보르그의 저서는 기세가 꺾이지 않을 것 같은 종말론에 어느 정도 실증을 느끼기 시작한 저널리스트들의 관심을 끌었고, 그 결과 널리 알려졌다. 그런데 과학잡지들이 그를 공격했다. 롬보르그는 진실을 말하는 사람이라기보다는 변절자로 취급당했다. 옥스퍼드 대학에서 강연을 할 때 그의 얼굴을 겨냥하여 파이가 날아와 환경주의자들의 토론 수준이 어떤지를 보여주었다.

마이어스가 4만 종의 멸종을 계산한 근거는 다음과 같다.

> 인간이 자연환경에 개입한 결과로 이 [20]세기의 마지막 4반세기 동안에 백만 종의 소멸을 목격하게 된다고 가정해 보자. 이 숫자는 결코 무리한 숫자가 아니다. 그렇게 된다면 25년 동안 매년 평균 4만 종이 사라진다.[7)]

이런 계산이었다. 롬보르그처럼 환경주의자에서 그 비판자로 개종한 매트 리들리(Matt Ridley)는 이렇게 말했다 : "데이터라고 할 수 없다. 만약 1년에 4만 종이 소멸한다면 그러므로 1년에 4만 종이 소멸한다는 논리가 어디 있는가?"[8)]

사이언티픽 아메리칸이 8쪽을 할애하여 롬보르그를 공격했지만 그의 저서에서 두 가지 하찮은 실수를 찾아냈을 뿐이다.[9)] 리들리의 표현을 빌리자면 "위대하고 선량한 녹색 캠프"가 롬보르그를 헐뜯는 일에 앞장섰다. 에드워드 윌슨은 롬보르그의 "사기"를 비난하면서 "비상한 과학적 재능이 언론을 통해 과학을 매도하는 데 사용된 사례에 당혹감을 느낀다"고 말했다.

그러나 애초에 종이 사라진다는 과장된 주장이 각광을 받도록 만든 것이 바로 과학적 재능을 유용하게 사용하지 못한 실례(實例)라 할 것이다.

하퍼즈도 1998년에 "잡초 무성한 지구"라는 긴 기사를 실어 환경주의의 합창에 참여했다. 역시 수상경력이 있는 문필가 데이비드 쿠아먼(David Quammen)은 우리가 "또 하나의 대량멸종이자 생물학적인 불모의 골짜기를 향해 가고 있다"고 예고한 "양심적인 생물학자들"을 찬양했다. 그렇게 되면 가장 열악한 종만 살아남을 것이다. 야생동물이란 "비둘기, 코요테, 시궁쥐, 붕어, 참새, 까마귀, 들개"만 남을 것이다. 얼룩말 조개, 부나방, 칡, 노린대 같은 침입성 종이 번성할 것이다. 그 중에서도 가장 나쁜 것은 모든 문제의 근원인 인간이 더 많아질 것이라는 점이다.[10)]

이에 뒤질세라 세계 야생동물기금은 1996년에 제네바에서 기자회견을 갖고 매년 5만 종이 인간의 활동 때문에 사라지고 있다고 주장했다. 상업적 벌목이 주된 원인으로 지목되었다. 이 주장을 AP통신이 전 세계로 퍼날랐다. 패트릭 무어는 다시 한 번 자세한 근거를 알고 싶었다. 그는 야생동물기금 측에 그렇게 해서 사라진 종의 이름을 밝혀 줄 것을 요구했다.

그는 이렇게 썼다 : "그들은 단 하나의 증거도 제시하지 않았다. 사실 우리의 과학지식을 총동원해도 북미지역에서 임업 때문에 멸종한 종은 없었다." 그리고 그는 다음과 같이 덧붙였다.

> 매년 사라지고 있다는 5만 종은 어디에 있는가? 하버드 대학 에드워드 윌슨의 연구소 컴퓨터 속에 있을 뿐이다. 그것들은 라틴어 학명을 갖고 있는 존재가 아니라, 컴퓨터 하드 드라이브 위의 자성체일 따름이다. 어떤 숲에서도 직접적인 현장조사를 통해 확인된 적이 없다.[11)]

윌슨은 이러한 멸종 주장의 근거가 되는 몇 가지 기초연구를 직접 한 적이 있다. 1960년대에 그와 로버트 맥아더(Robert MacArthur)는 플로리다 해안의 맹그로브로 덮인 한 작은 섬의 생명체를 박살낸 적이 있다. 그들은 실제로 섬의 동물들을 대상으로 최루탄을 쏘았다. 때로는 전기톱을 이용하여 섬의 상당 부분의 나무를 베어냈다. 그런 다음 그들은 서식지가 파괴된 뒤 사라진 종의 비율을 추정해냈다.

그들이 얻은 답은 이렇다 : 서식지 90%가 파괴되면 50%의 종이 사라진다. 이런 주먹구구식 추정—윌슨 자신은 철의 법칙이라고 불렀다—이 집채만한 작은 섬으로부터 수백만 평방마일이 되는 브라질의 열대우림으로 확대되었다. 언론은 곧이어 이 캠페인의 선전도구가 되었고, "생물 다양성"이란 새로운 위협이 시도 때도 없이 첫 면에 등장했다.

최루 가스로 뒤덮인 섬에서 "사라진" 종이 멸종한 것은 아니다.

그러나 "다양성의 상실"과 멸종은 뒤섞여 사용되었다. 종을 좁게 정의한다면 "상실"을 멸종으로 추정하는 것은 의미가 없다.

윌슨의 실험을 재현했을 때 일관된 결과가 나오지 않았다. 로렌스 슬로보드킨(Lawrence Slobodkin)은 1996년 네이처에 기고한 논문에서 윌슨의 종/지역 방식은 "실제 사례를 설명하거나 예측하는 데 쓸모가 없다"는 결론을 내렸다.[12)]

멸종 비율의 추정은 "존속 가능한 최소한의 개체군"(Minimum Viable Population)의 가정적인 크기로부터도 영향을 받는다. 학자들이 쓰는 전문용어로는 이를 MVP라 한다. 생태학자 로원 마틴(Rowan Martin)은 MVP의 크기가 증대하는 경향이 있음을 지적하였다. 그의 말을 빌리자면 우리는 "MVP의 초 인플레이션 시대에 살고 있다." 맥아더와 윌슨은 개체군이 존속하려면 25에서 50 사이의 개체가 필요하다고 제

"나의 죽음에 관한 보도는 너무 과장되어 있어" : 마크 트웨인

최근에 사이언티픽 아메리칸지는 멸종위기에서 부활한 종은 상아부리 딱따구리가 유일한 사례가 아니라는 기사를 실었다. 상아부리 딱따구리 소식이 알려진 며칠 후에 이 잡지는 다음과 같은 기사를 실었다.

"자연보존협회는 멸종된 것으로 알려진 달팽이 세 마리를 앨라배마 주에서 발견했다고 발표하였다. 몇 주 뒤에 캘리포니아(버클리) 대학의 식물학자들이 디아블로 산(山) 메밀을 발견했다고 알려왔다. 분홍색 꽃을 피우는 이 작은 식물은 1936년 이후로 자취를 감추었다. 버지니아 주 알링턴에 본부를 둔 비영리 자연보호단체인 네이처서브(NatureServe)의 대표 마크 셰프(Mark Schaefer)의 말에 따르면 멸종된 것으로 추정되는 식물, 곤충, 그 밖의 생명체들 가운데서 최소한 25종이 1974년 이후로 실시된 북미지역의 자연유산 조사과정에서 발견되었다.

"멸종이 없다면", *Scientific American*, 2005. 8.

시하였다. 그런데 최근 학계에서는 MVP의 최소한의 크기는 1만에서 백만 개체 사이에 분포한다고 얘기한다. 마틴은 "만약 이런 숫자를 사자에게 적용한다면 개체군을 효과적으로 보존하기 위해서는 미국 국토보다 넓은 면적이 필요하다"고 썼다.[13] 남아프리카 동물 전문가인 마틴으로서는 지난 35년 동안 이처럼 광대한 면적에 서식하는 종이 멸종된 사례를 알지 못한다. 그는 이 분야의 작가들이 "추정치를 의도적으로 확대해 경고를 발해왔다"고 의심하고 있다.

⋙ 실제 사례

어떤 종이 멸종됐다고 알려져 있는가? 지난 한 세기 동안 면밀한 관찰의 대상이 되었던 조류와 개화(開花)식물 가운데서 실제로 멸종된 사례는 소수이다. 윌슨은 연간 멸종 비율은 10/100만을 넘지 않을 것이라고 한다. 조류는 1만 종이 존재한다고 알려져 있는데, 그렇다면 지난 한 세기 동안 조류 10종이 멸종되었다는 얘기가 된다.

찰스 만(Charles Mann)과 마크 플러머(Mark Plummer)는 미시시피 강 동쪽과 오대호 주변에서 사냥과 벌목 때문에 사라진 북미 텃새는 다섯 종이라고 한다. 그 명단에 첫 번째로 올랐던 게 상아부리 딱따구리였다. 그런데 이 새는 아칸소 주 동쪽의 늪지대에서 잘 살고 있음이 확인되었다. 이 새는 60년 동안 자취를 감추었다가 최근에 비디오카메라에 잡혔다. 멸종된 것으로 기록된 나머지 4종의 새는 과객 비둘기, 캐럴 잉꼬, 관목덤불 닭, 바흐만 노래 새이다.[14]

『두려움이 아닌 사실 : 아이들에게 환경을 가르치는 부모들을 위한 안내서』(*Facts not Fear : A Parent's Guide to Teaching Children about the Environment*)란 책에서 마이클 사네라(Michael Sanera)와 제임스 쇼(James S. Shaw)는 북미지역의 야생동물을 면밀히 관찰한 연구 보고서를 검토한 결과 19세기 초 이래로 "오직 다섯 종만이 실제로 멸종"했음을 알아냈다고 밝히고 있다. 한두 종, 특히 들소(아메리칸 버팔로)는 개체수가 심각하게 감소하여 멸종위험 단계에까지 갔었다. 들소는 1880년대에 시작된 개인들의 보존운동 덕분에 구출되었다. 남아 있던 소수의 들소는 붙잡혀 사유지로 옮겨졌다. 이제 그 숫자는 35만 마리로 늘어났다.[15]

애매한 추정을 근거로 한 비관적인 예측은 현대의 관찰 연구결과와는 선명하게 대비된다. 예를 들어보자.

- 지난 2세기 동안 실제로 확인된 포유류의 숫자는 4,000에서 5,000으로 25% 늘어났다. (3주마다 여섯 종의 새 포유류가 발견된 셈이다.) 1980년 이후로 38종 이상의 원숭이가 발견되었다.[16]
- 2003년에 새로운 종의 망가베이(mangabey, 비비원숭이보다 큰 영장류)가 탄자니아에서 발견되었다. 연구자들은 아프리카에서 생물학적으로 가장 잘 알려져 있다고 평가되는 탄자니아에서 이 종이 발견되자 "충격"을 받았다. 이는 전문가들이 아는 것이 얼마나 적은지를 알려주는 사례이다.
- 2004년에 인도에서 짧은 꼬리 원숭이의 새 종이 발견되었다. 100년 만에 새로운 짧은 꼬리 원숭이를 찾아낸 것이다. "10억 이상의 인구가 살고 있고 야생지역이 줄어드는 인도라는 나라의 어느 곳에서건 새로운 대형 포유류를 발견하리라고 생각한 사람은 거의 없었다." 야생동물보존협회(Wildlife Conservation

Society)의 논평이다.

- 1985년에서 2001년 사이에 전 세계적으로 확인된 양서류의 종이 1/3이나 늘어났다. 약 2천의 개화식물 신종을 포함하여 전체적으로 1만 5천의 신종이 매년 새로 발견되었다.

사실상 무엇이 멸종될 것인가는 논리 놀이이다. 탄자니아에서 새로운 망가베이가 발견되었을 때 기묘한 이례(異例)가 현실화되었다. 지금까지 세밀하게 탐사된 지역에서 새로운 대형 포유류를 찾아낸다는 것은 정말로 힘든 일이다. 그러므로 정의를 내리자면 망가베이는 "멸종위기 종"이었던 것이다.[17] 결과적으로 새로 발견된 종은 멸종위기종의 명단에 올라야 논리적이라 할 수 있다.

요컨대, 최근 수십 년 동안 알려진 종 가운데서 멸종된 것은 소수이며, 이에 비해 처음으로 관찰되고 기록된 종은 엄청나게 많다.

≫≫≫ 정치화된 분류법

윌슨은 조류의 종 분류를 언급하면서 "현장연구에서 예상치 못한 혁명이 발생한 탓에 신종으로 등록될 후보가 홍수처럼 불어났다. 전문가들은 상당수의 자매 종이 존재한다는 것을 인식하게 되었다"고 말했다.

"예상치 못한 혁명"은 1973년에 제정된 '멸종위기 종 보호법'(Endangered Species Act)에 예상되어 있다. 이 법은 종을 "모든 유척추 어류와 야생동물의 모든 상이한 개체군 구획"이라 정의하고 있다. 이 법에 따라 이름을 붙여야 할 종이 순식간에 늘어났다. 그러나 종말론을 주장하는 사람들로서는 특정 종이 멸종되었다거나, 멸종되기 직전이라거나, 아니면 어떤 지역의 불도저 작업이 중단되지 않으면 곧 멸종될 것이라고 말하는 것이 훨씬 쉬운 일이었다. 분류법 자체가 슬그머니 정치문제가 되어버렸다.

『생명의 미래』에서 윌슨은 오스트레일리아 토착 포유류 262종 가운데서 16종이 "유럽 정착민들이 도착한 이후 소멸되었다"고 말한다.[18] 소멸된 종의 명단을 읽기 전까지는 이것은 잘못된 일이라고 생각할 것이다. 다섯 종의 이름을 들어보자 : 달링 다운 뜀박질 쥐, 큰 귀 뜀박질 쥐, 짧은 꼬리 뜀박질 쥐, 앨리스 스프링스 쥐, 긴 꼬리 뜀박질 쥐. 종을 이처럼 잘게 나눈다면 어떤 종은 펜끝 한 번 놀려서 멸종되었다고 선포할 수 있다. 달링 다운이란 동네에서 쥐는 사라졌는지 모르지만 오스트레일리아에서는 쥐들이 여전히 뜀박질하고 있다.

사실 분류방법을 두고 병합분류파와 세분파 사이에 항상 논쟁이 있어왔다. "자연적인 조건에서" 이종교배가 되지 않으면 별개의 종에 속한다고 한다. 그런데 "자연적"이란 것이 무엇인지 아는 사람도 없고, 재생산에 실패했다고 해서 생물학적으로 확실하게 다른 종이라고 말할 수도 없을 것이다. 관찰대상인 한 쌍이 그럴 기분이 아닐지도 모르지 않는가? 분류방법에는 불합리한 요소가 있다.

그러나 분류방법을 정치적으로 이용하는 사람들이 있다. 무언가를 노리는 과학자들이 그런 사람들이다.

한 변종이 새롭게 종으로 지정되면 분류학상 작지만 독립적인 영역을 차지하게 되고, 그 영역을 교란하는 어떤 행위도 멸종위협이라고 주장할 수 있다. 수년 동안 환경주의자들의 술책을 연구한 경쟁기업

연구소의 프레드 스미스(Fred Smith)는 반성장주의를 가리기 위해 환경주의적 주장을 내세우는 집단들은 이런 금언을 써먹는다고 한다 : "내가 서식지의 경계를 그을 수 있다면 어디서나 멸종위기 종을 찾아낼 수 있다."

당신이 읽지 말았어야 할 책

• 비요른 롬보르그(Bjørn Lomborg), 『회의적인 환경주의자』(*The Skeptical Environmentalist*), Cambridge : Cambridge University Press, 2001.

스미스는 말조개류가 환경주의자들이 "요즘 갖고 노는 대상"이라고 말했다. 이 조개류는 3마일 혹은 4마일을 이동할 때마다 외관을 바꾸기 때문에 해안선 전체를 따라 다른 상이한 종들이 위기에 처했다고 쉽게 주장할 수 있다는 것이다. 그런데 이 조개들이 완전히 다른 종이기 때문에 재생산이 불가능한지, 또는 정말로 상이한 종이라고 불릴 수 있는지 검증된 바가 없다.

프레드 스미스에 의하면 반트러스트 정책도 유사한 술책을 쓴다고 한다. 야심 있는 검사가 시장의 경계를 획정할 수 있는 권한을 갖게 되면 쉽게 독점사업자를 찾아낼 수 있고 단속에 들어가 "검사로서의 직무"를 수행할 수 있을 것이다. 스미스가 들려준 얘기에 의하면 얼마 전에 "솔트레이크 시 경계 안에서 기성품 피자반죽 시장을 독점한" 혐의로 기소당한 사람이 있었다고 한다. 시장의 경계를 정하는 권한을 갖고 있다 보니 근거 없이 독점혐의를 만들어내어 반죽제조자의 생활을 불안에 빠뜨릴 수 있었던 것이다.

>>> 재산권 문제

환경주의자들이 듣기 싫어하는 얘기 가운데 하나가 종의 존속과 번성이 재산권 문제와 긴밀하게 연결되어 있다는 것이다. 수년 전부터 (특히 아프리카에서) 인구가 지속적으로 증가하자 녹색주의자들은 대면하기 싫었던 문제와 씨름하지 않을 수 없게 되었다. 그들이 관심을 갖고 있는 지역의 재산권을 어떻게 다루어야 할 것인가 하는 문제가 대두되었다. 어떤 사람은 세계인구가 감소하는 것을 더 바랄지도 모른다(얼리치는 지금 인구의 2/3가 줄어들어야 지구에 "최적상태"라고 하였다). 그러나 이러한 수치는 희망사항이다. 그런 일은 일어날 수가 없다. 녹색주의자들이 환경사업—그렇다, 그건 사업이다—을 실행할 때 제일 마지막으로 고려하는 것이 사유재산권이지만 재산권이야말로 결코 회피할 수 없는 해결과제이다. 그들이 고려해야 할 몇 가지를 여기 나열한다.

- 재산권이 명확하게 규정되지 않은 공동체에 서식하는 유용한 동물들은 사실상 멸종위기에 처해 있다. 마을의 누군가는 고기나 가죽을 얻기 위해서, 또는 젖을 짜기 위해서 짐승을 잡으려 할 것이고, 이때 공동체가 가하는 제재는 없다. 이 사람은 누군가 먼저 잡기 전에 한 마리라도 더 잡으려 욕심을 낼 것이다. 개릿 하딘(Garrett Hardin)이 1968년에 사이언스지에 기고한 유명한 "공유의 비극"이란 기사를 보면 이런 사례가 잘 묘사되어 있다. 환경주의자들은 이런 사례를 들어본 적이 별로 없는 것

같다. 공동체 주민이나 부족 구성원과는 달리 개인 소유자는 사유재산권의 이점과 부담을 잘 알고 있고, 그래서 침입자를 물리치고 자신의 소유지 내에 서식하는 동식물들을 잘 돌본다.

- 한때 중부 평원지대에서 번성했던 미국 들소는 공동체의 공동 소유로 인한 무관심 때문에 남획되어 거의 멸종상태에 빠졌었다. 남은 종들이 개인 소유의 목장으로 옮겨져 멸종을 면했다. 반면에 뉴질랜드의 날지 못하는 새 마우는 17세기 뉴질랜드에서는 토지소유가 공유였기 때문에 멸종되었다. 마오리 부족이 이 새들을 사냥으로 모두 없애버렸다. 이것이 마우 새의 최후였다.
- 우리에게 익숙한 호랑이는 오늘날 적도지역에 같은 문제가 있기 때문에 야생상태에서 위험에 빠져 있다. 전 세계적으로 약 5천 마리의 호랑이가 남아 있는 것으로 추산된다. 그런데 이 동물은 미국에서만도 만여 마리가 개인들에 의해 사육되고 있기 때문에 멸종위기에 빠지지는 않았다. 다 자라면 호랑이는 하루에 20파운드의 고기를 먹는 위험한 애완동물이다. 새끼 호랑이는 매매된다. 그래서 개인들이 키우는 것이다. (좋은 소식일까? 그럴지도 모른다. 그런데 환경순혈주의자들은 이 동물의 "혈통"이 의심스럽다고 비웃는다.)
- 큰 동물들은 위험하고 키우는 데 비용도 많이 들지만 상업적 가치 덕분에 보존된다. 코끼리가 좋은 예이다. 코끼리의 상업적 가치는 상아에 있다. 미국이 1989년에 가입한 상아 교역금지 협약은 역설적이게도 코끼리에게는 위협이 된다. 쇠고기 판매를 금지시키면 소들이 위험에 빠지는 것과 마찬가지다. 상아

의 상업적 가치가 없어지자 아프리카의 부락민들은 코끼리를 "거대한 쥐"처럼 성가신 짐승으로 보기 시작했다. 코끼리는 마을의 곳간을 부수고 마을 사람들이 한 철 먹을 양식을 단 한 번에 먹어치운다.

- 멸종위기 종 보호법은 그 자체가 종에게 해를 끼치고 있다. 어떤 종—특히 조류—이 개인 소유지에 나타나고 그 지역이 "중요한 서식지"로 판정되면 즉시로 내무부 어류 및 야생동물 관리국이 개인 소유지를 관리하기 때문이다.

이런 상황을 구어체로 표현하자면 "쏘아버리고, 파묻고, 입 다물어라"가 된다.

캘리포니아 출신 의원이자 하원 자원위원회 위원장인 리처드 폼보(Richard Pombo)는 이를 좀 더 젊잖게 표현했다 : "어떤 종이 어느 지역에서 위기 종 명단에 오르면 농부들과 목장주들은 자기 땅이 야생동물들에게 매력적인 곳이 되지 못하도록 관리한다. 그들은 소유지에 위기 종이 들어올 수 있는 가능성을 제거한다. 그러면 문제가 없어지기 때문이다."

폼보 의원은 2005년 9월에 하원에서 통과된 멸종위기 종 보호법 심의 때에 이런 문제를 제기했다. 그러나 뉴욕타임스의 보도에 의하면 "이 법안이 상원을 통과할 전망은 아무리 좋게 보아도 어둡다."[19] 이 문제와 관련하여 녹색주의자들이 여전히 여론을 장악하고 있다. 문제는 그들이 자신들의 선의가 예기치 못한, 또는 바람직하지 못한 결과를 가져올 수 있다는 점을 인식하지 못하고 있다는 것이다. 그들은 자신들이 그토록 비난하는 인간본성을 계산에 넣지 않는다.

Chapter 7

아프리카의 에이즈 : 정치적인 전염병

알고 있나요?

* 아프리카의 에이즈 사태는 1985년에 중앙아프리카 공화국에서 열린 한 회의에서 발명되었다.
* 많은 HIV 검사가 남아프리카 공화국의 산부인과 병원에서 행해졌다. 검사에서 "허위 양성반응"이 나타나는 여러 가지 조건 중의 하나가 임신이다.
* 에이즈가 발생한 아프리카 국가에는 미국과 UN이 제공한 콘돔이 홍수처럼 쏟아져 들어왔다. 그러나 예상과는 달리 사하라 이남 아프리카의 인구는 2억 9천9백만 명이 늘어났다.

정치가 과학을 조작한 정도를 놓고 말하자면 아프리카의 에이즈가 지구 온난화보다 한 수 위이다. 독립적인 연구자들은 아프리카에서 환영받지 못한다. 심지어 처벌받기도 한다. 1985년에는 수백만의 아프리카 사람들이 에이즈로 죽어가고 있다는 얘기가 나돌았고 기자들이 몰려들었다. 그런데 소수이기는 하지만 예외는 있었다. 음악잡지 *SPIN*에 호평받은 기사를 두 차례 썼던 셀리아 파버(Celia Farber)는 아프리카의 에이즈 얘기에 의문을 품었다. 남아프리카 공화국의 라이언 맬란(Rian Malan)은 롤링스톤(*Rolling Stone*)지에 뛰어난 기사를 쓴 적이 있다. 리암 셰프(Liam Scheff)는 주로 대안 매체에 기고하는 작가이며, 몇 차례 훌륭한 탐사보도를 한 적이 있다. 이들이 보기에 아프리카의 에이즈에 관한 기사는 어느 것 할 것 없이 똑같았다.

정부가 제공하는 보도자료는 아무런 의심을 받지 않고 기사화되었다. 사태는 위급했고, 의문을 품는 일은 사치로 생각되었다. 수백만 명의 목숨이 걸려 있었다. 미국의 언론 전체가 20년 동안 아프리카의 에이즈에 관해서라면 맹신에 빠져 있었다. 20년은 언론계에서는 긴 시간이다.

> **어떻게 결혼생활을 지킬 것인가**
>
> "수년 전 나는 나병처럼 편견의 대상인 에이즈 환자 수를 신문에서 찾아본 적이 있다. 어이없게도 1999년 남아프리카 공화국의 에이즈 사망자 수가 25만이었다. 나는 있을 수 없는 숫자라고 주장했지만 그 때문에 저녁식사 자리는 망쳐졌고, 우정에는 금이 갔으며, 더 잘 안다는 사람들은 나를 비웃었고 아내와 심한 싸움을 벌였다. 1년이 지나 아내는 에이즈와 자신 중에 하나를 선택하라고 통고해 왔다. 나는 조사자료를 창고에 처박고 입을 닫았다."
>
> **라이언 맬란**,
> "아프리카의 에이즈, 진실을 찾아서",
> *Rolling Stone*, 2001. 11. 22.

아프리카 에이즈의 전모를 밝힌 기사는 한 번도 없었다. 독자들이 듣지 못한 얘기가 실제로는 가장 중요한 것이었다.

첫째, 몇 가지 숫자들. 2004년 말에 HIV와 에이즈에 관한 유엔 합동 프로그램(Joint UN Programme on HIV and AIDS : UNAID)이란 국제기구가 사하라 이남 아프리카 지역에서는 2,500만 명이 에이즈를 일으킨다는 바이러스 HIV를 지닌 채로 살아가고 있다고 주장했다. (그래도 이 숫자는 이전에 발표한 추정치 3천만보다는 준 것이다.) 이 광대한 지역에서 (추정이기는 하지만) 2004년에 300만 명의 새로운 HIV 감염 환자가 발생했고 200만 명 이상이 에이즈로 죽었다.

반면에, 미국에서 진단이 처음으로 나온 1981년 이후 에이즈로 인한 사망자 누적 합계는 52만 5천 명이다. 남아프리카 공화국에서는 한 해에만(2003년) 37만 명이 에이즈로 사망했다고 한다. 같은 해에 미국의 에이즈로 인한 사망자는 1만 8천 명이었다. 달리 말하면 인구는 6배나 되는 나라의 에이즈 사망자 수가 1/20이라는 얘기다.

우리는 먼저 에이즈의 정의를 살펴봐야 한다. 지금까지 4종류의 에이즈에 관한 정의가 있었다. 조지아 주 애틀랜타 시에 있는 미국 질병통제 및 예방센터(Center for Disease Control and Prevention : CDC)의 관리가 4종류 정의 전체를 팩스로 보내주겠다고 약속하거든 반드시 팩스용지를 충분히 채워놓기 바란다.

간단히 말하자면 에이즈는 이렇게 해서 생긴다. 인간 면역부전 바이러스(Human Immunodeficiency Virus : HIV)가 면역체계의 T세포를 침식하면 감염에 노출된다. 이런 "천이(遷移)성" 감염으로 분류된 질병은 26종이다. 그런데 그 중 일부는 실제로는 전염성이 없다[예컨대 카포지 육종(肉腫)과 자궁경부암]. 나머지는 전염성이다(결핵, 포진, 폐렴 등). 만약 당신이 이런 질병들 가운데 하나에 걸렸고 HIV 양성반응이 나온다면, 그리고 시간이 지나 T세포가 일정 수준 이하로 내려간다면 에이즈에 걸린 것이다.

그런데 아프리카에서는 WHO가—질병통제 및 예방센터의 지휘 하에—에이즈에 대해 전혀 다른 "임상적 정의"를 적용하고 있다. 결정적으로 다른 것은 세 가지다.

- 천이성 질병은 열거되지 않음
- HIV 검사는 하지 않음
- T세포의 수는 세지 않음

≫≫≫ 에이즈의 새로운 정의

1985년 10월에 중앙아프리카 공화국 수도 방기에서 열린 한 회의에서 재정의가 내려졌다. 이 회의는 질병통제 및 예방센터에서 나온 미국인들이 소집하였고, 60명 가량의 관리들이 참석했다. 회의 내용은 문서로 작성되었고, 관심 있는 사람들은 인터넷으로 찾아볼 수 있을 것이다. "중앙아프리카의 에이즈에 관한 실무회의"란 제목의 문서는 아프리카의 에이즈 임상 사례를 규정하는 데 충분하다고 평가되는 의학적 조건들을 나열하고 있다(검색엔진으로 찾을 때는 칸을 두지 말고 "Bangui1985report"라고 쳐야 한다).[1)]

이 회의를 서둘러 연 까닭은 자이레와 몇몇 지역의 병원에서 에이즈 또는 유사한 질병이 "최근에 발생했다"는 주장이 있었기 때문이었다. "아프리카 에이즈의 생물학적 특성"을 규정해야 할 필요가 생겼다. 그러나 쉬운 일이 아니었다. 참석자들이 회상하는 바에 의하면 "적절한 실험장비가 없는 경우가 흔했다." 대신에 "관찰"기준이 필요했다. 기준은 "모든 보건업무 요원들이 사용할 수 있게끔 간단하며 보편적으로 적용될 수" 있어야 했다.

이런 조건 하에서 참석자들이 최종적으로 합의한 아프리카의 에이지 판정기준이 만들어졌다. 서구세계에서는 에이즈로 판정되려면 네 가지 중요한 증상이 따라야 한다.

- 10% 이상의 체중감소
- 뚜렷한 쇠약과 기력상실(의학용어로는 "무력증"이라고 한다)
- 한 달 이상 지속되는 설사
- 장기간 또는 간헐적인 발열

이 밖에도 몇 가지 "부수적인" 증상도 흔히 따른다.

- 한 달 이상 계속되는 기침
- 만성적인 궤양성 포진
- 임파선의 부어오름

위에 예시한 주요 증상과 부수 증상을 하나로 묶거나 연결하여 새로운 "아프리카 성인의 에이즈에 관한 정의"가 나왔다.

"**네 가지 주요 증상 가운데서 최소한 세 가지가 부수 증상 가운데 하나와 함께 나타나는 경우**"(원문에 대문자로 표시되어 있음).

이게 전부다. HIV에 관한 언급은 없다.

이 기준에 따라 하룻밤 사이에 수백만의 아프리카인이 에이즈 환자가 되었다. 라이언 맬란의 말을 빌리자면 정의는 너무 포괄적이어서 "아프리카의 병원에 찾아온 거의 대부분의 사람이 에이즈 환자로 분류될 수 있었다." 당신이 콩고에 있다고 치자. 기운이 없고 체중이 떨어지며 몇 주 동안 열이 반복되고 기침이 잘 멈추지 않는다면 의사는 간단하게 당신이 에이즈에 감염되었다고 진단할 것이다. 어린 아이일 경우에는 체중감소와 설사, 기침만 있으면 된다.

이 문서의 마지막 쪽에 있는 "에이즈의 임상적 진단"은 주목할 만하다. 여러 가지 증상에 따라 점수가 배정되어 있다. 하단에 붙어 있는 주석에는 "점수가 12점 이상 나오면 에이즈 진단이 성립된다"고 설명해놓고 있다.

몇 가지 증상의 점수를 보자 : 체중감소-4점, 만성적인 무력증-4점, 반복되는 열-3점, 만성적인 설사-3점, 기침-2점, 임파선 부어오름-2점, "신경학적인 증상"-2점.

문서는 아프리카에서도 "미국에서와 마찬가지로 성적 접촉이 에이즈 확산의 중요한 경로임"을 강조하고 있다. 이 획일적인 주장의 근거는 제시되지 않았다. 그러므로 "치료나 백신이 결핍된 상황에서는 성적 습성을 변화시키기 위한 보건교육이 에이즈 통제의 핵심적인 수단이다."

마지막으로 아프리카의 에이즈 위협을 전파하기 위해 언론이 동원되었다 :

"대중매체가 이 보건교육의 한 부분을 맡아야 한다. 언론종사자들은 이런 역할을 위해 훈련받을 수 있어야 한다."

언론은 관계당국이 원하는 대로 충실하게 보도했다. 아프리카의 병원에서 치료받는 에이즈 환자들의 사례가 수집되었고, 유사한 증상을 보이는 미국의 에이즈 환자들이 세계적인 전염병의 선구자로 등장했다. 오두막집에 누워 있는 야윈 아프리카인의 사진이 전 세계로 전송되어 인쇄되고 또 인쇄되었다. 사하라 이남의 아프리카 대륙은 콘돔과 설명서와 에이즈 교육요원으로 넘쳐났다. 전 세계의 원조기관으로

아프리카에서의 에이즈의 임상적 진단

제외 기준

1. 명백한 영양실조
2. 암
3. 면역억제 치료

포함 기준과 연관 점수

중요한 증상	점수
10%를 초과하는 체중감소	4
만성적인 무력증	4
매우 자주 나타나는 증상	
1개월 이상의 지속적 또는 반복적 발열	3
1개월 이상 계속되는 설사	3
기타 증상	
기침	2
폐렴증후	2
구강인후 캔디다증후	4
만성적 또는 재발성 피부포진	4
전반적인 피부 소양증(搔痒症)	4
대상포진(재발성)	4
전반적인 선양(腺樣)증후	2
신경학적 증상	2
전반적인 카포지 육종	12

12점 이상이면 에이즈 진단이 성립된다.

출처 : "중앙아프리카의 에이즈에 관한 실무회의", 방기, 중앙아프리카 공화국, 1985. 10. 22-25, 세계보건기구(WHO), 15쪽.

부터 돈이 한 배씩 실려왔다.

새로운 에이즈의 정의는 세계보건기구의 주례 역학보고[2]와 질병통제 및 예방센터의 주례 사망률 보고에 실렸고 사이언스[3]에도 실렸다. 그러나 미국의 주요 뉴스 매체는 이를 눈에 띄게 보도하지 않았다.

빌리지 보이스(Village Voice)의 기자 마크 슙스(Mark Schoofs)는 1999년에 아프리카에서 여섯 달 동안 머물면서 에이즈에 관한 8차례의 연재기사를 썼다.[4] 아프리카에 머무는 동안 그는 말라리아에 걸렸는데, 당시의 에이즈 정의에 따르면 그 자신도 에이즈 환자로 분류될 수 있었다. 그런데 그는 새로운 정의에 신경쓰지 않았다. 그는 이 기사로 퓰리처상을 받았고 월스트리트 저널로 옮겼다.

뉴욕타임스의 경우는 교훈적이다. 이 신문은 방기 정의를 보도하지 않았고, 이것은 TV들도 뉴스 가치를 인정하지 않게 된다는 것을 의미했다. 이렇게 해서 미국의 광대한 대중은 에이즈의 새로운 정의에 대해 한 번도 들어본 적이 없다.

에이즈에 관한 관심이 고조되던 1981년에 뉴욕타임스의 에이즈 담당 기자는 처음부터 로렌스 앨트먼(Lawrence K. Altman) 박사였다. 전국을 커버하는 신문에 에이즈에 관한 기사를 보도한 기자는 그가 처음이었다. 그 기사의 제목은 지금 보면 정치적으로 왜곡되었다고 할 수밖에 없는 "41명의 동성애자에게서 희귀한 암 발생"이었다.[5] 그러나 이런 제목은 곧 바뀌게 될 잘못된 인식이었다. 동성애는 방기 회의에서 에이즈의 원인으로 확정되었다. 그런데 아프리카 에이즈를 정의하는 조건들이 여성에게서도 남성만큼 나타났다. 그래서 에이즈는 더 이상 동성애 특유의 질병이 아니게 되었다.

앨트먼은 질병통제 및 예방센터의 직원이었고 이 센터의 특별연구팀 책임자였다. 그는 1963년에 이 센터 전염병 정보관리 과정을 이수하고 센터가 발행하는 이환율 및 사망률 주간 보고의 편집자가 되었다. 그후 그는 공중보건국 역학과의 책임자가 되었다.

1985년 11월, 앨트먼은 중부 아프리카에서 올라온 보고서를 기초로 하여 두 편의 장문의 기사를 썼다. 하나는 "아프리카 회의 에이즈 문제의 심각성을 경고하다"라는 제목을 달고 있었다. 회의란 방기 회의를 지칭했으나 새로운 정의에 관해서는 다음과 같은 짤막한 언급이 전부였다.

> 그들은 중부 아프리카의 에이즈 확산 정도를 알아보기 위해 병원 감독체계를 수립하는 작업에 착수할 것이다. 대부분의 아프리카 국가에서는 효율적인 보건관리 보고체계가 미비한 상태다. 에이즈 관련 보고체계를 수립하는 작업은 발병건수를 정확하게 파악하기보다는 추세를 파악하는 데 주안점을 둘 것이다.

뒤이은 상세 보도, 특히 에이즈 진단에 HIV 검사를 포함시키지 않는다는 점에 대해서는 더 이상 언급이 없었다. 이후 몇 년간 수천 개의 뉴스 매체들은 공중보건 서비스의 부족을 머릿기사로 쏟아냈다. 추세를 정확한 발생건수로 해석했기 때문이다. 숫자는 엄청나게 부풀려졌고, 면역학의 학설을 뒤엎었다. 이제 남성과 여성이 균등하게 위험에 노출되어 있다고 추론할 수 있게 되었다. 신문 1면에 실렸던 앨트먼의 기사를 보자.

[르완다 키갈리 발] 현지 연구자들의 말에 따르면 전통적인 이성 간 성행위를 통해 전염되고 있는 것으로 보이며, 여성에게서도 남성만큼 발병한다는 사실이 밝혀졌다.[6)]

방기 회의는 조셉 맥코믹(Josepj B. McCormick)이란 질병통제 및 예방센터의 관리가 소집하였다. 그의 말에 따르면, 회의의 목적은 혈액 검사장비가 없는 나라들에서 적용할 에이즈에 진단기준을 수립하는 것이었다. 질병통제 및 예방센터는 제네바에 있는 세계보건기구도 같은 기준을 채택하도록 설득했다. 이렇게 해서 새로운 정의가 적용되었다. 증상으로 보아 미국의 에이즈 환자나 아프리카의 에이즈 환자가 다를 바가 없는데 미국 관리는 에이즈는 이제 아프리카에 존재한다고 믿었던 것이다.

맥코믹은 후에 『4단계 : 질병통제 및 예방센터의 바이러스 사냥꾼들』(*Level 4 : Virus Hunters of the CDC*)이란 책의 공동저자가 되었다. 이 책은 1996년에 초판이 나왔고 새로운 자료를 보완한 2판이 1999년에 나왔다. 방기 정의에 대해 맥코믹은 다음과 같이 썼다.

우리에게는 임상적 정의, 다시 말해 의료진이 어떤 사람의 에이즈 감염 여부를 결정할 때 적용할 지침이 필요했다. 이것이 나의 주요 목표였다. 아프리카의 에이즈 사례를 관찰하는 데 단일하고 간단한 기준을 함께 적용하도록 세계보건기구 쪽을 설득할 수 있다면 그 기준이 다소 불완전하다 하더라도 결국 실질적인 발생건수를 계산할 수 있을 것이라는 게 내 생각이었다. 정밀하지는 못해도 같은 질병을 두고 모두가 같은

계산을 할 것이니까.[7)]

그런 목표는 달성되었다. "정의는 합의에 의해 도출되었고, 회의 참석자들이 에이즈 환자를 치료한 경험을 바탕으로 하여 결정되었다." 공동저자들은 이것이 "검사장비를 구할 수 없는 아프리카에서 에이즈가 얼마나 확산되는지 알아내는 데 유용한 도구가 되었다"고 덧붙였다.[8)]

정치적 동기도 있었다. 맥코믹은 보건부 차관 에드워드 브랜트(Edward Brandt)에게 일찌감치 전화를 걸었다. 맥코믹의 표현을 빌리자면 브랜트는 반동적인 "레이건 사람"이며, 에이즈는 "동성애자들에게 내린 천벌"임을 철석같이 믿는 사람이었다. 그래서 그를 계몽하는 게 맥코믹의 급선무였다. (그는 독자들에게 "당시는 레이건 시대"였음을 상기시키고 있다.) 질병센터 사람들이 새로운 아프리카 전략을 가지고 백악관에 하고 싶었던 얘기는 "에이즈가 재앙임은 맞지만 누구도 면역력을 갖고 있지 않다"는 것이었다.[9)]

에이즈가 아프리카로 확산되자 질병센터 사람들의 생활이 한결 수월해졌다. 이 전염병은 성별에 관계없이 감염되었고, 이는 바이러스가 성을 가리지 않는다는 것을 의미했다. (그런데 오늘날 미국에서는 새로 HIV 감염자로 진단되는 사람의 절반이 흑인이다. 그러므로 이 바이러스가 인종과 성을 차별하는 것이 분명해 보인다.)

1980년대에 이 질병은 성관계가 문란한 동성애자 집단과 약물중독자 집단에 국한해서 발생했으나 이성 간의 성적 접촉을 통해서도 바이러스가 옮겨질 수 있다는 확신에 찬 예측이 나왔다. 예컨대 토크쇼 진행자 오프라 윈프리(Oprah Winfrey)는 시청자들에게 1990년대가 되면 이성애자 다섯 명 가운데 한 명이 에이즈로 사망할 것이라고 말했다. 공중보건국장 에버릿 쿱(Everett Koop)은 "이성애 에이즈 폭발"을 언급했다. 그런데도 1986년 중반에 질병통제 및 예방센터는 확인된 에이즈 감염 사례의 93%가 남성이라는 보고를 계속하고 있었다.

방기 회의 이후 이 도시에서 저 도시로 돌아다니는 성적으로 문란한 아프리카의 "트럭 운전수들"이 은연중에 이성애 감염원으로 떠올랐다. 어느 새에 할리우드 생활방식이 아프리카 에이즈의 원인으로 떠올랐다. 역학 이론에 맞추기 위해 운전수들이 지목된 것이다. 왜냐하면 미국에서 에이즈에 관한 정밀한 연구결과 이성 간의 성적 접촉을 통해 바이러스가 옮겨지려면 최소한 천 번의 성관계를 가져야 한다는 사실이 이미 밝혀져 있었기 때문이었다.

얼마 되지 않아 검증되지 않은 아프리카의 거대한 환자 수가 미국의 검증된 환자 수를 압도하게 되었고, 전 세계 에이즈 통계는 감염자의 성비가 남녀 간에 대등하게 되었다. 방기 회의 한 차례로 두 가지 장애물—역학 이론상의 문제와 정치적 문제—이 제거되었다. "우리 모두가 위험하다"가 에이즈 기도문이 되었다. 에이즈 퇴치기금의 폭증은 예정되어 있었다.

≫≫≫ 허위 양성반응

방기 회의는 보건관료들이 쉽게 에이즈 진단을 내릴 수 있는 길을 열어주었고, 수백만 건의 사례가 세계보건기구에 보고되는 것은 정해진 수순이었다. 그런데 이런 일은 일어나지 않았다. 1999년 말에 배포된 세계보건기구의 주간 역학보고는 아프리카 전체의 에이즈 환자 누적 발생건수가 79만 4천이라고 기록했다. 2000년 11월에 이 보고는 1982년 이후 남아프리카 공화국의 에이즈 환자 누적 합계가 1만 2,825명이라고 기록했다.[10)]

이 정도면 천지가 진동할 숫자는 아니며, 나라별로 숫자를 분류해 보면 더욱 그렇다. 예컨대 인구가 6천5백만이 넘는 이집트에서는 17년 동안 에이즈 누적 발생건수가 215이다. 그런데 곧 숫자가 어마어마하게 보완되었다. 아프리카 몇 나라에서, 주로 남아프리카 공화국에서 HIV 검사가 실시되었다. "HIV 양성반응"으로 판정된 숫자를 근거로 나라 전체의 "임상적 사례"가 추정되었다. 이런 식으로 해서 남아프리카 공화국의 "HIV 보균자" 수는 2000년 한 해에 420만으로 늘어났다.

기사화된 적이 거의 없지만 이면에 숨겨진 문제는 HIV 검사는 HIV에 대해서 뿐만 아니라 수많은 조건에서도 반응을 보인다는 것이다. 항체검사에서는 HIV 항체 특유의 것이 아닌 다른 프로테인에도 반응을 보인다. 말라리아를 일으키는 기생충도 이 검사에서 혼동을 야기한다. 라이언 맬란은 말라리아 항체를 주입한 실험결과를 발표한 한 과학잡지의 논문에 관해 보도했다. 보도에 의하면 HIV 양성반응의 80%가 에이즈가 아니라는 것이다.[11)]

UNAIDs 책임자 피터 피오트(Peter Piot)도 아프리카인들의 면역체계는 흔히 "만성적으로 바이러스와 기생충에 노출됨으로써 만성적인 활동상태에 있음"을 인정했다. 남아프리카 공화국의 산부인과에서는 단 한 차례의 ELISA(Enzyme Linked Immunoabsorbent Assay) 검사만으로 판정한다. 그런데 이 검사장비를 생산하는 애보트(Abbott) 연구소는 임신 자체가 결과를 오도할 수 있는 요소 중의 하나라고 경고해 왔다.

HIV 감염을 "판정"하는 데 흔히 사용되는 웨스턴 반점 검사도 역시 다른 조건에도 반응한다. 독감, 포진, 간염, 수혈, 기생충, 결핵, 말라리아 등이 허위의 양성반응이 나오는 10여 가지 조건 가운데 포함된다. HIV 검사에서 세계적으로 앞서 있는 애보트 연구소에 제공하는 HIV/ELISA 검사장비 상자 속에는 1997년부터 이런 경고문이 들어간다 : "현 시점에서 인간의 혈액 가운데 HIV-1 항체의 존재 여부를 판정할 수 있는 확립된 기준은 없다."

그런데도 아프리카에서 에이즈 확산을 관찰하는 주요한 수단은 임신한 여성을 상대로 단 한 차례 실시하는 ELISA 검사이다. 임신 자체가 "'허위의 양성반응을 유발하는 70가지의 알려진 조건 가운데 하나"인데도 말이다.[12)]

사하라 이남 아프리카에서 에이즈를 유발하는 세균은 HIV 하나만이 아니고 이런 세균이 유발하는 다른 질병도 HIV 검사에서 "양성반응"을 나타낸다. 찰스 길크스(Charles Gilks)는 영국 의학 저널(*British Medical Journal*)에 체중감소를 수반한 만성적 설사는 "천이성 감염"뿐만 아니라, "통상적인 장내 기생충과 박테리아"로 인해서도 발생할 수 있다는 논문을 발표했다. 그는 이렇게 덧붙였다 : "결핵발병률이 높은 나라에서 에이즈에 감염되었다는 판정을 받은 환자는 상당수가 실제로는 에이즈 환자가 아닐 수도 있다." (아프리카는 결핵발병률이 높은 지역이다.) 그는 방기 정의가 "근본적으로 정확하지도 않고 적용할 수도 없다"고 결론지었다.[13)]

>>> 삶과 죽음

1998년에 뉴욕타임스는 "죽음의 지역"이란 제목으로 아프리카의 에이즈에 관한 장문의 연재 기사를 실었다.[14] 기사는 "사회적 태도와 성관계", "오점", "침묵", "미신", "보수적인 종교적 신념"을 꾸짖는 설교로 뒤덮여 있었다. 이상하게도 이 기사는 사하라 이남 아프리카의 어느 나라(남아프리카 공화국)의 출생과 사망에 관한 신뢰할 만한 통계에 대해서는 언급하지 않았다. 기사에서 인용한 HIV/에이즈 관련 통계는 모두가 신뢰할 수 없는 세계보건기구의 추정치였다. 이건 말이 안 되는 얘기다. 사하라 이남 아프리카 나라들 대부분이 사망 관련 기록을 남기지 않지만 남아프리카 공화국에서는 상세한 기록을 남긴다.

아프리카의 위생조건

아프리카인의 관점에서 에이즈를 바라보자. 아무렇게나 뻗어나간 도시의 함석집이나 진흙 오두막에 산다고 가정해 보자. 하수처리 체계도 없고 쓰레기 처리제도도 없다. 파리와 모기가 우글거리고 마실 물도 오물로 오염되어 있다. 아이는 병약하고 영양부족이다. 질병이 만연해도 적절한 치료를 받을 가망이 없다. 흔히 발생하는 설사나 폐렴 같은 질병은 항생제가 잘 듣지 않는다. 말라리아는 가난한 아프리카인이 구할 수 있는 유일한 약인 클로로킨으로는 치료가 잘 안 된다.

라이언 맬란,
"아프리카의 에이즈, 진실을 찾아서",
Rolling Stone, 2001. 11. 22.

라이언 맬란은 남아프리카 공화국에서 독자적인 조사를 했다. 세계보건기구의 추정에 의하면 이 나라의 에이즈로 인한 사망자 수는 1996–1999년 사이에 세 배나 증가했다. 그런데 같은 기간 동안에 프레토리아 주정부가 파악한 전체 사망자 수는 약 13% 증가했다. 그렇다면 통계 작성과정에서 상당수의 사망자 수가 에이즈 쪽으로 옮겨졌을 가능성이 크다.

맬란은 케이프 타운의 관 제조업자들을 면담했다. 위기에 관한 보도가 정확하다면 관 장사는 붐을 이루고 있어야 옳다. 뉴욕타임스는 "아프리카 대륙 전체에서 관 사업이 붐을 타고 있다"고 보도했다(그러나 상세한 내용은 쓰지 않았다).[15] 그러나 맬란이 직접 조사한 바에 의하면 값싼 판지 관을 파는 사업가도 손을 놓고 있었다. "사람들이 관심을 안 보여요. 값비싼 나무 관만 찾습니다." 맬란이 직접 들은 얘기다.

> 그래서 나는 나무 관 제조업자를 찾아갔다. 전국 시장을 상대로 조립 라인을 갖추고 관을 생산하는 사업가 세 사람을 만났다. "조용해요." GNG 목제회사의 커트 람머딩(Kurt Lammerding)이 말했다. 그의 경쟁자도 같은 말을 했다. 요컨대 시장이 죽은 것이다.
>
> B&A 관 제조사의 슈웨그만(A. B. Schwegman)은 이렇게 말했다 : "신문에서 떠드는 것이 사실이라면 우리 장사가 대박이 나야지요. 그런데 아무 것도 없어요. 어떻게 된 건지 기자 양반이 설명 좀 해주시오."

맬란도 알 수가 없었다. 그래서 그는 요하네스버그의 관 제조업자를 찾아갔다. 얘기는 같았다. 어떤 관 제조공장은 "문이 잠긴 채 버려져 있었다. 나는 공장 안에 천정 높이까지 쌓인 관을 보았다. 공장 철망에는 '영업 안 함' 이란 낡은 표지판이 걸려 있었다."

아프리카 에이즈와 관련한 히스테리는 2000년에 최고조에 이르렀다. 앨 고어 부통령이 이 문제를 UN 안보리로 끌고 갔다. 세계은행 총재 제임스 월펜슨(James Wolfensohn)은 이 질병이 "나라를 마비시키는 데 전쟁보다 더 효과적"이라고 말했다. 보츠와나 같은 나라는 인구 전체가 사라질 것이란 예측도 나왔다. 아프리카의 고아 숫자가 천만이라는 통계도 등장했다. (아프리카에서는 15세 미만의 아동이 부모 중에서 어느 한 쪽이—사망하지 않았더라도—없으면 고아로 불린다는 사실을 우리에게 알려준 사람은 아무도 없었다.) 아프리카 대륙은 나락으로 떨어지고 있었다.

오래 전인 1990년에 보도된 뉴욕타임스의 연재기사는 누구나 다 아는 콘돔 보급의 중요성을 강조했다. 이 신문은 정부의 국제개발처가 "개발도상국에 70억 개의 콘돔을 제공했다"고 보도했다. 물론 그 이후로도 수십억 개의 콘돔이 선적되었다.[16]

아프리카인들이 미국의 대표적 수출품이 콘돔이라고 생각해도 탓할 수는 없을 것이다. 그들은 미국의 교육받은 계층이 사하라 이남 지역의 인구가 엄청나게 많은 것으로 잘못 알고 있다고 생각할 것이다. 바라건대 아프리카인들이 CBS 방송의 평론가 앤디 루니(Andy Rooney)가 미국의 일부 몰인정한 동포들의 속마음을 무심결에 드러낸 최근에 쓴 칼럼을 읽지 않았으면 한다.

루니는 더 많은 미국의 원조가 "우리가 부양하려 애쓰는 아프리카인들의 숫자를 줄이는 데 쓰이기를 바란다. 그들의 가장 큰 문제는 식량부족이 아니라 인구의 증가이다. … 아프리카의 출생률은 치욕이며, 출산 통제에 관한 지식과 콘돔이 식량보다 먼저 전해져야 한다"고 말했다.[17]

누군가 루니에게 미국이 재정지원을 하는 에이즈 프로그램의 실상을 알려주어야 할 것 같다. 그 프로그램은 한마디로 말해 콘돔 배급 프로그램이다. 루니도 들어봤겠지만 에이즈로 인해 아프리카 인구가 붕괴할 것이란 예측은 거짓으로 드러났다.

>>> 조용한 인구폭발

라이언 맬란은 결국 아내의 압력에 맞섰다. 그는 케이프 타운의 헛간에 처박아 두었던 자료들을 끄집어내고 아프리카의 비유행성 질병에 대해 다시 말하기 시작했다. 최근 그는 미국 인구통계국과 국제개발처가 2000년 6월에 내놓은 예측에 주목했다. 그 예측은 이랬다 : "2003년이 되면 보츠와나, 남아프리카 공화국, 짐바브웨는 인구의 마이너스 성장을 경험하게 될 것이다."

맬란은 이 예측을 다음과 같이 평했다.

> 2003년이 다가오자 보츠와나와 남아프리카 공화국은 인구조사를 실시했는데, 그 결과는 이런 예측을 무색하게 만들었다. 두 나라의 인구는 상당히 빠른 속도로 증가하고 있었다. 남아프리카 공화국에서는 에이즈가 전혀 발생하지 않는 경우를 가상한 수준으로 인구가 근접했다. HIV 감염으로 파리처럼 죽어나갈 것으로 예측했던 성인 여성들의 인구까지도 증가했다. 이런 사태는 비겁한 아첨꾼들인 에이즈 저널리즘에게는 당혹스런 것이 아닐 수 없다. 이른바 "전문가들"은 계시록에나 나올 것 같은 대재난의 시기를 2010년으로 재조정하였고, 에이즈란 거함은 순조롭게 항해하고 있다.[18)]

결코 도래하지 않을 재앙을 예측하는 데 특별한 재능을 보여준 저널리스트가 로리 개릿(Laurie Garrett)이다. 그는 아프리카의 에이즈를 유럽 인구의 1/3이 죽은 흑사병에 비유했다. 그렇다면 아프리카의 사망자 숫자는 어떤가?

UN은 1985년의 사하라 이남 아프리카의 인구가 4억 3천4백만이었다고 추산한다(이해에 에이즈 대유행이 시작되었다). 최근 미국 정부의 인구참조국이 "세계인구 조명"이란 보고서를 발표했다. 보고서에는 사하라 이남의 2004년 현재 인구는 7억 7천3백만으로 나와 있다. 2005년의 인구도 같다고 가정해 보자. 그렇다면 1985년 이후로 사하라 이남의 인구는 2억 9천9백만이나 증가했다. 증가율은 70%가 된다.

당신이 읽지 말았어야 할 책

- 호지킨슨(Neville Hodgkinson), 『에이즈 : 현대 과학의 실패』(*AIDS : The Failure of Contemporary Science*), London : The Fourth Estate, 1996.
- 피터 뒤스버그(Peter H. Duesberg), 『에이즈 바이러스의 발명』(*Inventing the AIDS Virus*), Washington D.C. : Regnery Publishing, 1996.
- 하비 비알리(Harvey Bialy), 『종양유전자 : 뒤스버그의 과학적 생애와 시대』(*Oncogenes, Aneuploidy and AIDS : A Scientific Life and Times of Peter H. Duesberg*), Berkeley : North Atlantic Books, 2004.

오늘날 "사하라 이남 아프리카와 서아시아는 세계에서 인구가 가장 빠르게 증가하는 지역"이라고 인구참조국은 밝히고 있다.

미국 인구는 2억 9천6백만으로 추산된다. 사하라 이남 아프리카에서는 20년 동안 대재앙을 겪으면서 미국 전체 인구보다 많은 인구가 늘어났다는 얘기다.[19]

≫≫≫ 독립 이후의 위생환경

그런데 누구도 말하기 꺼려하는 무엇이 있다. 라이언 맬란도 분명히 그럴 것이고, 라이브 8이란 연주회를 연 덕분에 백악관으로 초청

되었던 진보적인 록스타 보노나 밥 겔도프(Bob Geldof)도 그럴 것이다. 그들은 언제나 똑같은 메시지를 외쳐댔다 : 돈이 더, 더, 더 많이 필요해요.

질병통제 및 예방센터는 지금까지 보아온 바와 같이 전염성 유행병을 수백만의 아프리카인들에게 퍼뜨리기 위해 애쓰면서 우선 역학상의 문제를 해결했고(전염성 질병은 성을 차별하지 않는다), 다음으로는 정치적인 장애물을 제거했다(살인적인 질병은 누구에게나 "균등한 위험의 기회"를 제공하므로 더 많은 예산을 투입해야 한다). 그러나 세 번째 문제가 남아 있었다. 이 문제를 언급하는 것은 금기사항이었고 지금도 여전히 그렇다.

적도 아프리카에서는 식민지배가 끝나자 사회기반시설이 급격하게 붕괴되었다. 하수처리 체계와 공중위생 체계가 무너졌다. 이 문제는 공공연하게 언급하기에는 너무도 부끄러운 것이었다. 아프리카인들은 식민지 통치를 받았을 때 더 나은 환경에서—최소한 위생 면에서는—살았다는 반증이 될 수 있기 때문이다.

방기 회의에서 중요한 역할을 했던 조셉 맥코믹은 이 회의가 있기 20여 년 전인 1965년에 자이레 킨샤사에서 산 적이 있었다. 그는 『4단계』(*Level 4*)에서 다음과 같이 썼다 : "그때까지만 해도 그곳은 오늘날과는 달리 도시의 기능이 작동하고 있었다. 교통은 원활했고, 잘 정비된 거리에는 가로수가 가득했다. 밤이면 도시는 밝고 유쾌했으며, 수도꼭지를 틀면 물이 나왔다."

수도꼭지를 틀면 물이 나왔다! 벨기에인들은 뭔가 제대로 했다는 말인가? 1980년대에 돌아왔을 때 맥코믹은 "그곳이 얼마나 열악해졌는지를 보고 충격을 받았다."

UN 총회의장 얀 엘리아슨(Jan Eliasson)은 뉴욕타임스와의 인터뷰에서 이렇게 말했다 : "사하라 이남에서는 3천만의 인구가 깨끗한 물을 마실 수 없습니다." 그는 한 아이를 데리고 있는 어머니에게 물 한 병을 건네주자 어머니가 기뻐하던 모습을 전해주면서 "그 어머니가 물을 구하는 유일한 방법은 2, 3마일을 걸어가 오염된 물 한 동이를 길어오는 것"이라고 말했다.[20)]

영국에서 발행되는 데일리 텔리그라프지는 2005년 7월에 다음과 같은 기사를 실었다.

> 아프리카 도시 외곽의 거대한 판자촌에서는 사람들이 부유한 나라에서는 수세대 전에 사라진 궁핍과 불결함 속에 살고 있다. 가족은 판지와 찌그러진 금속으로 만든 오두막에 거주한다. 도처에 널린 냄새 나는 쓰레기더미는 먹이를 찾는 새들로 뒤덮여 있다. 사람들은 플라스틱 주머니에 용변을 본 후 쓰레기더미 쪽으로 던져버린다. 벌거벗은 아이들은 하수가 흘러가는 도랑 말고는 놀 곳이 없다.[21)]

같은 시기에 데일리 메일지도 다음과 같은 기사를 실었다.

> 일명 수면병이라 불리는 아프리카 트리파노사미아시스(African Trypanosamiais)는 수단 남부와 기타 아프리카 오지에서 최근에 대대적으로 부활한 몇 가지 무서운 질병 가운데 하나이다. 수면병은 1960년대에 실질적으로 소멸되었는데 이제 매년 30만 명 이상의 새로운 환자가 발생하고 있다. 이 병은 방치하면 목숨을 잃게 된다.[22)]

서방세계의 지식인들로선 아프리카의 열악한 위생조건을 신생 독립정부의 무능 때문이 아니라 불운 탓으로 돌리는 게 편했다. 그 결과가 마이클 스펙터(Michael Specter) 기자가 "야만의 바이러스"라 이름 붙인 HIV이다. 이 바이러스에 대응하는 방법은 미국 도시지역의 에이즈 활동가들에 의해 검증되고 확인되었다. 프로테아제 억제요법, 고단위 항 레트로바이러스 요법이 그것이다. 아프리카인들에게 리트로버(retrovir), 네비라핀(nevirapine), AZT를 먹게 하자.

물론 최근에 아프리카의 곤경에 대한 대중의 인식은 어느 정도 개선되었다. 지속적인 인구증가에 관한 뉴스도 알려지기 시작한 것 같다. 아프리카인들이 마땅히 받아야 할 것들을 주기 위해 록스타 보노도 유익한 역할을 했을 것이다. 그들은 에이즈 바이러스보다 더 널리 퍼져 있는 현지의 부패가 드러나는 것도 두려워하지 않게 되었다. 그들은 원조자금을 스위스 은행의 구좌에 넣어두고 있는 통치자들에 대해서 말하기 시작했다. 그런데도 에이즈 관련 기구들은 예산을 늘려야 한다고 주장한다. 이 기구들은 국무부의 지휘를 받기 때문에 진실보다는 외교를 우선시한다. 록스타들은 다른 동기를 가지고 있고, 허영심이 그 중의 하나일 것이다. 그렇지만 그들도 밑바닥의 상황이 개선되는 것을 보고 싶어할 것이다.

최근 깨끗한 물에 관심이 집중되고 있는 것은 바람직한 변화이다. AZT와는 달리—이 약은 원래 암 화학치료제로 개발되었고 복용자의 건강에 좋지 않다—깨끗한 물과 위생체계의 재건은 아프리카인들의 건강을 위해 기적을 일으킬 것이다.

Chapter 8

웃음거리 복제양 돌리 : 복제와 불만

알고 있나요?

* 복제는 거의 대부분의 경우 태아의 비정상을 유발하며, 복제 시도는 대부분 실패로 끝난다.
* 복제는 유전자만이 동물을 만드는 데 필요한 "지령"을 내리는 게 아닌가 하는 의심을 증가시켰다.
* 가축을 복제하는 것은 너무 효율이 떨어져 상업적 기대를 만족시킬 수 없다는 것이 밝혀졌다.

과학자들이 돌리라는 복제양을 만들었다는 뉴스는 큰 센세이션을 일으켰다. 한 신문은 이 일이 "지난 20, 30년 동안 가장 의미 있는 과학적 사건"이라고 표현했다. 그러나 이 일에 대한 관심은 복제를 잘못 이해한 데서 비롯된 것이다. 어떤 사람들은 복제라는 단어에서 부활 또는 영생의 이미지를 떠올린다.

돌리는 1997년에 태어났다. 복제에 대한 열기는 그후로 사라졌고, 예상했던 효과는 실현되지 않았다. 이제 과학자들은 새로운 열기에 매달려 있다. 줄기세포가 그것이다.

복제열기는 여러 가지 환상을 불러일으키는 공상 과학소설에서 비롯되었다. 아이라 레빈(Ira Levin)이 쓴 『브라질에서 온 소년들』(*Boys from Brazil*)이란 소설에서 나치 의사 요제프 멩겔레(Josef Mengele)는 히틀러를 복제하려 한다. 나중에 이 소설은 영화로 만들어졌고, 로렌스 올리비에와 그레고리 펙이 출연했다. 행성 간의 싸움을 소재로 한 「스타워즈」는 "복제전쟁"에서 시작되었다. 영국의 생물학자 할데인(J. B. S. Haldane)의 여동생 나오미 미치슨(Naomi Mitchson)은 핵전쟁에서 살아남은 사람들이 신체적으로 가장 건강하고 지적으로 뛰어난 사람들만 골라 스스로를 복제하는 얘기를 소설로 썼다. 소설에서 복제는 기술을 더해가면서 우생학의 도구가 된 것이다. 과학적 진보주의의 선지자라고 할 수 있는 할데인이 "복제"라는 용어를 만들었다.

우리가 자신을 복제할 수 있으면 영원히 살 수 있다고 믿는 사람도 있다. 2001년에 출판된 『인간복제 찬성 : 과학 덕분에 영생을!』(*Yes to Human Cloning : Immortality Thanks to Science!*)이란 책은 프랑스의 저널리스트 클로드 보릴롱(Claude Vorilhon)이 썼다. 그는 자신의 이름을 라엘(Rael)로 바꾸고 라엘 교단이란 종파를 창시했으며, 자신이 유전자공학 기술을 사용하여 지구에 인간을 만든 외계인의 직계 후손이라고 주장했다. 2004년 초에 그의 추종자들은 첫 번째 복제인간—"이브"—이 "공개할 수 없는 나라"에서 태어났다고 주장했다. 여기까지는 너무나 잘 알려진 얘기다. 복제분야는 속임수로 가득 차 있다.

과학자들이 이런 황당한 주장에 책임을 질 수는 없다. 그들이 흥분하는 이유는 다른 데 있다. 돌리가 태어나기 전에는 성체세포로부터 동물을 복제할 수 없다고 생각했다. 모세포의 핵이 난자로 옮겨진 후 제거되었다. 그런 후 배아는 대리모 양의 체내에서 자라났다. 이미 1950년대부터 생물학자들은 개구리 성체세포의 핵을 개구리 난자에 주입하는 방법을 찾아내 올챙이를 만들 수 있었지만 올챙이는 그 단계에서 죽었다. 돌리는 성체세포로부터 성공적으로 복제한 최초의 사례였다.

복제에 성공했다는 거짓 보고는 항상 있어왔다. 1978년에 리핀콧(J. P. Lippincott) 출판사에서 『그의 형상을 따라서 : 인간복제』(*In His Image : The Cloning of Man*)란 책을 출판했는데, 작가 데이비드 로빅(David Rorvik)은 책의 내용이 실화라고 주장했다. 이 책은 베스트셀러가 되었으나 옥스퍼드 대학의 생물학자가 이 책이 자신의 연구를 도용했다고 하여 작가와 출판사를 고소했다. 법원은 책의 내용이 "날조와 위조"라고 판결했다.[1)]

1979년에 독일 출신의 과학자 칼 일멘제(Karl Illmensee)가 동료와 함께 메인 주의 잭슨 연구소에서 쥐를 복제하는 데 성공했다고 주장했다. 뉴욕타임스는 이 기사를 "최초의 포유류 복제"라 하여 1면에 실었다(1981. 1. 4.). 그러나 반복실험은 실패했다. 일멘제는 미국을 떠나 제네바 대학에 자리를 잡았다. 그후 1983년에 이 대학의 교수들은 일멘제가 하지도 않은 실험의 보고서를 "날조(위조)"했다고 밝히는 문서에 서명했다.

지나 콜라타(Gina Kolata)는 『복제 : 돌리를 찾아가는 길과 그 전도』(*Clone : The Road to Dolly and the Path Ahead*)란 책에서 이 일화를 소개했다. 콜라타에 의하면 수상쩍은 연구에 관한 소문이 미국과 유럽의 연구소에서 연구소로 떠돌고 있었다. "그런데 쥐를 복제했다는 일멘제의 주장을 전파했던 뉴욕타임스, 타임, 뉴스위크 같은 매체들은 일멘제의 연구가 신뢰할 만하지 못하다는 고발에 대해서는 이상하게도 침묵했다. 몇몇 짧은 기사들이 나오기는 했으나 과학계를 흔들고 있던 논란의 자세한 내용을 알리지는 않았다.[2)]

일멘제는 공개적으로는 어느 것도 인정하지 않았고, 날조 혐의는 입증되지 못했다. 다른 과학자 데이버 솔터(Davor Solter)가 일멘제의 실험을 재현하려 시도했으나 실패했다. 솔터는 이런 경위를 밝힌 논문을 1984년에 셀과 사이언스지에 발표했다. 솔터는 "단순히 핵의 이전을 통해 포유류를 복제한다는 것은 생물학적으로 불가능하다"고 결론 내렸다. 그런데 돌리를 복제할 때 바로 이 방법이 사용되었다.

스코트랜드 로슬린 연구소(Roslin Institute)의 이언 윌무트(Ian Wilmut)가 돌리를 복제했다고 보고하자 복제를 시도했던 모든 과학자들이 찬사를 보냈다. 그러나 의문을 품는 과학자도 있었다. 록펠러 대학의 유전학 교수 노턴 진더(Norton Zinder)는 네이처지에 실린 윌무트와 케이스 캠벨(Keith Campbell)의 논문이 "형편없는 논문"이라고 말했다. 그는 날조 의혹은 제기하지는 않았으나 두 사람의 작업이 "불결하고 불완전한 과학"이라고 평했다.[3)]

복제를 위해 사용된 모세포는 연구자들이 사용하기 전 3년 동안 병 속에 담겨 냉동되어 있었고, 어버이 양은 돌리가 태어나기 전에 죽었다. 그래서 DNA 대조 검사에서 일치하기는 했지만 직접 비교는 할 수 없었다.

노벨상 수상자이자 하버드 대학 교수인 월터 길버트(Walter Gilbert)도 부정적인 평가를 했다. 길버트는 돌리가 배아세포가 아닌 성체세포에서 복제되었음을 확인할 방법이 없다고 말했다. 아니면 뒤섞였는가? 냉동보관된 성체세포는 더 있는데 왜 실험을 반복하지 않는가?

윌무트는 실험과정이 너무나 비효율적이기 때문이라고 했다. 그는 또 다른 복제양을 만들려면 천 번 이상 시도해야 한다고 말했다. "그걸 하려면 50만 달러의 비용이 들고 반년 동안 꼬박 매달려야 한다."

돌리는 모세포로부터 복제하기 위해 300번의 시도 끝에 유일하게 수태되었다. 만약 다시 시도한다면 그때는 산 동물을 가지고 할 생각이다. 이게 윌무트의 답변이었다.[4]

돌리는 여섯 살인 2003년에 죽었다. 놀랍게도 과학자들은 양의 평균수명을 모른다. 어떤 사람은 7년이라고 하고 어떤 사람은 15년이라고 한다. (대부분의 양은 그 나이에 이르기 전에 식용으로 도살된다.) 그런데 오늘날 돌리가 성체로부터 복제되었는지 의문을 갖는 과학자는 거의 없다. 실험과정은 고양이와 소를 대상으로 재현되었다. 사람들은 동물복제가 생각만큼 어려운 작업이 아니란 사실을 알게 되었다.

한국의 과학자들이 마침내 아프간 하운드의 성체세포로부터 개

"돌리우드"

오비-완 : 복제들이 아니었다면 승리할 수 없었을 것이라고 인정하지 않을 수 없군.
요다 : 승리. 승리라고 했나? 마스터 오비-완, 승리가 아닐세. 어둠의 장막이 걷히고 복제전쟁이 시작된 것이네.

「스타워즈-에피소드 2 : 복제의 공격」(2002)

더그 키니 3호 : 카피의 카피를 언제 어떻게 만드는지 알잖아. 그건 오리지널만큼 똑똑하지 못해.

「중복」(*Multiplicity*) (1996)

를 복제해냈다. 뉴욕타임스에 실린 지나 콜라타의 기사를 보면 그들은 "성공하기까지 거의 3년 동안 1주일에 7일, 1년에 365일을 일했으며, 122마리의 개에서 1,095개의 난자를 채취했다"고 밝혔다.[5] 릭 웨이스(Rick Weiss)는 워싱턴포스트에 게재한 기사에서 100마리 이상의 마취시킨 개를 여러 차례 수술하고 "1,000개 이상의 실험실에서 키운 배아세포를 만드는 고통스런 과정을 거쳐 오직 두 마리의 강아지가 태어났고, 그나마 한 마리는 3주 후에 죽었다"고 했다.[6]

다른 문제도 있었다. 이언 윌무트(Ian Wilmut)의 말에 따르면 복제는 거의 모든 배아에서 심각한 기형을 유발하는 것 같다. 돌리의 유전물질은 조로의 징후를 드러냈는데, 돌리 자신의 나이보다 노화한 것으로 보였다.[7] 복제동물들이 정말로 정확하게 유전적으로 복사된 것인지는 의심스럽다. 복제쥐는 유전적으로 동일한 복제되지 않은 쥐와 같은 먹이를 주었는데도 어릴 때는 정상이었다가 성체가 되어서는 보기 흉할 정도의 비만 증세를 나타냈다.[8]

2002년에 cc(carbon copy : 사본)란 이름의 고양이가 복제되었는데, 이 고양이의 털 색깔은 세포핵을 제공한 두 살짜리 고양이와 달랐다. 텍사스 A&M 대학 고양이 복제 팀의 듀안 크래머(Duane Kraemer) 박사는 복제동물이 원본동물과 닮지 않아서 다행이라고 말했다. "우리는 사람들에게 복제는 재생산이지 부활이 아님을 깨우쳐 주려고 해왔거든요." 그의 말이다.[9]

자신의 애완동물을 되살릴 수 있다고 믿는 사람들은 이걸 알아야 한다. 유기동물 보호소를 찾아가는 게 더 낫고 인간적인 방법이다.

애완동물 복제에는 100만 달러의 비용이 들어가니 상업적으로 의미 있는 사업이 될 수가 없다. 실제로 희귀한 복제 성공 사례는 오히려 복제에 대한 맹신을 깨뜨려 놓았다. DNA—제공 세포의 핵으로부터 피제공 난자에게로 이전된다—가 복제동물을 생산하는 데 필요한 모든 "지령"을 내포하고 있다는 믿음은 실제 복제 사례를 보면 부정적이다.

노스캐롤라이나 주립대학 수의학 교수 조지 피에드라히타(Jorge A. Piedrahita)는 돼지를 대상으로 한 실험을 통해 복제된 돼지는 먹이 기호, 수면습관, 공격성의 정도에 있어서 일반 돼지와 전혀 다르다는 것을 확신하게 되었다고 말했다. "가장 흥미로운 사실은 환경이 얼마나 중요한가이다. 환경은 유전적 유사성을 압도한다." 그가 워싱턴포스트의 릭 웨이스에게 한 말이다.[10)]

그렇다면 복제의 애초의 명분에 대해 의문을 품지 않을 수 없다. 가장 우수한 가축을 골라 저렴한 비용으로 복제하여 농부의 수입을 극대화할 수 있을 것으로 기대했다. 그러나 이러한 기대는 무너졌다. 복제동물을 만드는 데는 돈도 많이 들고 또 형질도 그대로 복사되지 않는다고 밝혀졌다. 옛날 방식대로 가축을 기르는 게 훨씬 간단하다. 엄청난 비효율 탓에 복제는 상업적인 사업으로 유지될 수가 없다.

과학적 실험은 반복할 수 있어야 한다. 이런 기준에서 보자면 동물복제는 과학이라기보다는 하나의 시행착오에 불과하다. 칼 일멘제(Karl Illmensee)의 복제실험은 반복될 수 없었고, 최근에 누구도 신뢰할 만한 결과를 내놓지 못했다. 탄자 도민코(Tanja Dominko)는 수년 동안 원숭이 복제를 시도했으나 300회 이상의 실험을 하고도 성공하지 못했다. 도민코는 실험결과 공포의 전시장—이것은 도민코 자신의 표현이다—만 만들어냈을 뿐이다. 간혹 성공한 실험에서도 결과는 정상세포가 아니라 암세포에 가까운 세포가 나왔다. 태아가 없는 태반이 최상의 결과였다. 도민코는 지나 콜라타(Gina Kolata)에게 다음과 같이 말했다.

> 그것[복제]이 상업적 가치를 가지려면 많은 물건들을 만들어내야 할 뿐만 아니라 과정도 반복될 수 있어야 한다. 1% 혹은 2%의 성공률로는 안 된다. 2%란 성공률은 성공이 아니라 생물학적인 사고일 뿐이다. 나머지 98%는 어디로 갔나?[11)]

당시 도민코는 매사추세츠 주 워세스터에 있는 어드밴스드 셀 테크놀로지(ACT)란 회사에서 일하고 있었다. 이 회사의 회장 겸 최고 경영자 마이클 웨스트(Michael West)는 이미 게론(Geron) 코퍼레이션을 설립하여 "영생을 파는 사업으로 상당한 성공을 거둔 인물"이란 평을 듣고 있었다.[12)]

웨스트는 회사 설립 후 인간복제를 시도했다. 그런데 1999년에 줄기세포가 떠오르자 그는 "줄기세포와 그 관련 기술이 머지않아 인간의 수명을 완전히 바꾸어 놓을 것"이라 선전하고 다녔다.

ACT의 웹사이트에 올라와 있는 글을 보면 현재 웨스트 회장은 "우리의 연구를 더욱 가속화하기 위해 캘리포니아에서 학계, 기업, 투자 펀드와 전략적인 협력을 모색하고 있다"고 한다. 2004년에 캘리포니아 주정부는 '프로포지션 71'이란 법안을 통과시키고 이 법에 따라 캘리포니아 주 안에 있는 자격을 갖춘 기업에게 30억 달러의 자금을 배분할 계획을 갖고 있었다. ACT는 캘리포니아에 연구소를 설치할 계획을 갖고 있다. 투자자들이 돈을 내놓지 않으면 아마도 납세자들이 부담하게 될 것 같다.

줄기세포 연구는 복제에서 시작되었다. 복제과정은 성체세포의 핵을 제거한 난자에 이식한다. 그런 후 전기충격을 주면 이식된 DNA가 난자를 수정시킨다. 이때부터 세포분열이 시작되고 배반포(胚盤胞)라 불리는 것이 생성된다. 배반포는 난자가 수정된 후 며칠 지나 나타나는 속이 빈 세포덩어리다. 이 덩어리 안에서 세포의 내용물이 형성된다. 이것이 줄기세포이다. 줄기세포는 형질을 정의하기가 어렵다. 특정 기관으로 분화하여 특화되기 전에 아주 짧은 시간에만 나타나기 때문이다.

복제과정에서 배아(胚芽)가 태아로 발전하고(할 수 있고) 다시 완전한 개체로 성장한다(할 수 있다). 줄기세포에서는 이런 과정이 차단된다. 줄기세포는 더 많은 분열을 거쳐 보다 특화된 세포로 발전하는 경로를 차단당한 것이다. 줄기세포는 추출하여 단백질 속에 담가놓는다. 이 과정은 줄기세포가 실험자가 원하는 방향으로 특화되도록 "조작된다"는 것을 의미한다. 예컨대 당뇨병 환자에게 사용하기 위해 줄기세포는 인슐린을 분비하는 췌장세포로 성장하는 방향으로 유도될 수 있다.

당신이 읽지 말았어야 할 책

• 브라이언 애플야드(Bryan Appleyard), 『멋진 신세계 : 유전자 시대에 인간으로 남아 있기』(*Brave New Worlds : Staying Human in the Genetic Future*), New York : Viking, 1998.

"유도"한다고? 그러나 그 방법을 아는 사람은 아무도 없다.

외부의 간섭을 받지 않고 정상적으로 성장하는 배아는 몇 조 단위의 특화된 세포의 집합체가 되어 고유의 위치에서 고유의 기능을 수행하러 가는 길을 "알고 있다." 반면에 과학자들은 줄기세포가 특정한 방향으로 나아가도록 "지시"하는 방법을 알지 못한다. 이것이

줄기세포를 이용한 치료법을 적용하는 것이 개를 복제하는 것보다 엄청나게 어려운 이유이다.

일부 과학자들은 줄기세포의 성장을 통제하는 방법을 쉽게 찾아낼 수 있으리라고 믿고 있다. 그걸 믿는 사람은 그들뿐이다. 국립보건원 연구원 로널드 맥케이(Ronald McKay)는 "줄기세포를 잘 길들이면 점프하여 불붙은 굴렁쇠를 통과할 줄 알 것"이라고 표현했다.[13]

그렇지 않다. 지금 우리는 그것들이 통과해야 할 굴렁쇠가 어떤 것인지도 모르고 있다. 독자 여러분은 다음 장에서 맥케이 곡마단장의 더 큰 모험을 보게 될 것이다.

Chapter 9

줄기세포 연구의 생명공학 도전

알고 있나요?

* 줄기세포 연구는 합법이므로 민간의 투자는 금지되지 않는다. 그러나 줄기세포 연구를 지지하는 사람들은 정부의 재정투입을 바란다. 진실을 말하자면 성공 전망이 그리 밝지 않다는 것이다. 영리한 돈은 진실을 알고 있다.
* 희망인가 악몽인가? 사이언티픽 어메리칸 2005년 7월호는 이런 기사를 실었다 : "배아줄기세포는 성체줄기세포와는 달리 치료에 직접 이용될 수 없다. 암을 유발하기 때문이다."

2001년 샌프란시스코에서 미국 과학발전협회(American Association for the Advancement of Science : AAAS) 회의가 열렸을 때 두 과학자가 설치류의 파킨슨씨병 증상을 완화시키는 데 배아줄기세포를 이용했다고 발표했다. 그 두 사람은 국립보건원의 로널드 맥케이 박사와 하버드 의대의 올 아이작슨(Ole Isacson) 박사였다. 맥케이는 "몇 차례의 염기전위 방법을 이용하여 배아줄기세포를 도파민 세포로 전환시킬 수 있었다"고 말했다.

어떤 뇌세포는 정상상태에서 도파민이라는 물질을 생산하지만 원인은 알 수 없으나 때로는 그런 기능을 잃는다. 그 결과가 파킨슨씨병이다. 아이작슨은 그의 연구 팀이 배아에서 추출한 특정 세포를 뇌에 주입했다고 밝혔다. 뇌 안에서 자연적인 과정을 거쳐 이 세포가 도파민 생산 세포로 변환되었다. 아이작슨은 "이 세포는 스스로 조직되어 훌륭하게 기능했다. 우리는 이 세포가 쥐의 (파킨슨씨병) 증상을 없애는 것을 관찰했다"고 말했다.

다음날 AP통신은 이 소식을 다음과 같이 전했다.

> 과학자들이 배아줄기세포 이식법을 이용하여 파킨슨씨병을 치료하는 방법을 찾아내는 데 거의 성공한 것 같다. 그러나 사람을 대상으로 하여 언제 어떻게 새로운 치료법을 적용할 것인지는 아직도 내려지지 않은 정치적 결정에 달려 있다.[1)]

기자는 이어서 이렇게 덧붙였다 : "맥케이와 아이작슨은 과학자들은 이 기술을 사람에게 적용할 준비가 다 되어 있지만 그 단계에 진입하기 위해서는 미국에서의 정치적·사회적 문제가 먼저 해결되어야 한다고 말했다. 또한 맥케이는 영국, 프랑스, 네덜란드가 이 분야에서 앞서갈지 모른다고 말했다. 이들 나라에서는 배아줄기세포 연구를 촉진하는 정책이 완비되어 있기 때문이다."

BBC 방송의 기자도 같은 보도를 하였다. 조나단 아모스(Jonathan Amos) 기자가 "과학자들은 배아에서 추출한 특수한 '마스터 세포'를 이용하여 파킨슨씨병의 치료법을 거의 찾아낸 것 같다"고 보도했다.

그러나 그는 맥케이와 아이작슨이 "이 치료법을 임상실험에 적용할 수 있으려면 정치적·윤리적 장애를 극복해야 할 것"이라고 덧붙였다.[2)]

이 좋은 소식은 신속하게 전달되었다. 파킨슨씨병 행동 연락이란 단체의 자원봉사자 샤를롯데 만쿠소(Charlotte Mancuso)가 이 소식을 단체의 본부에 긴급히 알렸다.

> 이것은 단순히 좋은 뉴스가 아니다. 이것은 새로운 치료법을 찾아내기 위해 노력하는 연구자들 앞에 놓인 정치적 걸림돌을 치우려고 애쓰는 우리 모두에게 좋은 뉴스이다. 이 문제에 관한 한 핵심은 정치적 결정이다. 우리가 모든 매체를 이용해야 하는 이유가 이것이다. 우리의 목숨을 구하기 위해 이용 가능한 것은 최대한 이용하자![3)]

사이언스지의 논조도 다를 바가 없었다. 샌프란시스코 회의에 관한 첫 번째 기사에서 이 잡지는 다음과 같이 보도했다.

> 정치적 논란 때문에 줄기세포 연구의 전망은 밝지 않지만 그것이 가져올 이익은 점차로 분명해지고 있다. AAAS의 연례 회의에서 신경이식 전문가인 하버드 의대의 올 아이작슨은 쥐의 뇌에 이식된 배아줄기세포가 파킨슨씨병을 감소시키는 기능을 가진 세포로 성장했다고 밝혔다.[4)]

파킨슨씨병 치료법에 관한 초기의 보도는 이후 4년 동안 등장하게 될 변함 없는 논조를 예고하는 것이었다. 과학자들은 굉장한 진전을 보이고 있는데 정치가들이 발목을 잡고 있다. 지금도 많은 미국인들이 세포생물학에 관한 이해부족이 문제가 아니라 정치가들의 의식이 문제라고 생각하고 있다.

줄기세포에 관한 논쟁은 정치적 논쟁이 되어버렸다. 이러한 소란 가운데서 과학의 목소리는 거의 들리지 않았다. 연구가 더디면 누군가의 탓으로 돌려야 했다. 사실—줄기세포가 손상된 조직을 대체할 수 있을까?—을 고대하던 사람들은 시원스런 답변을 듣지 못했다. 정부 돈을 받아서 하는 과학연구가 대부분 그렇듯 과학자들이 과도한 약속을 한 게 아닌가 하는 의구심이 고개를 들기 시작했다. 많은 과학자와 기자들이 문제를 과학과 종교 간의 대립으로 분장시켰다. 과학에 대한 이해부족보다는 종교적 폐쇄주의가 손쉬운 비난 대상이기 때문이다.

샌프란시스코 회의가 있고 나서 6개월 후인 2001년 8월에 조지 부시 대통령은 연방정부 예산으로 배아줄기세포 연구를 지원하는 것을 허가했다. 그 연구는 이미 진행 중인 것들이었다. 그때까지 의회는 줄기세포와 관련된 연구에 정부재정을 투입하는 것을 허락하지 않았다. 당시 부시의 결정은 과학의 부분적인 승리로 비쳐졌다. 훗날 이 승리는 조용히 날아가 버렸고, 부시는 관련 연구에 대한 제한을 풀었다고 비난받았다.

그러나 일은 예상한 대로 진행되지 않았다. 머지않아 치료받던 쥐에 관한 좋지 않은 소식이 흘러나왔다. 사이언스지의 후속 보도에 의하면, 아이작슨이 쥐의 뇌에 줄기세포를 주입하자 1/4의 쥐에서는 아무런 효과가 없었고, 1/2의 쥐는 약간의 효과를 보였으며, 나머지 1/4의 쥐는 암이 발생하여 죽었다는 것이다.[5]

더 실망스런 얘기가 이미 뉴욕타임스 1면에 실렸었다.

배아세포 이식 실패로 파킨슨씨병 연구 수포로 돌아가다.

새로운 연구는 "심각한 부작용"을 나타냈다. 15%의 [사람] 환자에게서 세포는 지나치게 성장하여 과다한 도파민 분비로 인한 "통제할 수 없는 경련"이 나타났다. 더 나쁜 것은 "이식된 세포를 제거하거나 불능화할 방법이 없다"는 점이었다.[6)]

놀랍게도 이 연구에 사용된 세포는 줄기세포가 아니라 유산된 태아의 세포였다. 그런데 지나 콜라타 기자가 전해준 얘기는 구슬프기 짝이 없었다. 콜라타 기자는 3년 전에도 DNA 스타 짐 왓슨(Jim Watson)에게 실망한 적이 있었다. 왓슨은 한 파티상에서 콜라타에게 주다 포크만(Judah Falkman) 박사가 "2년 내에 암을 치료할 것"이란 얘기를 해주었다. 이 얘기는 뉴욕타임스 1면에 실려 희망과 실망의 물결

희망인가 악몽인가?

사이언티픽 아메리칸지는 2005년 7월호에 파이낸셜 타임스와 공동으로 줄기세포에 관한 특집기사를 실었다. 편집자 존 레니(John Rennie)와 라이오넬 바버(Lionel Barber)는 "연구자들은 줄기세포가 환상적인 치료법의 기초가 될 것이란 확신을 갖고 있다"고 썼다.

권두 기사 "모든 세포의 어머니"는 클라이브 쿡슨(Clive Cookson)이 작성했다. 그는 이렇게 썼다 : "배아줄기세포는 성체줄기세포와는 달리 암을 유발하기 때문에 치료에 직접 사용될 수 없다. 실제로 한 연구소의 실험에 의하면 배아줄기세포를 쥐에게 주입했을 때 테라토마(배아세포로 이루어진 종양)가 발생하는 것이 관찰되었다."

그는 이런 세포의 분화를 조종하는 것은 "과학적 악몽"이라고 덧 붙였다.

"모든 세포의 어머니", *Scientific American*, 2005. 7.

을 차례로 일으켰다.[7] 그후로 콜라타는 의학계의 획기적인 업적이 나타나면 조심스럽게 접근해 왔다. 줄기세포에 관해서는 특히 그랬다.

실제로 그후로 대부분의 주류 매체가 줄기세포에 관해 다룰 때는 신중했고, 적어도 기사는 안쪽 면에 실었다. 기자들은 흔히 치료법은 수십 년 후에 나올 거라고 말했다. 낸시 레이건(Nancy Reagan)이나 그녀의 딸 패티 데이비스(Patti Davis)는 희망을 버리려 하지 않았으나 알츠하이머병 치료법에 관한 낙관주의는 거의 사라졌다.

대부분의 줄기세포 연구는 쥐를 이용해 왔다. 카디프 대학의 마틴 에번스(Martin Evans)와 캘리포니아(샌프란시스코) 대학의 게일 마틴(Gail Martin)이 1981년에 처음으로 같은 시기에 각기 따로 쥐의 줄기세포를 분리해냈다. 게일 마틴은 배아줄기세포라는 명칭을 사용했다.

쥐에게 나타나는 효과가 사람에게도 나타날 것이라고 추측할 수는 없다. 그렇다면 신중해야 한다. 쥐는 다른 쥐의 췌장세포를 이식하여 당뇨병을 치료할 수 있다. 사람에게 적용하려면 먼저 면역체계를 억제해야 한다. 그렇지 않으면 이식된 세포는 침입자로 인식되어 몰려난다. 1990년대에 실험실에서 인간의 줄기세포를 배양할 때는 쥐의 세포와 함께 유리접시에 담아 배양했다. 이유는 알려지지 않았지만 쥐세포가 인간세포가 자연스럽게 "특화"되어 가는 것을 방해했다. 줄기세포가 잘못된 장소에 있다고 "인식"하고 가장 좋은 행동방향은 아무 것도 안 하는 것이라고 결정한 것 같았다.

인간 배아줄기세포는 오래되지 않은 1998년에 처음으로 두 연구팀이 각기 따로 분리해내어 배양했다. 한 팀은 위스콘신 대학 소속이었고 다른 한 팀은 존스 홉킨스 의대 팀이었다. 당시 워싱턴포스트는 다음과 같이 보도했다.

> 실험실 접시 안에서 세포는 쉴 새 없이 증식한다. 과학자들은 이 자가 공급 세포가 여러 가지 질병을 앓고 있는 사람들에게 제공할 대체 세포로 자랄 것이란 희망을 갖고 있다. 암 환자에게는 골수세포가 될 것이고, 알츠하이머병 환자에게는 신경세포가 될 것이며, 당뇨병 환자에게는 췌장세포가 될 것이다.[8)]

줄기세포는 초기단계의 배아에서 추출되며, 우리가 항상 들어온 바이지만 신체 어느 부분의 세포로도 성장할 수 있는 "잠재력"을 갖고 있다. 한마디로 하자면 "만능"이지만 중요한 점은 개념상으로만 그렇다는 것이다.

수정된 난자는 "분화전능"(分化全能)이다. 우리는 난자가 증식되면서 신체의 어떤 세포로도 분화해 갈 수 있다고 알고 있고 실제로도 그렇다. 과학자들이 줄기세포가 어떤 세포로도 될 수 있는 잠재력을

서류상의 이익

성체줄기세포가 다른 형태의 세포조직으로 변환되는 능력에 대해 어빙 웨이스 박사는 뉴요커(*New Yorker*)지에 이렇게 말했다.

"나도 그것이 사실이기를 바랐습니다. 무엇보다도 우리 연구 팀이 조혈 줄기세포를 발견했기 때문에 나는 우리의 업적이 빛바래져 간다는 생각을 했습니다. 또 나는 연구결과를 특허로 내서 만든 회사를 갖고 있고 스탠포드 대학을 통해 취득한 특허도 갖고 있습니다. 그렇다면 나는 세상에서 가장 돈 많은 부자가 될 수 있습니다. 그런데 그렇지 못했습니다. 특허를 주장하는 사람들은 우리가 알아본 바에 의하면 돈 번 사람이 아무도 없습니다."[9)]

갖고 있다고 말하는 것은 이 표현의 유어(類語) 반복이다. 실험을 통해서 만들어진 것이 아니라 원래부터 그렇게 되도록 되어 있었다.

대체세포의 원천으로서는 다 자란 신체 안에 지속적으로 존재하는 성체세포도 있다. 성체세포를 이용한 연구는 배아를 파괴하지 않기 때문에 정치적으로 논란이 되지 않는다. 뿐만 아니라 신체의 면역체계를 자극하지도 않는다. 그래서 유망해 보인다. 성체세포를 지지하는 강력한 의학적 주장도 있어왔다. 그러나 증거는 얘깃거리가 많고, 그래서 신뢰하기 어렵다. 귀가 솔깃해지는 뉴스도 분명히 있다. 골수에서 추출한 줄기세포 덕분에 척추손상으로 마비에 빠졌다가 회복된 사례와 심근세포가 재생된 사례가 있다고 들었다. 텍사스 심장연구소의 한 의사는 침대에 누워서 지내던 환자가 줄기세포 요법을 받고나서 "해변을 달린 사람도 있고, 어떤 사람은 계단을 일곱 칸이나 올라갔으며, 또 어떤 사람은 퇴원해 어머니와 함께 살면서 사업을 다시 시작한 경우도 있다"고 알려주었다.

임상의들은 희망을 갖겠지만 연구자들은 오히려 회의적이다. 뉴욕타임스에 다음과 같은 기사가 나왔다.

> 지난해에 오릭-앤버사(Orlic-Anversa)[심장 세포조직] 실험을 재현하는 데 실패했다고 알려진 연구소가 최소한 두 곳이다. 스탠포드 대학 연구 팀과 시애틀의 워싱턴 대학이 그랬다. 두 곳의 연구자들은 골수 줄기세포가 심장조직으로 성장하지 않는다는 사실을 알아냈다. 심장에 이식된 줄기세포는 극소수가 정상적으로 혈액세포로 성장했다. 스탠포드 대학 연구 팀의 일원이며 혈액줄기세포의 권위자인 어빙 웨이스먼(Irving Weissman) 박사는 임상실험의 기반이 되는 과학을 확실하게 이해하기

전까지는 "이 연구는 시기상조이며 환자들을 위험에 빠트릴 수도 있다"고 경고했다.[10)]

2004년 선거 직전에 웨이스먼 박사는 줄기세포 연구에 30억 달러를 투입하겠다는 캘리포니아 주의 프로포지션 71 법안과 관련한 인터뷰를 하였다. 그는 동물과 인간을 통틀어 성체줄기세포를 처음으로 분리해낸 과학자이며 인간의 조혈(造血)줄기세포를 처음으로 분리해낸 과학자이다.

두 연구자가 사이언티픽 아메리칸에 다음과 같이 기고했다 : "진정한 줄기세포를 구별해낸다는 것은 매우 힘든 일이다. 엄밀하게 들여다 보면 줄기세포는 외관으로는 구분하기 어렵다. 그 행태로 미루어 구분할 수 있을 뿐이다." 그러나 그 행태 자체가 바로 문제가 되며, 과학자들이 행태를 통제하려고 해도 … 매우 제한적으로만 성공한다. 이 분야에서 상당히 인정받는 전문가들이 이런 사실을 인정했다는 것은 의미심장한 일이다. 이는 실질적으로 줄기세포 연구에 대해 반대표를 던지는 것이나 다름없다.[11)]

제임스 톰슨(James A. Thomson)을 이끄는 위스콘신 대학 연구 팀은 불임 클리닉에서 "쓰고 남은" 배아세포를 이용했고, 존 기어하트(John D. Gearhart)가 이끄는 존스 홉킨스 대학 연구 팀은 유산된 태아의 발생 중인 생식선에서 추출한 줄기세포를 이용했다. 이 실험이 있기 4년 전부터 의회는 인간 배아세포를 이용한 연구에 정부가 재정지원하는 것을 금하고 있었으므로 어느 팀도 정부 지원금을 받지 않았다. 톰슨은 워싱턴포스트와의 인터뷰에서 "실험실의 전기 코드 하나도 연방정부의 돈으로 산 게 없다"고 말했다.[12)]

연구의 전망이 밝아보이자 이 연구에 자금을 댄 게론 코퍼레이션이 상업화 권리를 취득했다.

1999년 무렵에는 이 연구가 황금알을 나을 것 같았다. 배아줄기세포에 관한 뉴스가 여러 신문의 1면에 보도되고 나서 약 1년 후 사이언스지는 '올해의 뛰어난 업적' 난에 "젊음의 희망을 낚다"라는 제목으로 줄기세포 연구를 다루었다. 기사는 "줄기세포의 비상한 가능성이 여러 가지 질병을 치료할 수 있을 것"이라고 하였다.

> 올해는 발생생물학과 의(醫)생물학 연구자들이 줄기세포의 놀라운 능력에 관한 획기적인 논문 12편을 발표한 해이다. 우리는 '올해의 뛰어난 업적'을 선정하면서 의학에 적용되어 눈부신 성과를 낼 것으로 기대되는 이들의 연구에 경의를 표하며, 아울러 과학자들이 세포가 어떻게 성장하는지에 대한 생각을 근본적으로 재고할 것을 촉구한다.[13)]

줄기세포는 "손상된 신경을 복구하는 데서부터 실험실에서 심장과 간을 배양하는 데 이르기까지 질병치료에 온갖 방식으로 이용될 수 있을 것이다. 연구의 미래를 낙관하는 사람들은 온갖 신체기관을 대체할 수 있을 것으로 전망한다." 이것이 사이언스지가 보도한 내용이다. 이 연구는 "획기적인 것"이었다. 과학계와 우리 사회 양쪽 모두가 "세포의 운명을 조작할 수 있는 새로이 발견된 능력"을 인정했다.

그러나 이건 독자들을 오도하는 얘기였다. 미국의 저명한 과학잡지가 마치 "세포의 운명"을 정말로 조작할 수 있는 것처럼 보도한 것이다. 아직도 사실과는 거리가 먼데도 잡지는 이미 모든 과정이 실험을 마친 것 같은 인상을 풍기는 기사를 내보낸 것이다.

그런데 16개월 후에 뉴욕타임스도 정말로 획기적인 진전처럼 보이는 연구결과를 1면에 보도했다.

> 과학자들, 줄기세포 연구에서 2가지 중요한 진전을 보이다. 부시 대통령이 과학자들과 낙태 반대론자들 간의 논쟁에 귀를 기울이기 시작함으로써 논쟁이 가열될 것으로 보인다.

이 신문의 니콜라스 웨이드(Nicholas Wade) 기자는 두 가지 진전 가운데서 첫 번째 진전에 관해 다음과 같이 보도했다.

> 국립보건원의 과학자들은 쥐의 배아세포를 이용하여 췌장의 인슐린 샘처럼 인슐린을 생산하는 조직을 만들어냈다. 이것은 소아 당뇨병이라 불리는 제1형 당뇨병 치료에 적용될 수 있는 위대한 업적이다.[14)]

국립보건원의 연구는 우리가 익히 잘 아는 맥케이 박사가 이번에도 쥐를 이용하여 한 것이었다. 그의 연구 팀은 만능의 줄기세포로부터 췌장의 선구세포를 만들어냈다고 주장했다. "5단계 방식"을 사용하여 쥐의 줄기세포를 인슐린을 생산하는 췌장세포로 유도해냈다는 것이다.

이 세포는 혈액 중의 글루코즈를 흡수하여 인슐린을 만들어냈을 뿐만 아니라 세 가지 덜 알려진 호르몬까지도 만들어냈다. 맥케이와 그의 연구 팀은 배아세포가 정말로 이런 특화된 세포로 성장했다고 주장했다. 새로운 세포는 실험실의 유리접시 안에서 스스로 조립되어 글루코즈에 노출되었을 때 인슐린까지 분비했다는 것이다.

“주식 중개인에게 전화해”

제약회사 게론(Geron)의 주가는 2000년 3월 주당 70달러에서 2003년이 되자 주당 1.7달러로 떨어졌다. 투자자들이 일부 과학자들만큼 줄기세포에 대해 낙관적이지 않았기 때문이다. 이 회사는 종업원의 절반 이상을 해고했다. 그런데 캘리포니아의 유권자들이 프로포지션 71을 승인하자 분위기가 달라졌다. 게론은 이 계획의 수혜자가 될 것으로 예상된다. 그렇다면 납세자들이 투자자들의 부담을 떠안게 될 것이다. 이 회사의 현재 주가는 주당 10달러 수준이다.

“배아줄기세포로부터 모형조직이 유도된 것은 이번이 처음이며, 이는 적당한 조건이 갖추어지면 조직이 스스로 조립된다는 것을 증명한다”고 니콜라스 웨이드 기자는 보도했다. 뉴욕타임스는 2001년 12월 18일자 과학면 전체를 할애하여 이 기사를 보도했다. 새로운 발견을 두고 웨이드 기자는 다음과 같이 결론지었다.

> 배아줄기세포는 조직을 생산하고 재생산하는 유전자 정보를 보유하고 있고 그런 정보에 접근할 수 있다. 최소한의 적절한 신호만 주어지면 배아줄기세포는 특정 세포조직의 구성요소로 스스로 진화할 것이다. 아직 충분히 연구되지는 않았으나 인간의 배아줄기세포도 쥐의 세포와 같은 방향으로 작동할 것으로 기대된다.

다른 연구자들도 뒤따라 인간의 배아줄기세포를 인슐린 분비 세포군으로 유도해냈다는 주장을 내놓았다. 기증자가 많지 않아 인슐린 분비 세포군(랑게르한스 섬)의 이식을 기다리고 있던 당뇨병 환자에게 이것은 정말 좋은 소식이었다. 뉴욕타임스는 "이것은 새로운 희망"이며, 인간 배아세포가 "이론상으로는 인슐린 분비 세포군과 질병으로 손상된 다른 중요한 세포조직의 무한정한 원천이 될 수 있다"고 보도했다.

천만의 말씀

"어떤 경우, 예컨대 알츠하이머병의 원인에 대해서는 알려진 게 별로 없다. 연구자들은 손상된 뇌세포를 실험실에서 배양한 줄기세포로 교체하는 것은 현재로서는 불가능하고 앞으로 수십 년 동안도 그럴 것이라고 말한다."

The Wall Street Journal, 2004. 8. 12.

소아 당뇨병 연구기금의 책임자인 로버트 골드스타인(Robert Goldstcin) 박사는 2004년 7월 의회 청문회에서 "최근의 연구로 실험실 수준에서 배아줄기세포를 인슐린을 생산하는 세포로 유도해낼 수 있음이 밝혀졌다"고 증언했다.

그러나 하버드 대학의 더글러스 멜턴(Douglas Melton) 박사는 이런 발견에 의문을 제기했다. 멜턴 자신도 소아 당뇨병을 앓고 있는 십대의 두 아들을 두고 있어서 치료법을 찾는 데 모든 힘을 쏟아온 터였다. 미국에는 이 병을 앓고 있는 약 100만 명의 환자가 인슐린 자가 주입 요법으로 치료를 받고 있는 실정이니 인슐린 분비 세포군은 훨씬 나은 대안이 아닐 수 없다. 이 병은 말기에 가면 흔히 사지를 절단해야 하거나 실명에 이른다. 멜턴도 줄기세포가 인슐린을 생산하는 세포로 변환될 수 있다고 확신하지만 "아직은 그 방법을 모른다"고 인정했다.

골드스타인의 증언이 있고 나서 한 달이 지나지 않아 월스트리트 저널이 멜턴의 연구에 관한 기사를 1면에 실었다.

"실험실에서의 줄기세포와의 치열한 싸움"

멜턴 박사는 골드스타인과 그의 연구 팀이 연구결과를 서둘러 발표한 것은 잘못된 일이라고 평했다. 멜턴 박사는 지난 2년 동안 여러 편의 논문과 학회 발표를 통해 이 발견을 비판해 왔다. 그는 골드스타인 팀이 인슐린 분비 세포군을 배양하는 과정에서 인슐린을 포함한 화학적 성장 촉진제를 사용했다고 말한다. 이것이 결과를 오도했다는 게 그의 주장이다.[15)]

로버트 랜자(Rpbert Lanza)와 내디아 로젠탈(Nadia Rosenthal)도 같은 주장을 담은 글을 사이언티픽 아메리칸에 발표했다. 두 사람은 2004년 6월호에 실린 논문에서 맥케이의 줄기세포는 "스스로 인슐린을 만들어낸 것이 아니라 배양매체로부터 인슐린을 흡수했다"고 말했다. 그리고 로널드 맥케이도 최근에는 월스트리트 저널에 이렇게 말했다 : "새로운 요법의 적용이 임박했다거나 몇 년 후면 적용될 거라고 말하면 잘못이다."

멜턴은 연구과정에서 부시 행정부의 지침대로 연방정부의 지원을 받지 못했다. 그는 하워드 휴즈 의학연구소, 하버드 대학, 개인 독지가, 소아 당뇨병 기금으로부터 지원을 받았다. 역설적이게도 멜턴은 소아 당뇨병 기금 책임자의 의회 증언내용을 비판해 왔다.

신체의 면역체계는 모든 배아줄기세포 연구가 당면하고 있는 장애물이다. 당뇨병의 경우 특히 그러한데, 과도하게 활동적인 면역체계가 이 질병의 첫 번째 원인이다. 과도하게 활동적인 면역체계는 인슐린 생산 세포를 침입자로 인식하여 공격한다. 그런데 배아에서 파생된 세포는 진짜로 침입자이고, 그래서 면역체계가 본연의 기능을 발휘하여 공격한다.

뒤늦게나마 이 문제가 제기되었다. 사이언스지가 2002년에 기사를 실었다. "연구자들의 애초의 희망과는 달리" 면역체계는 배아줄기세포에 대해서도 다른 외부 유입물에 대해서와 마찬가지로 반응하므로 배아줄기세포가 몰래 들어올 수 없음이 밝혀졌다. 세포가 성장하여 특화된 기능을 갖는 단계가 되면 우리 신체는 무엇이 원래부터 있던 것이고 무엇이 외부에서 유입된 것인지를 가려낸다.

그러므로 환자의 면역체계는 배아줄기세포에서 파생된 이식 세포조직에 대해 저항하기 쉽다. "파킨슨씨병, 당뇨병 등에 줄기세포를 이용하여 치료하려는 과학자들은 신체의 방어체계와 이식된 세포를 화해시키는 방법을 찾아내야 할 것"이라고 사이언스지가 보도했다. 이전의 해석은 지나치게 낙관적이었고, 따라서 과도한 기대를 불러일으켰다. 요컨대 생명기술 얘기가 너무 흔하게 되풀이되었다는 것이다.[16]

2005년 초여름에 새로운 열기가 달아올랐다. 한국의 과학자들이 체세포 핵 전이란 기술을 사용해 환자와 유전적으로 일치하는 인간 세포주를 만들어냈다고 발표했다. 이 방법으로 면역체계의 저항문제를 해결할 수 있다는 것이다. 기증된 난자의 핵을 제거하고 그 자리에 환자 세포의 핵을 옮겨심었다. 이렇게 하여 난자가 수정되면 환자가 복제되는 것이다. 초기 배아가 약 100개 정도의 세포로 증식되었을 때 분해하여 줄기세포를 얻는다. 이 줄기세포가 체세포를 제공한 환자의 의학적 치료에 사용된다. 이 기술을 치료적 복제라고 이름붙였다.

현 단계에서 새로운 기술이 면역체계의 저항을 이겨낼 수 있을지 여부를 말하기는 불가능하다. 언제나 그렇듯 이론은 실제 적용을

진실

"수년 동안 의학의 궁극적인 치료법은 줄기세포가 아니라 유전자 치료요법—손상된 DNA를 교정하여 질병을 고친다는 아이디어—이었다. 그 치료법이 거의 완성단계에 왔다고들 했다. 유감스럽게도 칠판에 도표를 그릴 때와는 달리 인간에게 적용하는 과정은 너무 어렵다는 사실이 밝혀졌다. 몇 년 후면 치료법이 나온다는 약속은 결국 거품이 되어버렸다. 오늘날 한때 의학의 가장 촉망받는 새로운 분야로 일컬어지던 이 분야의 연구에 매달려 있는 연구자는 실망스러울 정도로 적다."

"줄기세포 연구도 5년 또는 10년 후에 같은 길을 걸을 것인가? 그러지 않기를 바라지만 그렇게 되리라고 짐작하기란 어렵지 않다. 이미 신문에는 연구성과에 관한 얘기로 넘쳐난다. 진정한 과학적 연구는 매우 완만하게 진전되고 있는데 신문은 이 진실에 대해서는 입을 닫고 있다. 이런 상황에서 임상적 진전이 신속히 나타나기를 기대한다면 당신은 문제를 예약해 놓은 셈이다."

데이비드 셰이위츠(David Shaywitz, 하버드 줄기세포 연구원),
Washington Post, 2005. 4. 29.

통과해야 한다. 정부 지원을 받는 연구가 제약을 받지 않고 지속되는 것은 한국만의 사례가 아니라 싱가포르, 일본, 스웨덴, 이스라엘, 영국에서도 마찬가지다.

개인 투자자들이 자신의 돈을 어디에 넣을 것인지는 온전히 그들의 자유이다. 캘리포니아의 프로포지션 71 프로젝트를 지원하기 위해 지갑을 연 투자자로서는 마이크로소프트의 빌 게이츠, eBay의 공동창립자, 암젠(Amgen, 영리목적의 생명기술 회사), 잡다한 할리우드 제작자들이 있다. 의회가 연방정부의 재정지원을 허락하지 않더라도 여러 주정부가 돈을 댈 것이 확실하고, 그러면 과학자들은 (ACT의 마이클 웨스트 회장이 그랬던 것처럼) 캘리포니아 주로 몰려가지 않아도 될 것이다.

머지않아 투자자들이 헛되게 쓴 돈을 아쉬워하고 과학자들이 세포의 엄청난 복잡성과 씨름하다가 지식의 한계를 인정하게 될 때가 올 것이다. 19세기 독일의 과학자 테오도르 슈반(Theodor Schwann)이 "균질(均質)의 투명한 액체로 채워진 공동(空洞)"이라 불렀던 세포는 우리가 상상할 수 있는 것 이상으로 복잡한 존재임이 드러났다. 다윈 이후로 과학자들에게는 생물학적 체계를 실제 이상으로 간단하게 생각하는 경향이 있어왔다. (그런 식으로 과학자들은 생명체계가 100만 년 이상 시행착오를 거쳐 조립되었다고 쉽게 믿어버린다.)

가장 중요한 것은 100년 전부터 배아 연구자들을 괴롭혀 온 문제를 아직도 이 분야의 연구자들이 해결하지 못하고 있다는 사실이다. 과학자들은 우리의 신체가 단 하나의 수정란에서 시작하여 100조가 넘는 세포의 조직으로 조립되어 가는 과정이나 모든 세포가 동일한 DNA—동일한 유전정보—를 갖게 된 이유를 알지 못한다. 왜 신체는 단순한 세포의 집합체가 아니라 잘 깎아 만든 복합기능의 대리석 조각상인가?

우리는 알지 못한다. 유전자 학자들은 특정 유전자가 여러 시점에서 신호를 전달하기도 하고 차단하기도 한다는 사실은 알고 있지만 게놈을 해독했다고 하는 지금에도 왜 이런 일이 일어나는지 알지 못한다. 이 문제는 아직도 수수께끼로 남아 있다. 우리의 줄기세포 대가들은 "세포 유도"니 "5단계 과정"을 말하는데, 이런 표현은 추측이란 말을 고상하게 포장한 것에 불과하다. 때때로 기대하는 일이 일어나고 있는 것은 사실이지만 그것은 우연인 것 같고 반복하기가 쉽지 않다. 한마디로 하자면 이런 게 복제 얘기다.

세포는 자연적인 환경으로부터 추출되어 실험실의 접시 안에서 원하는 대로 다양한 방향으로 "유도"될 수 있다는 가정은 과학의 오만한 자기 표현이다. 이것은 비유하자면 전통적 교육방식으로는 무단결석, 청소년 비행, 가끔씩 발생하는 컬럼바인 고등학교 총격사건 같은 비극을 예방할 수 없으므로 전국의 모든 학생을 가정이란 환경이나 학교로부터 격리시켜야 한다는 논리와도 같다. 그러므로 아이들이 태어나자마자 붙잡아 와서 특별한 급식과 교육을 통해 원하는 방향으로 성장하도록 유도하자!

문제는 과학자들이 그런 특별한 교육이 어떤 방식으로 행해져야 하는지 모른다는 점이다. 줄기세포는 테라토마(teratoma)—줄기세포가 주입된 곳에서 자라는 이빨과 머리카락이 뒤엉킨 고깃덩어리—라는 매우 기괴한 물건을 만들어냈다. 사회환경이나 세포의 환경 양쪽 모두에서 일부 학생이나 세포가 학교를 그만두고 반항하거나 "반사회적 요소"가 되는 경우가 때때로 있을지라도 결국에 가서는 가정이란 환경이 가장 잘 작동할 것이다.

공산주의 체제 하에서 사회공학이 효과를 거두지 못한 것과 마찬가지로 우리 시대의 유전자공학은 성과를 내지 못함이 밝혀지고 있다. 서로 전혀 반대되는 사회공학과 유전자공학이 실패하는 데는 기묘하게도 같은 원인이 개입되어 있다. 사회공학은 "자연"을 경시했기 때문에 원하던 성과를 내지 못하고 실패했다는 비웃음을 샀다. 유전자는 중요하지 않은 존재로 무시되었다. 트로핌 리센코(Trofim Lysenko, 1898-1976) 같은 정치화된 과학자는 정치적 주인의 비위를 맞추기 위해 "적절하게 훈련된다면" 씨앗은 시베리아 같은 기후에서도 풍성한 수확을 낼 수 있다고 주장했다. 요지프 스탈린을 위해 거짓학설을 꾸며낸 것이다.

세포공학은 "영양", 즉 세포의 자연적인 환경을 무시한다. 요즘 유전자는 독립적이며 만능적인 존재로 간주된다. 다시 잘못을 저지르고 있는 것이다.

하버드 대학의 동물학자 스티븐 굴드(Stephen Gould)는 뉴욕타임스에 기고한 글에서 폰 베어(Karl Ernst von Baer) 법칙을 들어 유전자 연구를 평가했다. 19세기에 살았던 독일계 러시아인 폰 베어는 "발생학 발전의 기초가 되는 중심 법칙을 수립했다"는 평을 듣는 인물이다. 성장하는 세포조직은 갈수록 더 분화한다. "초기의 잠재성으로부터 청사진이 완성된 후에는 되돌릴 수 없다." 이것이 그가 수립한 법칙이다. 굴드는 이 법칙에 비추어 볼 때 "현재로서는 배아줄기세포의 대안은 없다"고 썼다. 그의 말이 맞는 것 같다. 성체줄기세포는 왔던 길을 되돌아갈 수 없다.

그러나 굴드가 이런 평가를 한 진정한 목적은 폰 베어가 노년에 했던 유명한 말을 되풀이하고자 함이었다. 폰 베어는 "모든 중요하고 새로운 지식은 세 단계를 거친다. 처음에는 터무니없다고 무시되는 단계, 다음 단계는 종교와 배치된다고 하여 거부당하는 단계, 마지막으로는 진실이라고 인정받는 단계"라고 말했다.[17]

줄기세포의 경우를 보면 오늘날 새로운 아이디어는 좀 다른 대접을 받는 것 같다. 처음에는 진실이라고 찬양받다가 다음으로는 종교가 반대하기 때문에 지지받다가, 마지막으로는 거짓으로 판명된다.

Chapter 10

아무 길도 보여주지 않는 지도

알고 있나요?

* 투자자와 납세자들은 유전자 공학에 수백만 달러—아마도 수십억 달러—를 쏟아부었지만 아무 것도 건지지 못했다.
* 인간 게놈 프로젝트가 끝나자 민간회사들이 특허 등록한 수천 개의 유전자들은 사실은 존재하지 않는 것으로 밝혀졌다.
* 방광섬유증 같은 유전적 질병을 일으키는 유전자의 결함에 대해서는 인간 게놈 프로젝트가 시작되기 훨씬 전부터 알려져 있었다.

이 책에서 제시하는 논쟁거리 가운데 일부는 이미 새로울 것도 없는 평범한 지식이다. DDT를 다시 사용하자는 주장이 한 예이다. 다른 것들도 같은 길을 따라가고 있는 것 같다. 핵 발전은 급속하게 "녹색"의 명분을 얻고 있다. 다른 이슈들은 뜨거운 논란의 한가운데에 있다. 지구 온난화가 가장 좋은 예이고 줄기세포도 그렇다. 하룻밤 사이에 진화론의 적정성이 1면 기삿감이 되었다.

그 밖에 다른 얘기도 논란이 감지되어 왔었다. 그러나 누구도 말하려 하지 않는다. 공연한 말썽을 일으키려는 사람은 아무도 없다. 그런데 논란은 비축되어 있다. 그 놀라운 사례가 게놈 프로젝트이다. 게놈 프로젝트는 예상했던 대로 작동하고 있지 않다.

유전자공학은 세균분해 바이러스(phage)가 박테리아의 DNA를 침식한다는 것이 밝혀진 1970년대에 가능한 목표처럼 보이기 시작했다. 유전물질을 재조합하는 새로운 방법을 찾으려는 시도가 나왔다. DNA를 구성하는 단편을 유전자라고 부르는데, 때로 이 단편이 돌연변이를 일으키며, 그럴 때는 제대로 작용하지 않는다. 기능장애를 일으킨 단편을 정상적으로 작용하는 새로운 단편으로 교체할 수 있다. 적어도 이론상으로는 그랬다.

어느 사이에 아득한 가능성이 "의학의 새로운 시대"로 변했다. 신문에는 "재조합형 DNA"를 통해 기대되는 획기적인 발전에 관한 기사가 흘러넘쳤다. 1975년에 열린 아실로마 회의(Asilomar Conference)에서 영향력 있는 과학자들이 재조합형 DNA의 안전성을 확보하기 위한 자발적 지침을 만들어냈다. 곧이어 인간 게놈 프로젝트가 가동되었고, 열기는 끝간 데를 몰랐다. 우리가 알고 있던 의학은 전혀 새로운 모습으로 변할 것 같았다.

새로운 복음의 전도사는 남캘리포니아 대학의 프렌치 앤더슨(W. French Anderson)이었다. 앤더슨은 사이언티픽 아메리칸에 기고한 글에서 새로운 유전자 기술이 "의학의 혁명을 일으킬 것"이라고 말했다. 이전에 이미 세 차례의 혁명이 있었다. 첫 번째는 위생과 공중보건의 개선, 다음으로는 마취법을 이용한 수술, 그리고 이어서 백신과 항생제의 개발이 그것이다. 이제 유전자 치료요법이 네 번째의 혁명이 될 것이다. 앤더슨은 선택된 유전자의 전달이 "대부분의 질병을 치료하거나 완화시킬 수 있는 잠재력을 갖고 있다"고 썼다. "거의 모든 질병은 한두 개의 유전자가 제대로 기능하지 않기 때문에 발생한다."[1)]

"거의 모든 질병"이 유전자 탓이라는 주장에 대한 근거는 없었지만 수백 명의 연구자들이 같은 얘기를 하고 있었다. 줄기세포 연구의 경우에서 우리가 본 바이지만 일치된 여론에는 대항할 방법이 없고, 그렇기 때문에 과학자들도 여론을 따라가는 것이다.

그런데 이제 소수의 과학자들이 유전자 치료요법이 과연 현실이 될 수 있는지 의문을 품기 시작했다. 30년 동안이나 실험을 거쳤지만 성취된 것은 거의 없다. (예외에 관해서는 후술하겠다.) 자주 약속했던 의학의 혁명은 무지개였음이 밝혀지고 있다. 무지개는 가도 가도 지평선에 걸려 있다. 20년 후에나 무지개를 만져볼 수 있을까.

앤더슨은 (1995년에) "20년 이내에 유전자 치료요법이 수많은 질병을 개선하거나 치료하는 데 일상적으로 이용될 것"이라고 예언했다. 국립 인간 게놈 연구소 책임자 프랜시스 콜린스(Francis S. Collins)는 2010년까지 12가지의 흔한 유전적 질병에 대한 "예방적 처치법이 나올 것"이라고 예측했다. 아직까지 아무 일도 일어나지 않았고, 그런데도 이 연구소가 소비하는 납세자의 세금은 1988년 2천7백만 달러에서 현재 5억 달러로 치솟았다.

2000년 6월에 클린턴 대통령이 콜린스와 셀레라 게노믹스(Celera Genomics) 회사의 창업자 크레이그 벤터(Craig Venter)를 백악관으로 초청했다. 대부분의 신문들이 1면 머릿기사로 과학자들이 "전체 인간 게놈의 암호를 해독한 작업용 초본"을 작성했다고 보도했다. 이 업적은 뉴턴의 발견이나 1969년 인간의 달 상륙에 비유되었다. "새로운 시대가 시작되다." 뉴욕타임스의 기사 제목이었다. 이중 나선형의 DNA 아이콘이 어디에서나 눈에 띄었다.

"사실상 인간의 모든 세포 안에 존재하는 DNA의 31억 개에 이르는 분자 '기호'의 위치와 배열순서를 밝히려고 10년의 시간과 20억 달러를 투입한 국제적 노력이 이제 마침표를 찍었음을 의미한다." 워싱턴포스트의 보도였다.[2)]

≫≫≫ 다시 게놈의 암호를 풀다

마침표를 찍었다고? 벤터와 콜린스는 다음해 2월에 보다 완전한 게놈을 가지고 다시 돌아왔다. 250명의 기자들이 워싱턴 호텔의 연회장으로 몰려들었고, 제임스 왓슨(James Watson)이 뉴멕시코 주 출신 상원의원 피터 도메니치(Peter Domenici)와 함께 축하인사를 했다. 왓슨은 프랜시스 크릭(Francis Crick)과 함께 DNA의 "뒤틀린 사다리 구조"—모든 유전자가 위치하는 긴 분자—를 발견한 인물이다. 벤터와 콜린스의 발견은 곧이어 네이처와 사이언스지에 우스꽝스러울 정도로 긴 공저자의 명단을 달고 발표되었다.

연단에 오른 도메니치 의원은 방금 왓슨이 귀속말로 일러준 얘기를 소개했다 : "왓슨 박사가 내게 '의원님, 이 프로젝트는 의회가 지원한 거라고 말씀하셔야 합니다'라고 했습니다. 그리고 그건 사실입니다. 이 프로젝트는 미국 정부 차원에서 보자면 의회에서 시작된 것이 사실입니다."

굵직한 뉴스거리가 있었다. 이전에는 인간 유전자가 10만에서 15

만 개 사이라고 추정했었다. 사이언티픽 아메리칸에 실린 기사는 이런 말로 시작하는 기사를 실은 적이 있었다 : "이제 인간 게놈을 구성하는 10만여 개의 유전자가 모두 해독되었다." 그러나 벤터와 콜린스는 다른 계산을 내놓았다. 3만 개에서 3만 5천 개 사이? 국립보건원로부터 연구자금을 지원받는 화이트헤드 연구소의 게놈 연구 팀장 에릭 랜더(Eric Lander)는 인간의 유전자 숫자는 "초파리나 선충류의 두 배밖에 안 된다"고 말했다. "그것밖에 안 된단 말이야!"

현장에 있던 기자들은 폭소를 터뜨렸고, 국립 라디오 방송은 이 소식을 간략하게 보도했다.

발표된 내용 가운데는 쉽게 받아들이기는 어렵지만 중요한 의미를 가진 다른 한 가지가 있었다. 유전자가 작동하는 방식은 "지금까지 가르쳐 오던 것보다는 훨씬 복잡하다"고 워싱턴포스트는 궂은 소식을 알리듯 조용히 보도했다. 유전자의 새로운 숫자가 맞는다면 유전자학 교과서는 다시 씌어져야 한다. 꺼내기 어려운 얘기를 언급하려는 사람은 없었다. 치료법의 획기적 발전은 생각하는 것보다는 훨씬 어려울 것같아 보였다. 그들은 치료법에 관해서는 한마디도 꺼내지 않았다.

크레이그 벤터의 개막 연설은 폭탄과 같았다. 불과 8개월 전에 백악관에 갔다온 후로 그는 주장을 바꾸어 다음과 같이 말했다.

> 인간 게놈에 대한 우리의 이해는 근본적으로 바뀌었습니다. 유전자의 적은 숫자—3만여 개—는 (유전자가) 프로그램 없이 영구회로에 따라 작동하는 게 아니라는 개념을 지지해 줍니다. 이제 우리는 하나의 유전자가 하나의 프로테인, 그리고 아마도 하나의 질병을 유도할 것이라는 생각이 잘못된 것임을 알았습니다.

이젠 유전자 장기판이라 말하지요.

"근래에 사람들이 유전자공학을 두고 하는 농담이 있습니다. '장기판의 말처럼 유전자 하나를 이 조직에서 저 조직으로 옮기면서 수가 먹혀들기를 기도한다' 고 말하지요."

마이클 엘리슨(Michael Ellison, 앨버타 대학 생물학자), *New York Times*, 2005. 8. 16.

하나의 유전자는 매우 다양한 프로테인 산물을 유도하며, 이 프로테인 산물들은 생성되고 나면 극적으로 변화할 수 있습니다. 유전자가 아닌 어떤 부위가 우리 신체의 복잡성을 이해하는 열쇠인 것 같습니다. 이제 우리는 인간의 생물학적 단계에 작용하는 환경이 유전자 신호만큼 중요한 영향을 미친다는 사실을 알게 되었습니다.[3)]

하나의 유전자는 하나의 프로테인을 만든다는 낡은 교조주의가 60년 동안 교과서에 새겨져 있었고 오늘날까지도 통용되고 있다. 이런 이론을 수립한 조지 비들(George Beadle)과 에드워드 테이텀(Edward Tatum)은 그 공로로 1958년 노벨상을 받았다. 흔히 "하나의 유전자에 하나의 효소(enzyme)"라고 하는데, 효소는 특수한 종류의 프로테인이므로 이것도 낡은 교조주의이다. 이 나라의 가장 영향력 있는 분자생물학자들과 전체 언론종사자들 앞에서 벤터는 프로테인의 종류가 유전자 숫자보다 열 배는 될 것이라고 밝혔다. "프로테인은 아마도 30만 개가 되는 것 같습니다." 그가 한 말이다.

게놈은 4개의 핵산염기(nucleotide base) 배열로 구성되어 있는데, 각기 A, C, G, T란 문자로 상징되며 31억 개의 배열이 있다. 이 엄청난 수의 배열 가운데서 별다른 역할이 없는 것처럼 보이는 98%는 수년 동안 "잡동사니 DNA"라 하여 무시되어 왔다. 유전자학자들은 미로 같고 서로 연결되지도 않고 횡설수설하는 듯한 끝없이 긴 문자의 배열이 특별한 작용을 하는 게 없다고 믿었다. 그것은 우리의 진화 역사를 통해 축적된 폐기물에 불과하며, 그러므로 한편으로는 진화의 증거이다. (설계자인 신이 있다면 어떻게 말끔하지 못하게 이런 폐기물들을 여기저기 남겨두겠는가?)

그런데 콜린스나 벤터는 어느 누구도 "폐기물" 주장을 받아들이지 않았다. 두 사람은 우리가 그것들의 역할을 알지 못할 뿐 실제로 역할이 없다고 추정할 수는 없다고 말했다. 보다 최근에는 DNA의 많은 부분이 "폐기물"이라는 주장 자체가 폐기되었다. 2003년에 사이언스지는 연구자들이 "폐기물에서 황금을 찾고" 있음을 인정했고,[4] 이는 게놈 프로젝트에서 파생된 보너스였다. 추가적인 설명을 찾아냈음에도 불구하고 유전공학자들이 당면하고 있는 문제는 최소한 수백 배나 어려워졌다.

간헐적으로 신호를 보내는 단편들을 유전자라고 부르며 유전자가 프로테인을 만드는 신호를 보낸다. 유전적 질병을 가진 사람에게서는 일부 프로테인이 결함이 있거나 아예 만들어지지 않는다. 그래서 새로운 게놈학은 DNA 배열 가운데서 결함 있는 게놈을 찾아내어 완전한 게놈으로 대체하면 그것이 만들어내는 프로테인도 복구될 것이란 이론을 내세웠다.

요즘에 와서 과학자들은 유전자가 단순한 "줄"—연속적인 DNA 단편, 한 단편이 하나의 신호를 보낸다—이 아니라 게놈을 둘러싸고 매달려 있는 독립된 단편들의 조합이라고 말한다. 둘 사이를 방해하는 단편들이 있는데, 이것들은 떼어낼 수 있는 것도 있고 그렇지 못한 것도 있으며, 어떤 때는 떼어낼 수 있지만 어떤 때는 그렇지 못하다. 유전 정보를 보내는 부분—엑손(exon)이라 부른다. 방해하는 부분은 인터론(intron)이라 부른다—은 매우 다양한 방식으로 조합을 이루어 상이한 메시지를 보낼 수 있고, 그때그때 필요한 여러 가지 프로테인을 만들어낼 수 있다.

기자회견장에서 프랜시스 콜린스는 유전자 수가 적다는 것이 의학 발전에 도움이 될 것인지 아니면 장애가 될 것으로 생각하는지를 묻는 질문을 받았다. 그는 "도움이 될 것으로 생각한다"고 답변했다. 유전자 하나하나를 찾아가는 일은 건초더미 속에서 바늘을 찾는 것과 같다. "생각해 보십시오. 건초더미가 세 배나 작아졌습니다."

이 답변을 할 때 그의 모습은 어색해 보였고, 조합의 상호작용을 묻는 같은 질문에 콜린스는 건초더미 비유를 들어 얼버무렸다. 크레이그 벤터는 좀 더 명쾌하게 "유전자 수에 비해 프로테인 수가 열 배나 늘어난다는 것은 연구의 복잡성이 증가된다는 것을 의미한다"고 말했다.

그럴 수밖에 없다.

정보기관에서 첩보요원이 보내는 암호화된 신호를 수신하는 경우를 가상해 보자. 처음에는 암호를 해독하는 일이 간단하리라고 생각했다. 그런데 실제로 부닥쳐 보니 신호가 들어오고 작동하면 이런 메시지가 되었다가 신호가 들어왔는데 작동하지 않으면 다른 메시지가 되고, 신호는 들어오는데 수신기가 꺼져 있으면 전혀 다른 메시지가 된다. 이건 암호가 아니라 복잡한 쌍방향 게임의 규칙이라 해야 할 것이다. 피드백 환상(環狀) 회로가 있고 회로 안에 또 회로가 있으며, 세포 내부에서, 그러나 게놈 외부에서 무언지 모르지만 세포유전학적인 수많은 일이 벌어지고 있다. 국립보건원으로부터 연구자금을 지원받는 유전학자들은 이런 것들은 생각조차 하지 않으려 한다. 그들은 4개의 핵산염기에 매달리면 문제를 말끔하게 "디지털화"할 수 있다고 생각한다. 사람이 손대지 않아도 컴퓨터가 24시간 내내 알아서 처리해 줄 것이고, 그들이 한숨 자고 나면 수수께끼는 풀려 있을 것이다.

유전자의 새로운 숫자는 많은 혼란을 불러왔다. 백악관 회동이 있을 무렵 캘리포니아 공과대학 학장이자 분자생물학 분야의 연구공로를 인정받아 1975년도 노벨 의학상을 수상한 데이비드 볼티모어(David Baltimore)가 뉴욕타임스에 글을 기고했다. 그 제목은 "우리는 5만 개 유전자 대부분을 해독했다"였다.[5] 그러나 사실은 그들은 그 시점에서 게놈에 대해 겨우 이해하기 시작했을 뿐이다. 여론의 일치를 유도하는 데 노벨상 수상 경력의 후광이 크게 도움이 되었다. 볼티모어는 "인간 유전자에 더 이상 비밀은 없다. 우리의 유전자는 누구에게나 공개된 책과 같다"고 썼다. 8개월 후에 인간 게놈의 새로운 해석을 알리는 네이처의 기사에서 그는 다음과 같이 썼다.

> 우리는 침팬지 게놈의 해독을 숨죽인 채 기다리고 있다. 그러나 인간 유전자의 수가 많지 않다는 것을 알게 된 지금 나는 단순히 인간과 침팬지의 게놈을 비교해서 언어구사, 발달된 뇌 전두엽, 직립보행, 추상적 사고능력의 근원을 알 수 있을지 의문스럽다. 이런 특징과 능력은 주로 미묘한 변화에서 나온 것 같고 … 컴퓨터로 쉽게 분석할 수 있는 것이 아니며, 자세한 것을 알기까지는 더 많은 연구와 실험이 필요할 것이다. 생물학자 부대가 또 한 번 반세기의 노고를 쏟아야 진화의 이런 핵심적인 단계가 완전히 밝혀질 수 있을 것이다.[6]

⋙ 유전자 속에 있는 게 아니라고?
우린 항상 그렇게 들었는데 …

생물학을 물리학으로 환원시키려는 오래된 꿈, 무언가 간단한 것—한 줄에 연결된 4개의 뉴클레오타이드(핵산)—으로 인간 (또는 다른 동물) 신체의 방대한 복잡성을 설명할 수 있을 것이란 믿음은 심각한 타격을 받게 되었다. 많은 생명기술 회사들이 컴퓨터의 연산능력만 확대되면 모든 문제가 해결될 것이란 잘못된 생각을 하고 있었다. 이런 생각은 19세기 독일 과학자 에른스트 헤켈(Ernst Haeckel)이 세포를 원형질의 "단순한 작은 조각"이라고 무시했던 것과 비교될 수 있는 실수였다. 이제 우리는 세포가 단순한 조각이 아니라 작지만 현기증 나게 복잡한 공장임을 알고 있으며, 그 차이는 아이가 바닷가에 쌓은 모래성과 반도체 조립공장만큼이나 될 것이다.

기자회견이 있고 나서 몇 달이 지나지 않아 "유전자학"이란 단어는 사라지기 시작했고 대신에 "프로티엄학"(Proteomics)이 등장했다. 프로티엄은 훨씬 복잡한 물건이다. 프로테인은 1차원적인 데이터의 끈이 아니라 3차원적으로 단단하게 뭉쳐진 아미노산의 복잡한 집합이기 때문이다. 이것들이 이런 구조를 구성하는 지령을 어떻게 받는지 아무도 모른다.

프랜시스 크릭은 워싱턴 호텔 모임에 초대를 받았지만 직접 참석하지 않고 녹화 테이프를 보내왔다. 그는 이렇게 말했다 : "우리는 분자생물학에 어떤 일이 일어날지 알지 못했습니다. 최근의 발전은 의학계에 거대한 충격을 줄 것입니다." 그런데 그는 걱정스러워하는 것 같았다. 그는 신문이 "나쁜 소식보다 좋은 소식을 더 많이 다루어 주기 바란다"고 말했다.

크릭의 영상연설이 끝나자 사람들이 제임스 왓슨의 주위로 몰려들었고, 아직도 건재를 과시하는 노스타는 그 상황을 즐겼다. 그와 크릭이 공동으로 이중 나선형 모델을 발표한 지도 48년이 지났다. "하나의 유전자가 정말로 10개의 프로테인을 만들어낼 수 있습니까?" 누군가 질문했다.

"어떤 유전자는 프로테인을 50개까지도 만들어냅니다." 그의 답변이었다.

머릿기사 제목들

과학자들, 인간생명의 유전자 암호를 풀다
New York Times, 2001. 2. 14. [1면]

기쁘다. 게놈 암호 해독
Wall Street Journal, 2001. 2. 14.

게놈 지도 완성. 돈 될 일만 남았다
New York Times, 2002. 2. 24.

DNA 발견 이후 50년 동안 이루지 못한 꿈, 유전자 치료요법의 꿈 깨어지다
Washington Post, 2003. 2. 28. [1면]

과학자들, 인간 게놈 다시 한 번 해독
New York Times, 2003. 4. 15.

문제 없어! 그는 전혀 흔들림이 없었다. 이런 태도로 보아 그는 유전자에 관한 새로운 지식이 표준으로 인정받고 있는 분자생물학의 지혜 속으로 자연스럽게 통합되리라고 확신하는 듯했다. 고위층 인물들이 큰소리치고 있는 동안에 현장에서 의학적 적용방법을 찾고 있던 사람들은 고개를 젓기 시작했다.

기자들은 사태를 제대로 파악하지 못했다. 벤터(민간부문)와 콜린스(정부)가 게놈 프로젝트를 완성하려고 "경쟁"을 벌였고, 언론의 보도는 여기에 초점을 맞추었다. (두 경쟁자는 회의장에 함께 나타났고 무대 매너도 우열을 가리기 어려웠다.) 기자들은 두 사람의 경쟁을 가장 중요

한 뉴스로 다룸으로써 의학상의 진정한 혁명을 몰고올 연구의 성공이 멀지 않았다는 두 사람의 주장을 뒷받침해 주었다.

바로 그때, 전망은 그리 밝아 보이지 않았다.

≫≫ 쓸모 없는 유전자

다른 방면에서 또 다른 곤란한 문제가 있었다. 기자회견이 있은 후에도 휴먼 게놈 사이언스지(Human Genome Science) 회사의 윌리엄 해이즐타인(William Haseltine) 박사는 보스턴 글로브와의 회견에서 유전자의 수가 12만 개 가량임이 틀림없다고 말했다. 틀림없다고? 그는 세계 최고의 유전자 전문가들이 서둘러 유전자 지도를 만드느라고 수만 개의 유전자를 놓쳐버렸다고 말했다. 그들이 "존재하는 유전자의 2/3 가량이나 놓쳐버렸을" 수도 있다. 벤터와 콜린스 일당이 "엉성한 과학과 엉성한 결론"의 실수를 범한 것이다. 그들의 그림은 "큰 허점"을 갖고 있었다.[7)]

노벨상 수상자 월터 길버트(Walter Gilbert) 밑에서 조수생활을 했고 하버드 의대 교수를 지냈던 헤이즐타인은 1992년에 휴먼 게놈 사이언스지 회사를 설립한 후 시가 3억 달러 이상의 스톡옵션을 갖고 있던 부자였다. 뉴욕타임스의 앤드류 폴락(Andrew Pollack) 기자가 문제의 핵심을 잘 요약했다 : 이미 특허를 낸 유전자가 존재하지 않는 것으로 드러났다.

인사이트 게노믹스(Incyte Genomics) 사는 지금까지 누구도 밝히지 못한 6만 개의 유전자를 포함하여 12만 개의 인간 유전자를 밝혀냈다고 한다. 휴먼 게놈 사이언스지 사는 10만 개의 인간 게놈을 찾아냈다고 하고 더블 트위스트(Double Twist) 사는 6만 5천 개에서 10만 5천 개를 찾아냈다고 한다. 애피매트릭스(Affymetrix) 사는 6만 개의 유전자 정보를 담고 있는 DNA 분석 칩을 팔고 있다.[8)]

폴락은 이런 특허가 가치가 "적거나" 아예 가치가 "없을 수도 있다"고 덧붙였다. 크레이그 벤터는 런던에서 발행되는 옵서버와의 인터뷰에서 어느 생명기술 회사의 사장과 한 전화통화 내용을 소개했다. 이 사장은 걱정스런 목소리로 제약회사 스미스클라인 비첨에게 유전자 10만 개의 상세한 정보를 팔기로 이미 계약을 했는데 "나머지 유전자는 어디 가서 찾느냐?"고 물어왔다.

소수이기는 하지만 20세기 후반 미국에서의 유전자 열풍은 17세기 네덜란드에서의 튤립 열풍에 비유하여 경고하는 사람들도 있었다. 그러나 대부분은 침묵했다. 기자들은 뉴스거리를 잃고 싶지 않았고, 과학자들은 연구자금을 잃고 싶지 않았으며, 투자자들은 그들의 돈을 잃고 싶지 않았다. 그러나 많은 사람들이 많은 것을 잃었다. 주역들은 연기를 잘 하고 있었고, 밴드는 박자를 잘 맞춰주었다. DNA 구조 발견 50주년 기념식에서 화이트헤드 연구소의 에릭 랜더는 왓슨과 크릭이 "생명의 비밀"을 발견했으며, 이제는 게놈의 암호가 (다시) 해독되었으니 "우리는 의학에 적용할 설명서를 갖게 되었다"고 말했다.[9)]

천만의 말씀, 아직은 아냐.

랜드는 인류가 자부심을 가질 만한 발견을 했다고 말했다. 그러나 그 자부심은 과학자들만의 자부심일 뿐이었다. 인간과 같은 복잡한 존재를 만드는 "청사진"이 엄청나게 복잡한 것으로 밝혀지리라고는 정말로 예상하지 못했단 말인가? 그렇게 생각하지 않았다면 그건 전형적인 현대 과학의 오만이다.

예언된 혁명의 과학상의 장애는 시작부터 만만치 않은 것으로 드러나고 있었다. 유전자의 숫자 문제와는 달리 이 문제에 대해서는 지도적인 위치에 있던 전문가들은 충분히 이해하고 있었다. 그러나 그들 대부분도 언론의 찬사에 도취되었다.

≫≫≫ 해결되지 않은 문제

게놈의 돌연변이는 두 단계에서 발생한다. 첫 번째는 난자가 수정된 직후의 배아단계 돌연변이이다. 최초의 세포가 분열되어 완전한 신체가 될 때까지 분열을 계속하는데, 이 과정에서 최초의 돌연변이가 신체의 모든 세포에 복제(복사)된다. (세포의 수가 얼마나 되는지는 아무도 모른다. 어떤 사람은 100조라고 하고 어떤 사람은 그 3배가 된다고 한다! 오늘날 지구상에 살고 있는 인간의 숫자보다 수만 배가 된다고 생각해 보라. 사실은 이 숫자도 적게 본 것이다.)

완전히 성장한 신체에서도 부위에 따라 속도가 다르기는 하지만 세포는 계속 분열한다. 유사분열(有絲分裂 : mitosis)이라고 부르는 세포분열은 피부와 장기에서 자주 일어나며 근육에서는 드물게, 뇌세포에서는 거의 (또는 전혀) 일어나지 않는다. 여기서도 돌연변이는 우연히, 또는 여러 가지 원인으로 발생한다. 한 예로서 자외선이나 방사선이 세포에 충격을 주면 DNA가 손상을 입는다. 이것을 체세포 돌연변이라고 하는데, 충격을 받은 소수의 세포에서만 발생하며 "자(子)세포"에서도(있다면) 간혹 일어난다.

진정한 유전적 질병—예컨대 겸상(鎌狀) 적혈구 빈혈증(sickle cell anemia), 낭종성 섬유증, 근위축증 같은 병명을 들어봤을 것이다—은 배아단계 돌연변이에 의해 발생하는데, 아이가 아버지와 어머니 양쪽으로부터 물려받은 특정한 세포의 복사과정에서 우연히 발생한다. 이런 돌연변이는 신체의 모든 세포에서 나타나 질병을 일으킨다. 그러므로 이런 질병들은 실제로 게놈의 결함 때문에 생기며, 활판인쇄에서 활자의 오식 때문에 문장의 뜻이 바뀌는 것에 비유될 수 있다. (그러나 대부분의 오식은 쉽게 표시가 난다. 교정자에게는 당혹스런 일이지만 뜻을 이해하는 데는 문제가 없다.)

이런 질병들의 유전적 특성은 인간 게놈 프로젝트가 있기 이전에도 알려져 있었고, 가계의 역사를 추적해서 알아냈다. 어떤 경우에는 돌연변이의 특징과 (염색체상의) 정확한 위치도 알려져 있었다. 예컨대 겸상 적혈구 빈혈증의 원인이 되는 유전적 결함은 50년 전에 알려졌다.

"우리는 1989년 이후로 유전자에 대해 알게 되었습니다." 낭종성 섬유증 기금의 로버트 비올(Robert Beall) 박사가 1999년에 월스트리트 저널과의 인터뷰에서 한 얘기다. 2년 후 이 신문은 1면에 다음과 같은 기사를 실었다.

> 풀리지 않는 신비
>
> 낭종성 섬유증은 12년 전에 유전자를 포기했는가?
>
> 그렇다면 치료법은 무엇인가?[10]

이 기사는 이어서 "질병의 원인을 찾으려는 의학적 연구의 대부분은 난관에 부닥쳤다"고 썼다. 낭종성 섬유증을 앓고 있는 미국 내의 1만여 환자들을 위한 유전자 치료요법은 개발되지 못했다. 달리 말하면, 인간 게놈 지도를 만들려는 획기적인 시도는 16년 전에 시작되었으나 낭종성 섬유증 환자들이 기다리던 치료법은 아직 나오지 않았다는 것이다. 겸상 적혈구 빈혈증은 지금까지도 비유전자 치료요법으로 치료할 수 있을 뿐이다. 그 밖의 모든 유전적 질병도 마찬가지다.

독자들은 유전자 결함이 모든 세포에서 발생한다는 사실을 기억하기 바란다. 유전자공학에 있어서 가장 큰 문제는 "교정된" 유전자를 효과를 낼 수 있을 만큼 충분한 세포에 집어넣는 일이다. 아직도 해법은 나오지 않았다. 유전적 질병은 1백여 가지나 되지만 발병률이 매우 낮아 출산아 100명 중 한 명꼴로 나타난다. 방광섬유증 같은 심각한 유전적 질병의 경우 문자 그대로 희귀하게 나타나는데, 이 병을 앓는 환자는 임신할 수 있는 나이에 이르기 전에 대부분이 사망하기 때문이다.

그래서 유전적 질병들은 "사업거리가 못 된다"고 말한다. 이런 질병을 치료해서는 돈이 안 된다. 그런데도 자선단체들은 이런 질병을 발생시키는 유전자 결함을 찾아내기 위해 수억 달러의 돈을 쓴다. 지금까지 유전자공학을 통해 나온 성과란 사전검사 방법밖에는 없다. 임신을 앞둔 부부를 대상으로 검사를 실시하여 두 사람에게 유전자 결함으로 인해 아기를 가지면 질병을 가진 채 태어날 가능성이 높다고 경고해 주는 것이 전부다.

겨우 수천 명이 앓는 유전적 질병을 대상으로 한 생명기술은 별다른 수익을 기대할 수 없다. 그 결과 수년 전부터 유전자 치료요법의 초점은 훨씬 보편적이며 수익실현 가능성이 높은 암, 심장병, 파킨슨씨병, 알츠하이머병과 같은 질병 쪽으로 옮겨갔다. 국립보건원의 콜린스의 실험실도 성인에게서 발생하는 (2형) 당뇨병을 일으키는 유전자를 찾아내는 "규모가 크고 매우 복잡한" 연구에 착수했으며, 이 연구는 곧 유전자 사냥꾼들의 새로운 인기품목이 되었다.

그러나 우리 인간 거의 모두가 앓는 이런 질병들이 겸상 적혈구 빈혈증이나 낭종성 섬유증처럼 분명하지만 흔치 않은 유전자의 "오탈자"(誤脫字) 때문에 발생한다는 생각은 매우 위험하다. 암이 대표적인 경우인데, 나는 이 폭발성이 높은 주제를 다루는 일을 다음 장으로 미루어 두고 지금은 그런 생각이 순전히 잘못되었다는 점만 지적해두겠다.

여기서는 진정으로 유전적인 질병에 대해서만 생각해 보자. 이제 우리는 어떤 실수를 저질렀는지 알고 있지만 자비로운 마음으로 인간 게놈 프로젝트의 성과를 인정해 준다 하더라도 의문은 가시지 않는다. 왜 우리는 여전히 이런 질병들을 치료할 수 없는가?

≫≫≫ SCID 아동에게 효과를 본 유전자 치료요법

저자는 앞에서 유전자공학이 성공한 사례가 "거의" 없다고 말했다. 그런데 유일한 예외가 있다. 2000년 4월에 프랑스에서 생명을 위협하는 면역체계 이상을 갖고 태어난 두 아이가 유전자 치료요법 덕분에 살아난 사례가 보고되었다. 두 아이는 멸균된 "풍선" 안에서 자랐으나 1년 후부터는 정상적인 생활을 했다. 워싱턴포스트는 이런 제목을 달아 기사를 보도했다 : "유전자 치료요법이 두 아이에게서 효험을 보이다. 프랑스 팀의 최초의 성공 사례."[11] 두 아이의 병명은 중증합병 면역결핍증, 줄여서 SCID (Severe Combined Immunodeficiency)라 부른다. 하나의 결함을 가진 유전자가 감염저항에 핵심적인 역할을 하는 T세포를 무력하게 만들어 면역체계의 이상을 유발하는 것이다.

독자들은 효과를 보기 위해서는 교정된 유전자를 세포 속에 충분히 집어넣는 것이 과제라고 한 것을 기억하실 것이다. 한 번에 한 세포씩 집어넣는 것은 불가능하다. 이런 경우에 이용되는 전달자—"벡터"라고 부른다—는 무력화된, 달리 말하면 무해한 바이러스다. 바이러스는 원래 가능한 한 많은 세포를 감염시키는 기능을 갖고 있지만 여기서는 무언가 유익한 것, 즉 핵심적이지만 결핍된 유전자를 "트랜스펙트"(transfect)하도록 조종되었다.

다음엔 뭐지?

"인간의 유전정보가 풀이나 벌레보다 그다지 많지 않다는 것이 밝혀지자 반응은 새롭고 더 거창한 프로젝트를 시작하라는 요구였다. 요즘 생물학자들 사이에서는 게놈이 제대로 된 목표가 아니었으며, 이제는 유기체가 만들어낸 프로테인의 전체 집합인 '프로티엄'을 연구할 필요가 있다는 쪽으로 의견이 모아지고 있다. 매우 복잡한 인간의 신체는 작은 개화식물보다 훨씬 많고 다양한 프로테인을 갖고 있음은 분명하다. 게놈 프로젝트에 매달렸던 사람들이 유전자가 프로테인을 만들며, 그러므로 유전자 전부를 알게 되면 모든 프로테인도 알 수 있을 것이라는 확신을 우리에게 심어줬는데, 이 사람들이 이제는 유전자가 프로테인을 만들지 않는다는 것을 알게 되었다고 말한다."

리처드 르원틴, "게놈 다음은 뭔가?"
New York Review of Books, 2001. 7. 19.

정상적인 상태에서는 침입한 바이러스는 유해하든 무해하든 "외부자"로 인식되어 강력한 장애물, 즉 신체의 면역체계와 부닥치게 된다. 그런데 SCID를 갖고 태어난 아이들에게는 바로 이 면역체계가 결핍되어 있었다. 이 때문에 아이들은 멸균된 풍선 속으로 피난해야 했다. 아이들은 유전자 치료요법을 적용할 수 있는 완벽한 대상이었다. 그러나 낭종성 섬유증 같은 다른 질병의 경우 면역체계가 온전하게 유지되고 있기 때문에 그런 행운을 잡을 수 없다. 비유컨대 국방부는 침입자들을 쓸어버리려 할 것이고, 이 과정에서 구출작전을 수행 중인 부대도 침입자로 간주된다.

뉴욕타임스는 파리에서의 성과를 "절대적으로 필요한 분야의 극적인 성취"라고 보도했다. 이 신문은 좀 까칠한 어투로 사설에서 이렇게 덧붙였다 : "유전자 치료요법 치료사들이 10여 년 동안 의학의 기적이 문턱에 다다랐다는 암시를 반복적으로 내비쳐 왔으나 결과는 실패나 환자의 사망으로 나타났음에도 불구하고 과대선전과 저돌적인 시도와 희망을 버리지 않은 끝에 프랑스에서 성공을 거두었다."[12] [펜실베니아 대학에서 유전자 치료요법 치료를 받던 십대 소년 제시 겔싱어(Jesse Gelsinger)가 1999년에 사망했다.]

슬프게도 프랑스의 이 낙관주의는 빛나갔다. 3년 후에 워싱턴포스트의 릭 웨이스 기자는 파리의 성공에 관한 후속기사를 보도했다. "50년 후에도 이루지 못한 꿈"이란 제목의 기사는 다음과 같이 전했다.

> 유전자 치료요법은 생명을 위협하는 백혈병을 유발했다. 수리된 백혈구 세포는 통제 불가능할 정도로 증식하고 있고, 아이들은 절대적으로 필요로 했던 백혈구 세포 자체를 죽이기 위한 화학치료를 받지 않을 수

없게 되었다. 이 문제의 여파로 10여 가지 유전자 치료요법 연구가 중단 되었고, 새로운 유전자를 심어 질병을 치료하려는 시도에는 어두운 그늘이 드리워졌다.

껄끄러운 우연의 일치이긴 하지만 제임스 왓슨과 프랜시스 크릭이 현대 유전자의학의 시대를 연 3차원 DNA 구조를 발견한 지 50주년이 되는 기념 모임을 오늘 식품의약청이 연다는 사실은 유전자 치료요법을 연구하는 사람들에게는 재난이 될 것이다.[13]

쥐 게놈의 배열은 밝혀졌고 초파리 게놈, 침팬지 게놈, 복어 게놈, 회충 게놈, 이스트의 게놈도 알아냈다. 그런데 그것으로 끝이다. 컴퓨터는 의미 없는 데이터를 계속해서 쏟아냈다. 인간 게놈의 수는 3만 개 이하로 떨어졌다. 월스트리트 저널의 칼럼니스트 샤론 베글리(Sharon Begley)의 표현을 빌리자면 2003년까지 우리는 "유채"(油菜) 수준까지 알아냈고, "초파리의 영역을 헤집고 다니고 있었다."[14] 숫자는 분명히 관계가 없다(2만 5천 개의 유전자가 최근의 기록이다). 비유하자면, 중국어의 상형문자가 우리의 로마 알파벳 26개보다 훨씬 많다고 해서 중국어가 가장 정교한 언어라고 믿는 것과 같다.

≫≫≫ 벤터의 대박, 그리고 폴리네시아

요란한 기사제목에도 불구하고 암호는 아직 해독되지 않았다. 제임스 슈리브(James Shreeve)는 『게놈 전쟁 : 생명의 암호를 해독하여 세상을 구하려는 벤터 크레이그의 시도』(*The Genome War : How Craig Venter*

Tried to Capture the Code of Life and Save the World)란 저서의 말미에서 "암호의 언어를 완전히 이해하는 데는 수십 년, 어쩌면 수백 년이 걸릴지 모른다"고 말했다.[15)]

수백 년이라! 사실일지도 모른다. 그러나 1999년에는 그들은 그렇게 말하지 않았다.

셀레라 게노믹스의 이사회는 2002년 1월에 벤터 크레이그를 해고했다. 일이 계획대로 진행되지 않았기 때문이다. 셀레라 게노믹스의 주식은 2000년 초에 최고치에 올라 주당 276달러였으나 그후로 급격하게 떨어지기 시작하여 2005년 9월에는 11달러까지 하락했다.

주는 것이 있으면 받는 것도 있는 법, 벤터는 1억 달러를 챙겨 떠난 후 크레이그 벤터 과학기금이란 비영리 단체를 시작했다. 그는 이제 과학의 이름으로 자신이 원하는 무엇이든 할 수 있게 되었다. 제임스 슈리브가 프랑스령 폴리네시아에 있는 그의 요트를 찾아갔을 때 벤터는 "더 이상 '10억 달러짜리 부자'는 아니었지만 그 섬에서 500만 달러대의 별장을 사러 돌아다닐 만큼의 돈은 여전히 갖고 있었다." 그는 지구를 돌아다니며 "멋진 선탠을 즐기고 있었다."[16)]

항상 다가올 유행을 꿰뚫고 있던 벤터는 이제 인류를 위해 생물다양성을 지키고 있다. 그는 이국적인 식물들을 채집하여 그 DNA를 보존한다. 옆에 있는 누군가가 컴퓨터를 이용해 모든 것을 분석할 것이다. 그가 만든 기금의 과학고문으로 있는 하버드 대학의 에드워드 윌슨은 그를 칭찬한다 : "이 친구는 통 크게 생각하고 생각한 대로 행동하는 사람입니다. 우리는 엄청나게 중요하지만 알려지지 않은 세계에 관해서 얘기하고 있습니다. 벤터는 그 세계 전체를 탐구해 보자는 과제를 처음으로 진지하게 거론한 사람이지요."[17)]

> **당신이 읽지 말았어야 할 책**
>
> • 리처드 르원틴(Richard Lewontin), 『꼭 그런 건 아니다 : 인간 게놈의 꿈과 그 밖의 환상들』(*It Ain't Necessarily So : The Dream of the Human Genome and Other Illusions*), New York : New York Review of Books, 2001.

벤터 자신은 세계를 향해 말도 안 되는 선언을 했다 : "이 연구를 통해서 우리는 모든 생명에 관해 추론할 수 있을 것이다."

SCID를 갖고 태어난 프랑스 아이들로 말하자면 유전자 치료요법은 듣지 않았다. 되는 대로식의 바이러스 운반 체계는 새로운 유전자를 아무 데나 무작위로 갖다 놓기 때문이다. 사후 분석에 의하면 이입되는 유전자는 다른 유전자를 파괴하며, 이렇게 해서 혼란에 빠진 유전자가 암을 유발할 수 있다. 이러한 암을 유발하는 잠재력을 가진 유전자를 "종양 (형성) 유전자"라 부른다.

국립보건원과 유전자공학을 연구하는 대부분의 전문가들은 유전자가 정말로 암을 일으킨다는 확고한 신념을 갖고 있다. 그러나 그렇지 않다는 것을 믿을 수 있는 여러 가지 이유가 있다. 이제 우리는 20세기의 가장 위대한 의학적 실수를 목격하고 있다. 다음 장의 주제가 그것이다.

Chapter 11

암 연구의 위대한 실수

알고 있나요?

* 닉슨 대통령은 1971년에 암과의 전쟁을 선포했다. 그러나 그 뒤로 암으로 인한 사망률은 사실상 아무런 개선이 나타나지 않았다.
* 국립암연구소는 30년 동안 암의 원인 분석과 관련하여 오직 하나의 이론에만 매달려 왔다.
* 정상적인 인간 세포는 46개의 염색체를 갖고 있지만 암세포는 많게는 80개나 되는 염색체를 갖고 있다. 이수 염색체가 암의 진짜 원인이란 이론은 1914년부터 나와 있었다.

유전자를 문화적 아이콘으로서 연구한 한 저서는 유전자가 "비만, 범죄성, 방향 감지 능력, 지능, 정치성향, 옷 스타일에 관한 기호를 설명해 주는 것 같다"고 지적했다. 이기심이 강한 유전자가 있고, 쾌락 추구형 유전자가 있으며 폭력성 유전자, 명예욕 유전자, 동성애 유전자, 소파에 앉아 TV만 보는 유전자, 우울증 유전자, 천재 유전자, 저축형 유전자, 심지어 범죄형 유전자까지도 있다.[1]

과학자들에게는 거의 모든 특징이 유전자 탓이라고 믿는 경향이 있다. 과학잡지나 뉴욕타임스 1면에 등장하는 유전자 강박증은 인간 게놈 프로젝트를 다루는 보도에서 극에 달했다. 요즘 우리는 암 게놈 프로젝트에 관한 얘기를 듣는다. 수천 개의 종양에 걸린 세포 샘플에서 DNA 배열의 특징을 판독해냄으로써 암을 유발하는 돌연변이를 찾아낼 수 있다는 것이다. 세포 내부의 유전자 암호를 표시하는 4개 알파벳의 배열 순서를 건강한 세포조직의 그것과 비교하면 돌연변이의 특징을 찾아낼 수 있다. 이전에는 돌연변이를 유발하는 것이 이른바 발암성을 갖고 있는 화학물질이라고 알려져 왔다. 이제 새로 등장한 돌연변이 이론에 따르면 정상세포를 암세포로 변환시키는 것은 유전자 돌연변이다.[2)]

암 게놈 프로젝트가 진척되면 두 가지 사태가 벌어질 것이라는 점을 분명히 말할 수 있다. 첫째, 엄청난 비용이 들 것이다. 둘째, 이 프로젝트는 암에 관한 우리의 이해를 넓혀주지 못할 것이다.

수많은 "획기적 성과"와 요란스러운 치료법 선전이 있었으나 암은 꿈쩍도 하지 않고 그대로다. 특종감을 찾는 기자들은 새로운 치료법을 개발했다는 주장을 비판 없이 받아들인다. 신문 편집자는 1면 머릿기사감 찾기에 골몰한다. 생명기술 기업은 투자자들을 유인할 "소문"을 만들어내기를 바란다. 메릴랜드 주 베데스다에 있는 국립보건원은 진전의 흔적이라면 무엇이든 반긴다. 의회의 예산배정이 늘어날 테니까! 이건 정부가 주도하는 과학의 규범이다.

모든 일들이 한 방향으로 진행된다. 그들은 1971년에 닉슨 대통령이 암과의 전쟁을 선포한 후 진전이 얼마나 미미했는지를 감추고 있다.

"암 정복은 1976년까지 완수되어야 할 국가적 십자군 운동이다." 이건 1970년의 의회 결의문이다. "암 연구를 위한 대규모 프로그램"과 "연구수행에 필요한 건물과 장비"를 마련하는 데 자금이 쉽게 투입되었다. 그리고 모든 사람들의 마음 속에는 최근에 있었던 인간의 달 착륙이 가져다 준 낙관적인 분위기가 남아 있었다. 지금도 그렇지만 그때도 정책결정자들과 과학자들은 과학적 목표를 달성하기 위해서는 의지, 낙관주의, 납세자들의 돈만 있으면 충분하다고 생각했다.

그런데 일은 그런 식으로 풀려가지 않았다.

국가 암 법이 발효된 1971년에 33만 명의 미국인이 암으로 죽었고, 65만 명이 암으로 진단받았다. 국립암연구소의 예산은 증가했고, 1976년이 되면 연구소의 연간 예산은 8억 달리로 늘릴 계획이었다.

2004년에 약 56만 명의 미국인이 암으로 죽었고, 새롭게 암으로 판정받은 사람은 125만 명으로 추정되었다. 국립암연구소의 예산은 50억 달러에 달했다. 그 밖에 연방정부 기관이 20억 달러의 예산을 투입하고 있었고, 주요 자선단체들로부터도 10억 달러가 나왔다. 제약회사들도 암치료제 연구개발에 60억 달러를 쓰고 있었다.

포춘지는 2004년 3월에 이 잡지의 전례로 보아 매우 예외적으로 암치료법 연구에 대해 비판적인 커버스토리를 실었다("우리는 왜 암과의 전쟁에서 지고 있는가?"). 이런 기사는 예외적이었지만 기사를 작성한 클리프턴 리프(Clifton Leaf)는 수년 전에 자신이 암으로 진단받았던 경험을 토대로 과대포장된 암치료법 연구를 비판했다. 그는 또한 이 잡지의 편집자이기도 했다. 다음은 그가 쓴 기사다.

암의 원인을 밝히고 치료법을 개발하려는 노력은 지난 30년 동안

> 강화되었고 투입된 자금도 극적으로 증가했지만 연간 사망자 숫자는 73%나 증가했고, 이런 숫자는 같은 기간 미국의 인구증가율보다 1.5배나 높은 것이다. 다음 10년 동안에 미국인의 사망원인 가운데서 암이 심장병을 제치고 1위의 자리에 오를 것 같다.[3)]

미국 인구가 노령화되고 있는 것도 사실이고, 따라서 암이 보다 보편화되고 있다. 리프는 이런 요인을 감안한다 하더라도 "미국인이 암으로 사망하는 비율은 1970년대나 1950년대와 같다. 반면에 노령화 요소를 감안한 심장질환과 심장마비로 인한 사망률은 각기 59%와 69%로 감소했다"고 썼다.

최근 폐암이 감소한 것은 흡연인구가 줄었기 때문이고, 수술 후 5년 이상 생존하는 비율이 향상된 것은 진단기술이 개선되어 조기발견이 늘어남으로써 수술로 효과를 볼 수 있는 가능성이 높아졌기 때문이다. 보다 흔한 형태의 암의 경우 생명연장은 몇 년 단위가 아니라 몇 개월 단위로 측정되고 있다. 리프는 암 연구에 수십억 달러를 쏟아붓고 있으나 이런 생존기간 연장이 "국립보건원의 실험실이나 대형 연구기관에서 만들어낸 획기적인 신형 화합물 덕분인 경우는 거의 없다. 그런데도 공공자금의 대부분이 이런 곳에 투입되고 있다"고 썼다.

뭐가 잘못된 것일까? 암 연구의 기득권층이 잘못된 이론을 추종했던 건 아닐까? 1970년대 초반 이후로 암 연구를 주도한 과학자들은 암에 관해 한 가지 고정된 생각을 완강하게 고집하면서 사실상 다른 모든 아이디어를 배척해 왔다. 압도적으로 지배적인 이론은 암이 유전자 돌연변이 때문에 발생한다는 것이다. 이것은 20세기 최고의 의학적 실수였음이 밝혀질 것이다.

그 배경은 이렇다. 1920년대에 연구자들은 초파리에 폭격하듯 X-선을 쬐어 돌연변이 파리를 만들어냈다. 100여 년 전에 사람도 다량의 X-선에 노출되면 피부암과 백혈병에 걸릴 위험성이 높다는 사실이 증명되었다. X-선이 실제로 돌연변이와 암을 유발할 수 있음이 확실하게 밝혀진 것이다.

생화학자 브루스 에임스(Bruce Ames)는 1960년대에 국립보건원에서 일할 때 성장속도가 빠른 박테리아를 이용하여 여러 가지 물질의 돌연변이 유발 특성을 연구했다. 몇 가지 발암성 물질은 돌연변이를 유발하는 특성을 갖고 있음이 밝혀졌고, 여기서부터 암의 돌연변이 유전자 원인론이 크게 발전했다. MIT 암 연구실 책임자인 로버트 웨인버그(Robert A. Weinberg)는 1970년대에는 자신과 동료들이 "에임스가 위대하고 간단한 교리를 설교하고 있다"고 믿었다고 말한다. 암을 일으키는 발암성 물질이 있고, 발암성 물질은 돌연변이를 유발하는 특성을 갖고 있다. 그래서 그들은 "DNA를 손상시켜 목표 세포의 유전자에 돌연변이를 일으키는" 실험을 한다.[4)]

어떤 발암성 물질은 실제로 돌연변이 유발성 물질이다. 방사선이 그 대표적인 예이다. 그러나 몇 가지 가장 잘 알려진 발암물질은 그렇지 않다. 담배에 함유되어 있는 석면과 타르는 어느 것도 돌연변이 유발물질이 아니다. 이 두 물질은 잘 알려진 발암성 물질이지만 DNA(즉 유전자)에 영향을 주지 않는다.

바이러스도 중요한 역할을 한다고 알려져 왔다. 1962년도 노벨 화학상 수상자이며 바이러스를 연구하여 이 상을 받은 최초의 과학자인 웬델 스탠리(Wendell Stanley)는 바이러스가 "생명의 비밀과 암문제의 해법을 찾는 열쇠"라고 말했다. 이 주장은 실수였으나 정부의 바이러스-암 특별 프로그램은 이내 그의 말을 영원불멸의 진리로 받아들였다. 바이러스가 암을 유발한다면 암은 전염성이어야 한다. 그러나 암은 전염성이 아니다.

일찍이 1910년에 한 특정한 바이러스가 닭에게 종양을 일으킨다는 사실이 알려졌다. 이 사실을 발견한 페이턴 루스(Peyton Rous)는 1966년에 노벨상을 받았다. 그 바이러스에게는 발견자의 이름이 붙여졌다. 상을 수상할 무렵 85세였던 루스는 바이러스에 실망하고 있었다. 바이러스의 종양 유발 작용이 인체에서는 재현될 수 없었기 때문이다. 노벨상 수상 연설에서 그는 바이러스의 발암작용을 보다 광범위하게 입증하려는 꾸준한 시도가 "매우 미심쩍은 몇몇 경우를 제외하고는 성과를 내지 못했다"고 말했다.[5)]

그런데도 국립보건원의 관리들은 바이러스가 암 발생에서 핵심적인 역할을 한다고 확신했다. 결국 종양 바이러스 연구로 노벨상을 받은 연구자가 최소한 5명에 이르게 되었다.

그런 사람들 중 일부를 꼽아보면 현재 캘리포니아 공대 학장인 데이비드 볼티모어(David Baltimore), 클린턴 대통령 때에 국립보건원의

우리는 그 설교를 맹목적으로 외웠다…

"브루스 에임스의 설교를 외웠다. 설교내용은 간단했다. 돌연변이 유발성=발암성이란 것이었다. 그의 방정식은 우리 종교의 사도신경이었다."

로버트 웨인버그, 『길의 시작을 찾는 경주 : 암 발병 원인 연구』 (*Racing to the Beginning of the Road : The Search for the Origin of Cancer*), New York : Harmony, 1996, p. 198.

책임자였고 지금은 뉴욕의 슬로운-케터링 기념 암센터(Memorial Sloan-Kettering Cancer Center) 소장인 해럴드 바머스(Harold Varmus), 미국의 대표적 의학 연구기관인 캘리포니아(샌프란시스코) 대학 총장 마이클 비숍(J. Michael Bishop) 등이다.

요컨대, 현재 미국에서 가장 영향력 있는 세 명의 과학자가 가금류 바이러스 연구로 노벨상을 받았던 것이다. 그런데 이 바이러스를 최초로 발견한 사람은 그것이 암의 발병 원인이라고 생각하지 않았다. 이 아이러니를 이해하는 사람은 별로 없는 것 같다.

1970년에 캘리포니아 대학 버클리 캠퍼스의 바이러스성 암 연구팀의 일원인 젊은 과학자 피터 뒤스버그(Peter H. Duesberg)가 루스 바이러스의 유전자를 발견했다. 그는 이 유전자가 세포를 불과 며칠 사이에 종양세포로 변화시키는 기능을 갖고 있음을 알아냈다. 그가 발견한 것은 src[발음은 '사크', 사르코마(sarcoma : 육종/肉腫)의 약칭이다]라 부르는 최초의 "암 유전자"로 알려지게 된다.

같은 시기에 국립보건원의 두 연구자 로버트 휘브너(Robert Heubner)와 조지 토라도(George Todaro)가 "종양 유전자 가설"이란 것을 내놓았다. 종양 유전자학은 암 연구의 한 분야이며, 종양 유전자 가설이란 모든 암은 세포가 원래부터 갖고 있던 (바이러스가 옮겨온 것이 아닌) 특정 유전자의 "활동"이 원인이라는 이론이다. 원(原)종양형성 유전자(proto-oncogene)라 부르는 이 가설적인 암 유전자들은 돌연변이에 의해 "활동을 시작한다."

뒤스버그는 발견의 공로를 인정받아 학술원 회원이 되었다. 그러나 후속 연구를 진행하면서 그는 바이러스성 src 유전자는 유례가 드물고 통상적이지 않은 생물학적 우연이며, 또한 인간의 암과는 관련이 없다는 확신을 갖게 되었다. 이 점에서 그는 페이턴 루스와 견해를 같이한 것이다.

이때부터 그는 미국에서 가장 잘 알려진 비주류 과학자의 길을 걷기 시작했다. 1986년 한 저명한 암 전문 과학잡지의 편집자가 그에게 에이즈에 관한 독자적인 견해를 발표해 달라고 부탁하자 그는 논문에서 에이즈는 감염성이 아니며 HIV가 원인이 아니라는 결론을 내놓았다.[6] 이 논문을 발표하고 나서 얼마 지나지 않아 그에게 주어지던 국립보건원의 연구자금은 끊어졌고, 이후 지원은 재개되지 않았다. 그럼에도 이후 뒤스버그는 암 연구에 있어서 중요한 발견을 하게 된다.

뒤스버그와 샌프란시스코 만을 건너 마주한 곳에서 비숍과 바머스는 국립보건원으로부터 암시를 받아 정상 세포조직에서 src 유전자의 흔적을 찾는 연구를 하고 있었다. 비숍은 두 사람의 연구과정을 『노벨상을 타는 길』(*How to Win Nobel Prize*)이란 책으로 써냈다. 이 책에서 비숍은 이렇게 썼다 : "우리가 척추동물의 세포가 실제로 이형(異形) src를 운반한다는 결론에 이르기까지 온전히 4년이란 시간이 걸렸다."[7]

이형이란 말에 주목하시기 바란다. 동일한 것이 아니란 뜻이다. '한 종류의 돌연변이'가 정상 유전자를 암 유전자로 변화시킨다는 주장을 내놓으려는 참에 이런 차이가 있다는 것은 이 분야에서는 중요한 의미를 갖는다.

그래서 비숍과 바머스는 척추동물(인간을 포함하여)의 세포에서 바이러스의 흔적이 전혀 없는 src 유전자 '비슷한' 것을 찾아냈다. 두 사람의 발견은 1976년에 네이처에 실렸다.

그들의 이론은 이 유전자가 돌연변이를 일으켰을 때 암이 발생한다는 것이었다. 그로부터 13년이 지난 1989년에 두 사람은 노벨상을 받았다. 이에 대해 뉴욕타임스는 다음과 같이 보도했다.

두 과학자 암 유전자 연구로 노벨상 공동수상 ;
닭의 세포를 이용한 실험이 연구의 새로운 시대를 열다.

"그들의 연구에서 세포의 성장을 통제하는 것이 분명해 보이는 정상 유전자가 변형을 일으키면 세포의 성장을 통제할 수 없게 된다는 사실이 드러났다. 성장이 통제되지 않는 이 세포가 바로 암이다." 지나 콜라타 기자가 쓴 기사다. 콜라타 기자는 또 이렇게 덧붙였다 : "노벨상을 탄 이 연구는 암을 유발할 수 있는 유전자 40여 개를 더 찾아내는 길을 열어주었다." 비숍, 바머스, 그리고 다른 과학자들이 "동물뿐만 아니라 인간에게서도 암을 유발하는 유전자"를 찾아낸 것이다.[8]

한 주 후에 사이언스지는 다음과 같은 기사를 실었다.

암 유전자 연구 노벨 의학상 수상

진 마르크스(Jean Marx)는 "비숍-바머스 팀은 암의 유전적 기반을 이해하려는 노력에 중요한 공헌을 했다. 그들의 1976년의 발견이 있은 이후로 연구자들은 종양 유전자가 될 가능성이 있는 세포 유전자를 50개 가까이 찾아냈다"고 썼다.[9] 마이클 비숍이 『노벨상을 타는 길』을 쓸 무렵 종양 유전자의 목록은 "100여 개 이상"으로 늘어났다.

그리고 2004년에 워싱턴포스트는 1면에 다음과 같은 기사제목을 올렸다.

유전자 검사로 유방암 재발 예측

로브 스테인 기자는 유전자 검사가 "유전자학을 이용하여 암을 정복하려는 거대한 시도 가운데서 처음으로 가시화된 성과"라고 썼다.[10] 비숍과 바머스의 최초의 관찰이 있고 나서 거의 30년 동안 별다른 성과가 없었다. 'brca-1'과 'brca-2'라는 두 유전자가 여성의 유방암을 유발한다고 알려졌으나 유방암 사례의 90% 이상에서 이 유전자는 결함이 없는 것으로 밝혀졌다. 그리고 돌연변이를 일으킨 이 유전자를 갖고 있는 대부분의 여성들이 유방암에 걸리지 않는다.

워싱턴포스트의 스테인 기자는 덧붙여 "연구자들이 유방암 발생에 영향을 미치는 250개의 유전자를 골라냈다"고 썼다. 영국의 생거 연구소(Sanger Institute)—이 연구소는 인간 게놈 프로젝트에 참가했다—는 최근에 "현 단계에서 인간 유전자 전체의 1% 이상이 암 유전자"라고 주장했다. 가장 최근에 알려진 인간 유전자의 수가 2만 5천개이니 "암 유전자 250개"란 숫자는 이렇게 나온 것이다.

암 발생에 "역할을 하는" 유전자의 수가 늘어나는 것에 주목하시기 바란다. 한때는 src 유전자뿐이었다. 그러나 이제는 250개다. "범례의 증가"는 이론이 설득력을 잃어간다는 증거다. 철학에서는 이것을 "범례의 열등화"라고 부른다. 이론은 효력의 부족을 메우기 위해 점점 복잡해진다. 인간 유전자의 개수는 사실상 줄어들었는데 종양 유전자의 수는 계속 늘어가고 있다. 6년 전에는 유전자 개수가 15만이라 했는데 지금은 그 1/6로 줄었다. 모든 유전자가 암 발생에 "역할을 한다"고 밝혀질 때까지는 얼마나 걸릴까?

더 나아가 종양 유전자 이론은 처음에는 '유일한 돌연변이 유전자'만 있어도 정상세포가 암세포로 바뀐다고 단언했었다. 그런데 전혀 그렇지 않았다. 돌연변이는 우리 신체 안에서 예측 가능한 비율로 발생한다. 우리 몸의 세포 수가 10조 (또는 100조) 개나 되니까 단 하나의 유전자 돌연변이가 세포를 변형시킨다면 우리는 모두가 암 환자인 셈이다.

그러므로 이론은 때를 맞춰 조정되었다. "두 개의 돌연변이"에서 다시 "복수의 돌연변이"로 바뀌었다. 어쩌면 하나의 세포 안에서 세포가 수명을 다할 때까지 6개 또는 7개의 유전자가 모두 돌연변이를 일으켜야 할지 모른다. 그러면 그 중에 하나는 맞아떨어질 테니까. 맞아떨어진 세포가 암세포로 변할 것이다. 그러나 이건 유전자 돌연변이론을 기초로 한 추측에 불과했다.

이 이론에는 몇 가지 문제가 있지만 가장 기본적인 문제는 이것이다. 연구자들은 src 유전자가, 또는 다른 어떤 유전자라도 돌연변이가 되었든 안 되었든 간에 정상세포를 암세포로 변환시킬 수 있다는 예증을 보여준 적이 없다. src 유전자는 동물의 신체 안에서도 종양을 일으키지 않았다. 뿐만 아니라 그들은 암세포에서 추출한 유전자들의 '조합'이 시험관 안에서나마 정상세포를 변환시킬 수 있다는 사례를 보여준 적이 없다. 이 이론은 성능검사를 통과한 적이 한 번도 없다.

한마디로 말해서 그들은 유죄로 추정되고 있는 피고가 범죄를 저지를 능력이 있음을 입증한 적이 없다. 그들은 실제로 돌연변이된 유전자를 실험세포에 이식할 수도 있다. 그리고 이런 유전자들이 세포의 DNA 속으로 통합되기도 한다. 그런데 받아들이는 세포는 '암세포로 변하지도 않고' 실험동물에게 주입했을 때도 '종양은 생기지 않는다.'

전문가들이 하는 말로는 네 개나 다섯 개의 유전자가 동시에 작용해야 된다고 한다. 그러나 그들은 어느 유전자인지를 말한 적도 없고, 어떤 유전자의 조합이 암을 일으키는지도 밝혀낸 적이 없다. 심지어 유전자공학을 이용해 억지로 만든 종양 쥐라는 것도 있다. 유전자공학적으로 설계된 쥐들은 그 작은 몸의 모든 세포 속에 돌연변이된 종양 유전자를 갖고 있다. 이런 쥐는 즉각 암으로 죽어야 한다. 그런데 쥐들은 태어나고, 게걸스럽게 잘 먹고, 새끼를 낳을 때까지 자라서 치명적이라는 유전자를 다음 세대에게 물려준다.

그렇다면 100개가 넘는 종양 유전자는 어떻게 찾아내는가? 연구자들은 돌연변이된 유전자를 찾을 때까지 임상용 암세포의 DNA를 샅샅이 뒤진다. 그리고는 연구자들은 세포의 변환에 "작용을 하는" 유전자를 발견했다고 당당하게 주장한다. 또 하나의 종양 유전자가 명단에 오른다. 나머지는 미결수가 된다.

"암 게놈 프로젝트"를 처음부터 다시 시작하려는 욕심을 낸다는 것 자체가 유전자 돌연변이 이론이 아무 것도 찾아내지 못했다는 반증이다. 연구에 참여한 사람들 중 일부도 이 사실을 알 것이다. 해럴드 바머스 박사는 2005년 3월 뉴욕타임스와의 회견에서 새로운 프로젝트가 "암에 대한 접근방식을 완전히 바꾸게 될 것"이라고 말했다.[11)]

완전히 바꾼다고? 그럴 것 같지는 않다. 오히려 우리 자신이 완전히 바뀌어야 될 것 같다. 노벨상을 탄 30년 동안의 연구는 어찌된 것인가? 그냥 시간 낭비였나? 그보다 더 나쁜 것 같다. 잘못된 이론이 과학계 최고의 상을 타면 그런 이론을 포기하기란 보통 어려운 게 아니다. 대립되는 이론은 무시당하기 쉽고, 되짚어 가면서 다시 연구하는 일은 모든 사람을 난감하게 만든다.

한 가지 중요한 발견—재발견이라 해야 맞을지 모르겠다—이 있었다. 이 발견에서도 피터 뒤스버그가 등장했고, 때는 1997년이었다. 그가 src 유전자를 밝혀낸 지 25년이 지나서였다.

1982년에 MIT 화이트헤드 연구소의 로버트 웨인버그가 단일 유전자의 돌연변이가 실제로 세포의 형질변환을 일으키는 것을 시험관 안에서 확인했다고 발표했다. 그는 이 유전자에 ras 유전자란 이름을 붙였다. 그런데 그것이 전이된 세포주—국립보건원에서 제공한 NIH 3T3이란 세포를 사용했다—는 "불멸화되었다." 신체의 세포는 통상적으로 제한된 횟수만큼 분열한다. 헤이플릭 한계(Hayflick limit)란 것이 있다. 캘리포니아(샌프란시스코) 대학의 레오나드 헤이플릭(Leonard Hayflick)은 대부분의 세포가 소멸하기까지 약 50회 분열한다는 사실을 발견했다. 이것이 노화의 원인으로 추정된다.

웨인버그는 1998년에 출간한 저서 『거역하는 세포』(*One Renegade Cell*)에서 불멸화는 "유전자 전이 실험을 재검토하고 있던 과학자들에게 경종을 울렸다"고 썼다. 그리고 독백처럼 중요한 한마디를 덧붙였다 : "이상하게도 사실상 모든 유형의 암세포는 불멸화되어 있는 것 같다." 내친 김에 말하자면 그래서 위험한 것이다. 암세포는 한번 분열을 시작하면 결코 멈추지 않는다.[12)]

웨인버그의 연구에 사용된 세포는 사실은 이미 암세포와 다름없는 것이었다. 수년 동안 행해진 수많은 시험관 실험은 NIH 3T3를 이용한 것이었고, 그래서 시료에서 외관상 암세포의 특징이 나타났을 때 그 원인이 세포의 원래 상태가 아니라 전이된 유전자란 인상을 줄 수 있었다.

불멸화된 세포의 현저한 구조적 특징은 무엇이었을까? 염색체 수가 달랐다. 정상적인 쥐 세포의 염색체는 40개, 인간은 46개(23개씩 아버지와 어머니로부터 물려받는다)이다. 이런 염색체를 배수염색체라 하는데, 각 염색체가 쌍을 이루기 때문이다. 유전자는 이런 염색체에 끈 모양으로 붙어 있는 DNA의 단편이다. 가장 큰 염색체는 수천 개의 유전자를 갖고 있다. 때로 태아가 가장 작은 염색체의 복사본을 하나 더 갖고 태어나는 경우가 있는데, 이런 결함은 생식세포(germ line)에서 발생하기 때문에 신체의 모든 세포에서 발견된다. 이런 염색체 이상을 가진 아이들에게서는 다운증후군이 나타난다. 여분의 염색체를 갖고 있다는 것은 심각한 문제이며, 이런 아이들이 생존할 수 있는 이유는 "3염색체성"(trisomy)—쌍이 아닌 3개의 염색체—이 가장 작은 염색체에서 나타나기 때문이다.

피터 뒤스버그는 방치해 두었던 암에 관한 방대한 연구자료들을 재검토하다가 새로운 것을 발견했다. 모든 암세포가 여분의—전반적으로 너무 많은—염색체를 갖고 있음을 알아냈다. 암세포의 "배수성"(倍數性)은 비정상이며, 그래서 그리스어에서 따온 용어로 '애뉴플로이드' [aneuploid : 이수성(異數性) 유전자]라 부른다. 그는 이 이수성 유전자 염색체가 암의 진짜 원인이란 이론을 제시했다.

암의 경우 이런 결함이 생식세포가 아니라 성체에서 발생한다는 사실이 중요하다. 세포는 평생 동안 분열하는데, 빈번하게 분열하기도 하고(장기와 피부) 드물게 분열하기도 하며(뼈와 근육), 유사분열이란 과정을 거쳐 분열하기도 한다. 염색체는 두 배가 되었다가 다시 분리되며, 유사분열 후에 양쪽 "자세포"에서 완전하게 보완된다.

그러나 분리과정에서 문제가 생긴다. 염색체가 제대로 분리되지 않고 자세포 내에 불균등하게 정착된다. 그러면 한 세포는 염색체가 부족하고 다른 세포는 초과분의 염색체를 갖게 된다. 이런 염색체 결핍 세포와 염색체 과다 세포는 통상적으로 죽기 때문에 문제가 없다. 그러나 이런 실수가 지속·반복·확대되는 경우가 있는데, 주로 염색체 과다 세포에서 이런 일이 일어난다. 이런 세포는 분열을 계속하면서 헤이플릭 한계를 무시한다. 세포의 통제 메커니즘이 작동하지 않는 것이다. 이건 위험하다.

이렇게 해서 종양이 생기고, 그것이 암이다. 인간의 암세포 가운데서 어떤 것들은 46개가 아니라 많게는 80개의 염색체를 가진 것도 있다. 그러면 유전자의 수가 두 배나 될 수 있다. 한 세포가 제대로 기

모든 것은 가금류 바이러스에서 시작되었다…

"내가 1964년 미국에 왔을 때 '바이러스 암 특별 프로그램'이 막 시작됐다. 그 당시 지배적인 이론은 바이러스가 암을 유발한다는 것이었다. 나는 캘리포니아(버클리) 대학에서 바이러스 연구로는 처음 노벨상을 받은 웬델 스탠리 밑에서 이 연구를 했다.

그보다 10여 년 전에 페이턴 루스가 특정한 레트로바이러스가 닭의 종양을 일으킨다는 사실을 알아냈다. 그러나 그건 불안정한 생물학적 우연이며 인간의 암과는 관련 없다는 것이 밝혀졌다. 정말 바이러스가 암을 일으킨다면 암은 전염성이어야 하는데 그렇지 않았다.

1970년대가 되자 루스 바이러스 같은 암 유전자와 유사한 것이 정상적인 인간 DNA에서 발견되었다. 그래서 인간의 '종양 유전자'가 발견되었다는 주장이 나왔다. 돌연변이된 이 유전자가 세포를 암세포로 변화시킨다는 것이었다. 이론상으로는 그랬다.

지금은 100개가 넘는 종양 유전자와 10여 개의 '종양억제' 유전자가 발견되었다. 이것들이 암과 연관이 있다고들 하는데 그 중의 단 하나도, 또는 그것들의 조합이 돌연변이되었든 아니든지 간에 정상세포를 암세포로 전환시킨 사례가 없다."

피터 뒤스버그, 저자와의 인터뷰, 2005.

능하지 않는 유전자 두서너 개를 갖고 있는 정도가 아니라 그보다 훨씬 심각한 상황이다. 이수성 유전자가 많을수록 전이의 가능성은 더 높아진다.

100여 년 전에 현미경으로 암세포를 관찰하기 시작했을 때 연구자들이 처음으로 알아차린 것은 염색체가 많다는 사실이었다. 이런 발견을 한 사람 가운데 한 명인 테오도르 보페리(Theodor Boveri)가 1914년에 연구결과를 책으로 펴냈다.[13] 초기의 연구자들은 이것이 암의 유전적 원인을 분명하게 입증한다고 생각했다. 그때는 돌연변이에 대해서는 생각하지도 않았다. 페이턴 루스도 1966년 노벨상 수상 연설에서 돌연변이에 대해 언급하지 않았다.

그 배경에는 역사적인 문제가 있었다. 루스가 발견한 육종 바이러스 때문에 종양을 일으킨 세포들은 정상적인 배수 염색체를 갖고 있었다. 이 종양세포를 수년 동안 연구해 왔던 과학자들은 그래서 "배수

암세포 : 혼란에 빠진 자동차공장

"모든 암세포는 염색체 수에 이상이 있거나 잘못된 염색체 여집합을 갖고 있다. 자동차공장으로 비유하자면 암세포는 정상적인 46개의 조립 라인이 아니라 60개, 심지어 80개의 조립 라인(염색체)을 갖고 있다. 결국 다섯 개의 바퀴, 두 개의 엔진에다 브레이크가 없는 괴물 같은 자동차가 조립되어 나온다. 이런 차가 길거리에 나오면 아무도 멈추게 할 수 없어 위험하다. 원인이 뭔가? 조립 라인의 숫자다! 그런데 국립보건원이 인정한 암 연구자들은 '그게 문제가 아니야' 라고 말한다. 그들은 조립 라인에 붙어 서 있는 수만 명의 작업자 가운데 두서너 사람이 잘못 작업한 탓이지 조립 라인이 잘못 가동되어서 그런 것은 아니라고 한다. 태만한 작업자들이란 물론 돌연변이 유전자를 말한다."

피터 뒤스버그, 저자와의 인터뷰, 2005.

성", 포괄적으로 말해 암세포의 염색체 수는 관련이 없다고 확신했다. 그런데 뒤스버그가 후에 바이러스가 유발한 종양을 재검토하면서 이 세포들이 진정한 암세포가 아니라고 결론내렸다. 그것은 사마귀와 같은 것이었는데, 닭의 면역체계가 작동하자 종양은 사라졌다.

보페리 등의 초기 연구는 점차로 잊혀졌다. 끝없이 몰아치는 새로운 연구의 돌풍 속에 그들의 연구는 묻혀버렸다. 결국 세포에 관한 교과서나 암에 관한 교과서도 염색체의 이수성이나 이상 조합에 대해 언급하기 않게 되었다. 로버트 웨인버그는 암에 관한 저서를 두 권이나 내면서도 이수성 유전자에 대해서는 언급하지 않았다. 국립보건원의 의학도서관에서도 테오도르 보페리의 저서는 찾아볼 수가 없다. 연구자들은 현미경을 통해 똑똑히 보이는 결함 있고 불멸화한 세포주를 보면서 여분의 염색체는 아무런 관련이 없다고 생각했다.

뒤스버그는 두 가지 이론을 대비하기 위해 비유를 들고 있다. 세포를 자동차공장이라고 가정해 보자. 암세포는 말하자면 바퀴가 다섯 개에다 엔진이 두 개이면서 브레이크가 없는 괴물 자동차이다. 이런 자동차는 한번 시동이 걸리면 멈추게 할 수가 없다. 이런 차가 길에 나가면 매우 위험하다. 자동차회사의 사장은 뭐가 잘못됐는지 알아보려고 조사관들을 공장으로 보낸다. 조사관들이 공장에 와보니 예상했던 것과는 달리 조립 라인이 46개가 아니고 80개나 된다는 사실을 알게 된다. 80개의 라인을 거치면서 괴물 같은 자동차가 조립되어 공장문을 나서게 된 것이다. 작업만 어렵게 만드는 추가의 라인들이 문제다!

그러나 요즘의 유전자 돌연변이론자들은 이렇게 말한다 : "그런 게 아니야. 여분의 조립 라인은 관계가 없어. 라인에 붙어선 4, 5천 명의 작업자들이 제대로 일을 하지 않아서 그런 거라니까!"

사장은 기괴한 조립 라인을 고치는 것이 아니라 실수를 했다고 생각되는 작업자 몇 사람을 해고한다. 그런데 암 연구분야에서는 이런 주장을 하는 사람들이 넉넉한 연구자금을 받고 높은 자리에 앉아 있으며 노벨상까지 받는다. 이게 암 연구분야의 실상이다. 오늘날 지도적인 암 연구자들은 여전히 습관적으로 실험대상인 세포의 염색체 조합은 거들떠보지 않고 있다.

슬로운-케터링 연구소의 해럴드 바머스는 내게 e-메일로 보낸 답변서에서 이렇게 말했다 : "염색체의 이수성과 그 밖의 불안정성이 여러 암의 중요한 현상이며, 많은 연구소들이 이것을 연구하고 있다. 그러나 그들의 노고에도 불구하고 돌연변이성 원종양 유전자와 종양 억제 유전자 이론의 역할은 후퇴하지 않을 것이다."

왜 그런가? 이수성 유전자도 나름대로 역할을 할 수 있지 않을까?

뒤스버그가 빠짐 없이 등장하는 이상 염색체에 주목했을 때 그는 이미 국립보건원의 눈 밖에 나게 되었다. 첫째로 그는 src 유전자가 인간의 암과는 관계가 없다고 주장했고, 다음으로는 HIV가 무해하다고 말했다. 국립보건원은 그에게 주던 연구지원금을 끊어버렸다. 그는 나이 60에 학부의 실험 지도교수로 발령났다. 그러나 그는 캘리포니아(버클리) 대학의 종신 교수직은 유지했고, 학술원 회원으로서 권위 있는 과학잡지에 계속하여 논문을 실을 수 있었다. (그러나 다른 학술원 회원과는 달리 그의 논문은 미세하긴 하지만 편집자들이 손을 댔다.)

지난 7년 동안 뒤스버그는 암 연구자들의 주목을 받아왔다. 그는 국립보건원이 잘못된 암 원인 이론을 추종하고 있다고 비난했다. 그의 연구지원금 신청은 제출되는 대로 모두 기각되었다.

다른 연구분야에서 국립보건원과 마찰을 빚고 있던 워싱턴 대학의 한 과학자가 뒤스버그에게 이렇게 경고해 주었다 : "현재의 국립보건원의 연구자금 지원체계에서는 지원금을 타낼 재간이 없다." 그들이 아무리 "틀 밖에서 사고하는" 연구 아이디어와 실패 위험성이 높은 연구과제를 환영한다고 소리쳐도 그건 본심이 아니다. "연구자금 심사위원들도 똑같고 그들의 이기심도 매한가지다." 암 연구분야에서는 지원신청을 심사하는 사람이나 연구자금을 타가는 사람도 모두 유전자 돌연변이론을 지지하는 사람들뿐이다.

와이어트 깁스(W. Wayt Gibbs)는 뒤스버그의 암 연구에 관한 훌륭한 기사를 사이언티픽 아메리칸에 실었다.[14)] 뒤스버그의 연구는 잊혀지지 않았고 잊혀지지도 않을 것이다. 왜냐하면 우리는 에이즈에 관해 늘 하던 얘기가 진실이 아님이 밝혀졌듯이 암 연구에서도 같은 일이 벌어지리라는 것을 알고 있기 때문이다. 그들은 늘 이렇게 말했다. 우리는 위험에 처했다고.

암 연구분야의 고위층에 있는 사람들이 흔히 보이는 반응은 다음과 같다 : "우리는 암 연구에 있어서 이수성 유전자가 중요하다는 사실을 잊은 적이 없다." (맞다. 그러나 산더미같이 많은 새로운 연구에 파묻혀 버렸다.) 동류들끼리의 "정치적" 타협이 조용히 모색되고 있다. (어떤 연구자들은 이런 말을 하기 시작한다 : "암 연구에서는 유전자 돌연변이와 이수성 유전자가 다같이 '역할'을 할 수 있을 거야.")

몇 년 전에 지도적인 암 연구자인 존스 홉킨스 대학의 버트 보겔스타인(Bert Vogelstein)은 "인간 암의 최소한 90% 이상은 이수성 유전자임"을 인정했다. 보다 최근에 그의 연구 팀은 "이수성 유전자가 사실상 모든 암에서 시종일관 나타난다"고 보고했다. 갈수록 많은 연구자들이 암의 원인이 이수성 유전자임을 받아들이고 있다. 그런데 일부

당신이 읽지 말았어야 할 책

• 피터 뒤스버그(P. H. Duesberg), "발암 유전자와 병원균으로서의 레트로바이러스 : 예상과 현실"(Retroviruses as carcinogens and pathogens : expectations and reality), 『암 연구』(*Cancer Research*) 47호, 1987.

는 이것은 결과이지 원인이 아니라고 고집한다. 보겔스타인 연구팀의 크리스토프 렁고어(Christoph Lengauer)는 "우리는 실험에서 이수성 유전자가 종양발생의 아주 초기에 나타남을 발견했다"고 말했다. 그것이 암의 결과라고 믿었던 것은 "과학계의 중요한 실수였다."[15)]

버트 보겔스타인은 일찍부터 종양 유전자와 "종양억제" 유전자를 지켜봐 왔고, 그래서 돌연변이 이론을 쉽게 버리려 하지 않았다. 최근 그는 이수성 유전자를 유발하는 돌연변이를 찾고 있다. 이것이 타협점을 찾는 방향임은 의심할 나위가 없다.

뒤스버그는 200년 5월 말에 국립암연구소 암 유전자학 분과의 초청을 받아 국립보건원에서 강연을 했다. 그의 강연 제목은 "이수성 유전자와 암 : 상호관계에서 인과관계로"였다. 강연장에는 100여 명이 모였다. 국립암연구소의 유전자학 분과는 이수성 유전자에 관심을 갖고 있고 정치적 민감성에 대해서도 잘 알고 있다. 유전자학 분과의 책임자 토머스 리드(Thomas Ried)는 뒤스버그의 주장을 잘 알고 있는 사람이었다.

강연을 통해 뒤스버그는 청중들에게 자신의 잘못을 입증해 보라고 도전적으로 말했다. 그는 배수염색체 암을 찾고 있다고 말했다. 그런 것이 있다면 정상염색체를 가진 암세포가 있다는 얘기다. 그는 타협적 해결책에는 관심이 없는 사람이며, 이런 태도 때문에 그는 정치적으로는 인기 없지만 진정한 과학자란 평가를 받고 있다. 그는 말한다. 내가 틀렸다는 것을 증명해 보라고. 어느 과학적 문건에 배수염색체 암이 나온 사례가 있느냐고.

의학적 함의는 쉽게 측정되지 않는다. 암의 이수염색체 원인론은 암세포에 외부적 요소가 개입되지 않는다는 점에서 설득력이 떨어질 수도 있다. 이 이론에 따르면 암은 백신이나 면역체계로는 잡을 수 없을 것이다. 반면에 대부분의 이상 세포에서 보이는 풍부한 DNA를 통해 암의 원인을 추적할 수 있을 것이다. 과다염색체는 DNA 오식(misprint)보다 쉽게 찾아낼 수 있으며, 따라서 암의 진단도 더 쉬워질 것이다. 그리고 이수염색체는 이미 독일과 스칸디나비아 국가에서는 실제로 진단지침으로 사용되고 있다.

좀 더 일반화하여 말하자면 전문가란 사람들이 유선자 돌연변이론 같은 잘못된 이론을 바탕으로 연구를 계속하는 한 결코 암의 해법을 찾아내지 못할 것이다. 올바른 이론을 비탕으로 해야 진정으로 획기적인 성과를 거둘 수 있을 것이다.

정치와 과학의 상호작용이란 면에서 보자면 피터 뒤스버그는 "틀 밖에서 사고하려면" 틀 안에 머물러 자금을 받지 않는 것이 낫다는 사실을 보여주었다. 그렇게 한다면 우리 모두는 대가는 비싸지만 절대불가결의 교훈을 배우게 될 것이다.

Chapter 12

사라지지 않는 신화 : 평평한 지구, 그리고 과학과 종교의 전쟁

알고 있나요?

* 중세의 과학자들과 신학자들은 지구가 평평하다고 믿었다는 주장은 19세기에 날조된 것이다.
* 과학과 종교 간의 전쟁에서 첫 번째 희생자라 일컬어지는 갈릴레오는 만약 그가 신학적인 도전을 하지 않고 과학에만 전념했더라면 가톨릭교회와의 알력을 피할 수 있었을 것이다.
* 기독교는 인류의 지적 수준을 끌어올려 주었고 탐구심을 진작시켰다. 그러지 않았더라면 과학혁명은 일어날 수 없었을 것이다.

교육받은 사람들이 지구가 평평하다고 믿었던 시대의 얘기는 전설처럼 전해온다. 그런데 이 전설은 새로운 형태로 살아났다. 문자 그대로 지구가 평평하다고 믿는 사람은 말할 것도 없이 잘못된 이론을 신봉하는 사람이다. 바다 끝까지 배를 저어가면 절벽으로 떨어질 것이다. 오늘날 이렇게 믿는 사람은 없지만 "지구가 평평하다고 믿는 사람"(flat earthers)이란 표현은 남아 있다. 이 말은 실제로 의심할 만한

> **학교시절**
>
> "내가 초등학교를 다닐 때 교육받은 중세 사람들 모두가 지구는 평평하다고 믿었다는 얘기를 듣고 나는 의아했다. 선생님들이야말로 많은 것을 알고 계시니까 나는 그 말이 맞는다고 생각하고 의문을 접어두었다. 내 아이들이 자라서 초등학교에 다니면서 똑같이 잘못된 지식을 배우는 것을 보고 나는 그것이 거짓임을 알게 되었다. 내가 캘리포니아 대학에서 가르친 학부생 대부분도 똑같은 잘못된 지식을 배웠다. 교과서, 동화책, 영화, TV가 다 그렇게 말하고 있다. 우리들 머리 속에는 중세 사람들은 우매했다는 편견이 박혀 있다."
>
> **제프리 러셀**(Jeffrey Burton Russell), 『지구는 평평하다는 미신의 발명』(*Inventing the Flat Earth*), Westport, CT : Praeger, 1991. xiii.

어떤 과학 이론—흔히 새로운 이론—에 대해 의문을 품는 사람을 (자기 주관에 근거하여) 조롱할 때 쓰는 표현이다.

새로운 이론, 특히 정치적인 이유로 각광받는 이론에 대해 의문을 제기하는 것은 과학하는 집단의 전통적 특성이었다. "지구가 평평하다고 믿는 사람"이란 딱지가 붙여지는 경우는 공인된 과학적 진실이란 가면을 쓴 어떤 정치적 주장이 궁지에 몰리고 있을 때라고 보면 틀림이 없다.

흔히 진화론에 대해 의심을 품는 사람들에게 실제로 이런 별명이 붙여지는데, 문제는 이런 사람들이 점차로 늘어나고 있다는 것이다. 이 명칭이 처음 사용되었을 때의 용법을 생각해 보면, 진화론에 대해 의심을 품는 사람들에게 이 조롱 섞인 명칭을 붙여주는 것은 적절하다고 할 수 있다. 이것은 진화론자들 쪽에서 전쟁을 시작하겠다는 경고 사격이다.

기독교가 발생하고 나서 한때 번성했던 지식이 "암흑 시대"에 들어와 사라져 버렸다는 얘기를 흔히 한다. 이렇게 역사를 잘못 읽는 사람들은 "미신"이 쇠퇴하기 시작한 계몽주의 시대에 비로소 과학이 시작되었다고 생각한다(이때의 미신이란 기독교를 지칭하는 은어로 사용되고 있다). 과학은 오랜 적인 종교의 반대 때문에 수세기 동안 수세에 몰려 있다가 마침내 종교보다 우세한 위치에 서게 되었다. 종교와 과학 간의 전쟁에서 대표적인 논쟁의 주제는 지구가 평평하다는 신화였다고 말해왔다. 그러나 이런 주장 자체도 신화다.

과학적 지식이 천 년 동안 암흑에 묻혔다는 생각을 현대에 들어와 강화시켜 준 인물이 전직 의회 도서관장인 다니엘 부어스틴(Daniel Boorstin)이다. 1983년에 출판되어 베스트셀러가 된 저서 『발견자들』(*The Discoverers*)에서 부어스틴은 이렇게 썼다: "기원후 3세기부터 최소한 13세기까지 학술적 기억상실증이 유럽 전역을 휩쓸었다. 이 10세기 동안 기독교 신앙과 교리가 고대의 지리학자들이 아주 오랜 시간 동안 공들여 풍부하게 축적한 세상에 관한 유용한 지식들을 억압했다." 그는 이 시기를 "거대한 중절"이라고 이름붙였다.[1)]

이건 신화일 뿐이다. 그런데 고등학교와 대학에서 아직도 그렇게 가르치고 있다. 스티븐 굴드는 평탄한 지구 신화가 어떻게 이용되었는지를 설명하면서 "과학자 집단을 위해서는 이보다 더 좋은 얘기가 날조될 수는 없다"고 말했다. 우리 조상들은 "공식적인 부조리 아래서 불안하고 억압된 삶을 살았으며, 이런 부조리에 대해 도전이라도 하면 지구 끝에서 영원한 저주 속으로 떨어질 것이라고 생각했다." 그러나 굴드는 이런 얘기가 "순전히 거짓이며, 중세의 학자들 가운데서 지구가 둥글다는 것을 의심한 사람은 극히 소수에 불과했다"고 덧붙였다.[2)]

이런 신화를 가장 설득력 있게 부정한 인물이 캘리포니아 대학 역사학 명예교수인 제프리 러셀(Jeffrey Burton Russell)이다. 그는 이것을 "평탄 오신"(誤信)의 신화라고 불렀다. 러셀은 1991년에 출판된 『지구는 평평하다는 미신의 발명』이란 저서를 통해 잘못된 인식을 교정하기 위한 장정을 시작했다. 그는 이전의 잘못된 인식에 관해 다음과 같이 요약했다.

> 기독교가 등장한 후 15세기 동안 지구가 둥글다는 것을 부인한 저술가는 다섯 사람에 불과하고, 그 밖에 소수는 이 문제에 관해 모호한 입장을 갖고 있거나 관심이 없었다. 그러나 학계의 거의 일치된 의견은 지구가 둥글다는 것이었으며, 15세기가 되자 모든 의문은 사라졌다. 이 시기에 "거대한 중절"이란 없었다.[3)]

문예부흥 시대 문학의 전문가이면서 기독교 신학의 대중화에도 힘썼던 C. S. 루이스는 "형이하학적으로 볼 때 지구는 둥글다. 중세 전기의 모든 저술가들은 이 점에 대해 의견이 일치했다 … 지구가 둥글다는 의미를 충분히 파악하고 있었다"고 썼다.[4)]

기독교 역사의 초기와 중기에 그 시대의 학문을 주도했던 성 아우구스티누스, 성 베드(Saint Bede), 성 토마스 아퀴나스, 로저 베이컨, 단테 등은 모두 지구가 둥글다는 것에 대해 확신했다. 그리고 굴드가 밝힌 바에 의하면 중세 후기의 위대한 과학자들인 장 뷰리당(Jean Buridan, 1300–1358)과 니콜 오레스므(Nicole Oresme, 1320–1382)도 그랬다.

이토록 심대한 오해는 어떻게 해서 생겼으며 또 우리의 확고부동한 편견이 되었을까? 이 주제를 연구하기 시작하면서 러셀은 똑같은 오해가 수세기 전에도 있었다는 것을 확인했다. 그런데 놀랍게도 그의 연구에 의하면 강한 반기독교적 정서를 갖고 있던 계몽주의 시대 프랑스 철학자들은 중세 사람들이 지구는 평탄하다고 믿고 있었다는 얘기를 전혀 언급한 적이 없다. 굴드는 "18세기의 위대한 반교회적 이성주의자들—콩디약, 콩도르세, 디드로, 기본, 흄, 그리고 우리의 선조 벤자민 프랭클린—가운데 누구도 학자들이 지구가 둥글다고 믿고 있다고 비난한 사례가 없다"고 한다.

초기에 이런 신화를 퍼뜨린 인물은 다름 아닌 [립 반 윙클(Rip Van Winkle)이란 인물을 창조해낸] 워싱턴 어빙(Washington Irving)으로 밝혀졌다. 어빙은 1828년에 대부분이 허구인 『크리스토프 콜럼부스의 생애와 항해의 역사』(*History of the Life and Voyages of Christopher Columbus*)란 책을 썼다. 이 책에서 그는 1491년 살라망카 대학에서 있었던 허구의 장면을 묘사하고 있다. 그는 콜럼부스가 "단순한 항해가의 신분으로서 교수, 수사, 고위 성직자들이 압도하는 자리에 나서서 자신의 (지구가 둥글다는) 이론을 내세워 신세계를 찾아나서야 할 이유를 당당하게 주장했다"고 썼다.[5)]

훗날 역사학자 새뮤얼 모리슨(Samuel E. Morison)은 어빙이 묘사한 이 장면은 "순전히 공상이며 사람들을 오도하는 난센스"라고 말했다.

콜럼부스는 평탄한 지구 신화 가운데서 중요한 역할을 하고 있다. 그는 아메리카를 발견했을 뿐만 아니라 지구가 둥글다는 것을 입증하여 동시대인들을 놀라게 했(다고 추정된)다. "이것은 많은 교육을 받지 못한 사람들만 믿는 환상이다." 러셀이 한 말이다.

19세기가 되자 크리스토프 콜럼부스는 무지한 성직자와 선원들을 극복한 과감한 이성주의자로 변신했다. 이건 근거가 없는 초상화다. 러셀은 그가 "종교적 열정과 상업적 열망으로 뭉쳐진 인물"이었다고 표현했다.

콜럼부스는 출항하기 전에 고집 센 성직자들로부터 항해를 시작

> **기독교 전통**
>
> 역사와 과학철학의 저명한 교수인 에드워드 그랜트(Edward Grant)는 중세에 행해졌다는 사상 탄압에 대해 이렇게 말했다 : "이성의 시대에 혁명적이고 합리적인 사상이 표출되었다고 한다면 그것은 인간 활동에 있어서 이성의 활용을 가장 중요한 요소로 받아들인 중세의 확립된 전통이 있었기 때문에 비로소 가능했다."
>
> 『중세의 신과 이성』(*God and Reason in Middle Ages*), Cambridge : Cambridge University Press, 2001.

하면 배가 지구 끝으로 떨어질 것이란 경고를 받았다고 한다. 살라망카에서 반대가 있었던 것은 사실이지만 그 근거는 지구가 평탄하다는 것이 아니었다. 반대의 한 가지 근거는 그가 항해 거리를 너무 짧게 계산했다는 것이었고, 나중에 밝혀졌지만 그의 예측은 많이 빗나갔다. 콜럼부스의 항해와 관련한 초기 사료들을 보면 지구가 둥글다는 것을 부정하는 언급은 하나도 없다.

≫≫≫ 진정한 "지구 평탄론자들"

지구 평탄 신화를 퍼뜨리는 데 가장 중요한 역할을 한 두 사람의 세일즈맨은 19세기 미국인이었다. 1874년에 존 윌리엄 드레이퍼(John William Draper)의 『종교와 과학의 분쟁사』(*History of the Conflict between Religion and Science*)가 출간되었고, 20년 후에 앤드류 딕슨 화이트(Andrew Dickson White)의 『과학과 기독교 국가 신학의 전투사』(*A History of the Warfare of Science with Theology in Christendom*)가 출간되었다.

호감을 못 주는 감리교 신자였던 드레이퍼(1811–1882)는 영국에서 태어나 21살에 미국으로 이주했으며, 뉴욕 대학의 화학교수 겸 의

대 학장이 되었다. 화이트(1832-1918)는 뉴욕 주 상원의원이었고, 1865년에 미국 최초의 완전한 세속적 대학인 코넬 대학을 창립했으며, 33살에 코넬 대학의 총장이 되었다.

드레이퍼는 평탄한 지구 신화를 가톨릭교회가 학문에 적대적이었음을 설명하는 데 이용했다. 그는 자신의 저서에서 "이슬람 천문학자와 철학자들이 쓴 저작을 통해 이 학설(둥근 지구)이 서구에 전파되었지만, 예상할 수 있듯이 기독교 신학자들로부터 냉대를 받았다"고 썼다. "전통과 가톨릭 국가의 정책이 성경에 기록된 대로 지구는 평탄하다는 학설 이외의 어떤 학설도 금지했다."

화이트는 『전투사』에서 다음과 같이 썼다.

> 해적과 폭풍우에 맞서는 용기를 가진 항해자들도 유럽대륙에서 얼마나 떨어져 있는지도 모르는 곳에 배들이 지옥으로 떨어지는 큰 구멍이 있다는 널리 퍼진 믿음 때문에 공포로 몸을 떨었다. 콜럼부스의 위대한 항해에서 극복해야 할 중요한 장애 가운데 하나는 선원들의 이런 공포였다.[6)]

미국인이 연루되었다는 사실은 놀랍다. 우리가 여기서 볼 수 있는 것은 교회와 국가가 분리되었을 때 생기는 예상치 못한 결과인지도 모른다. 종교가 국가와 "연루되지" 않을 때 사람들은 국가로부터 보복당할 두려움 없이 종교를 비방할 수 있고, 유럽보다는 훨씬 많은 언론의 자유를 누렸던(지금도 누리고 있는) 미국에서는 종교에 대한 더욱 강력한 적대감을 자유롭게 표현할 수 있었다.

그러나 두 작가 사이에는 상당한 차이가 있었다. 로마 가톨릭을 주 표적으로 삼았던 드레이퍼는 교회의 과학에 대한 대립적인 태도를 통렬히 비난했다. 그는 특히 '오류에 대한 교안(敎案)'을 반포하고 교황 무류설(無謬說, 1870년)을 주장한 교황 피우스 9세(Pius IX)를 비난했다.

드레이퍼는 14세기에 교회가 정치권력을 쥔 후로 과학에 대해서 "격렬하고 치명적인" 적의를 보였으며, 교회의 손은 과학자들을 처형한 "피로 젖어 있었다"고 썼다. 반면에 이슬람의 학자들은 몇 가지 분야에서 과학의 기초를 놓았고, 프로테스탄트는 때때로 오해 때문에 손상되기는 했지만 과학과 "우호적인 동맹"을 맺었다. 드레이퍼는 다음과 같이 결론지었다.

> 종교는 과학에 대해 오랫동안 유지해 왔던 오만하고 전제적인 태도를 버려야 한다. 절대적인 사상의 자유가 있어야 한다. 성직자는 그들이 선택받은 영역 안에 머무는 법을 배워야 하며, 철학자들에 대한 독재를 멈추어야 한다. 자신의 힘과 동기의 순수성을 인식하고 있는 철학자들은 그런 간섭을 더 이상 인내하지 않을 것이다.[7)]

화이트는 과학과 종교의 갈등을 지적함에 있어서 드레이퍼에 비해 온건했다. 1869년 뉴욕의 쿠퍼 연구소(Cooper Institute)에서 한 강연에서 그는 훗날 그의 주제로 발전하게 되는 내용을 발표했다. 그는 종교적 도그마가 "과학의 자유"를 방해할 때마다 과학과 종교 양쪽이 "가장 무서운 악"을 경험하게 된다고 말했다. 반면에 속박받지 않는 과학적 탐구는 어느 단계에서는 종교에 위험스럽게 보일지도 모르나 예외없이 "종교와 과학 양쪽에게 최선의 결과를 내놓았다"고 말했다.[8)]

오늘날 생명공학자들도 비슷한 주장을 하고 있다. 화이트는 과학 기업들이 대체로 기독교 문화를 바탕으로 하여 자율적인 규제를 해야 한다거나 그런 자율적인 규제가 당연히 이익이 되는 효과를 가져다 준다는 생각은 하지 않았다. 그의 생각을 20세기로 그대로 옮겨온다면 요셉 멩겔레(Josef Mengele) 같은 인물이 몰가치적 연구환경을 악용할 것이다.

화이트는 공격의 초점을 점차로 좁혀갔다. 그는 처음에는 종교를, 다음으로는 "교회중심주의"를, 마지막으로는 "교조주의적인 신학"을 비난하기 시작했다. 마침내 그는 교조주의적 신학이 과학을 질식시켰다고 결론지었다. "어느 시대에나 있어왔던" 교조주의적 경향은 "과학탐구뿐만 아니라 차원 높은 종교적 영혼 자신에게도 무서운 적이다."[9)]

여기서 화이트는 매우 현대적인 생각을 표출했다. 화이트(그리고 다윈)가 살던 시대에 유니테리언 교파와 영국 국교가 양보하고 융통성을 보여주었듯이 종교 자체가 반드시 문제가 되는 것은 아니었다. 종교는 그저 "우주에 존재하는 힘"을 받아들이고 착한 사마리아인처럼 살면 그만이었다. 문제는 완고한 "교조주의"였다.

드레이퍼와 화이트는 과학과 신학 사이의 전쟁에 관한 그들의 사상을 당시에 비등하고 있던 진화론 논쟁으로 발전시켜 갔다. 다윈의 『종의 기원』은 1859년에 출간되었고, 두 사람은 진화론을 옹호했다. 생명의 의미에 관한 전통적인 관점에 대해 이처럼 심각한 도전의 사례는 전무후무했다.

드레이퍼도 다윈과 신 사이의 전쟁에서 전초전이라고 할 수 있는 전투에 참가했다. 1860년에 윌버포스(Wilberforce) 주교와 다윈의 열성적인 청년 지지자인 토머스 헉슬리(Thomas Henry Huxley)의 유명한 논쟁이 옥스퍼드 대학의 동물학 박물관에서 벌어졌다. 열띤 논쟁을 벌이는 가운데 윌버포스 주교가 헉슬리에게 조부와 조모 어느 쪽으로부터 원숭이 혈통을 물려받았는지 물었다고 한다. 헉슬리는 주교의 혈통을 물려받느니보다 원숭이의 혈통을 물려받는 게 낫다고 대답했다고 한다. (그 자리에 속기사가 없었고 음향장치도 형편없었기 때문에 그들이 실제로 어떤 문답을 주고받았는지는 정확지 않다.)

나쁜 중세

잘 알려진 대학교재 『문명사 : 선사시대에서 *1715*년까지』(*History of Civilization : Prehistory to 1715*)는 (1960년에서 1976년 판까지) 학생들에게 고대 그리스인들은 지구가 둥글다는 것을 알고 있었으나 이런 지식이 중세에 들어와 사라졌다고 가르쳤다. 1983년에 나온 이 교재의 5학년용 판은 크리스토퍼 콜럼부스는 "서쪽으로 계속 항해하면 동쪽에 있는 인도에 닿을 수 있다고 믿었다. 그때까지도 대부분의 유럽인들은 지구가 평탄하기 때문에 콜럼부스가 지구로부터 떨어질 것이라 생각했다"고 적어놓고 있다.

이 논쟁을 공식적으로 소개한 글을 발표한 사람은 존 드레이퍼(John Draper)였다. 글의 제목은 "다윈 씨의 견해를 중심으로 살펴본 유럽의 지적 발전"이었다. 그의 강연 원고를 보충하여 출간된 이 책은 인류가 과학의 인도 아래서 더디지만 꾸준하게 보다 발전된 상황으로 나아갔다고 주장했다. 이 책은 1850년대에 힘을 받기 시작하여 제1차 세계대전 때까지 이어지게 되는 당시의 진보에 관한 믿음을 표출했다.

1957년에 출간된 다윈의 전기에서 루스 무어(Ruth Moore)는 지금까지도 계속되고 있는 옥스퍼드 논쟁의 여파를 다음과 같이 묘사했다 : "그때 이후로 전 인류가 관심을 갖고 있던 논제, 즉 과학과 종교의 관계를 둘러싼 논쟁의 열기는 식을 줄 모르게 되었다." 스티븐 굴드의 말을 빌려 달리 표현하자면, "다윈주의 혁명이 서구역사를 … 과학과 종교 사이의 전쟁으로 규정한 19세기식의 개념화를 직접적으로 유발했다."

드레이퍼의 저서는 50년 동안 50쇄를 거듭했고, 굴드의 말을 빌리면 "19세기 대중과학 분야의 가장 성공적인 출판 프로젝트"가 되었다. 제프리 러셀은 이 책이 영향력 있는 인물이 "과학과 종교가 전쟁을 벌여왔다는 주장을 공개적으로 밝힌" 최초의 책이라고 믿고 있다. 영향력으로 말하자면 "이 책만큼 성공적인 책은 아직 없다. 이 책은 교육받은 사람들의 머리 속에 과학은 '종교'의 미신과 억압에 맞서 자유와 진보를 의미한다는 생각을 심어주었다. 이런 생각은 이제 확고한 지혜가 되었다."

미국의 과학사학자 데이비드 린드버그(David Lindberg)와 로널드 넘버스(Ronald Numbers)는 화이트의 『전투사』가 영향력이 더 크다고 평가한다. "드레이퍼의 귀에 거슬리는 반가톨릭 논조는 곧 진부하게 느껴졌고, 화이트의 인상적인 문장은 건전한 학자라는 인상을 주었기 때문"이라고 한다. 이 두 학자는 20세기에 들어와서도 "과학과 종교의 논쟁에서 전투적인 언어들이 지배하였고, 특히 1920년대에 그런 경향이 심했다. … 1955년까지도 하버드의 뛰어난 과학사학자 조지 사턴(George Sarton)은 여전히 화이트를 높이 평가하며 그가 제기한 주제는 비기독교 문화권으로도 확산되어야 한다고 주장했다"고 덧붙이고 있다.[10)]

러셀은 정말 소수의 예외를 제외하면 "기원전 3세기에서 지금에 이르기까지 서구문명의 역사 가운데서 교육받은 사람으로서 지구가 평탄하다고 믿은 사람은 아무도 없다"고 결론짓고 있다. 그러나 다윈이 등장한 이후로 많은 교육받은 사람들이 다르게 믿고 싶어했다. 그들은 이 신화를 받아들이고 확산시켜 종교와의 전쟁에서 조롱의 무기로 사용해 왔다.

⋙ 전투의 신화

영국의 철학자 버트란드 러셀(Bertrand Russell)은 화이트의 저서로부터 자극을 받아 1935년에 『종교와 과학』(*Religion and Science*)이란 책을 썼다. 그는 "전통 종교가 과학적 지식을 상대로 도발한" 싸움이 수세기 동안 지속되어 왔다고 믿었다. 이 싸움에서 종교가 우위를 지키다가 "그리스인과 아랍인들 가운데서 간신히 명맥을 이어오던 과학이 16세기에 갑자기 우세한 자리로 뛰어올랐다."[11)]

그리스인들은 무엇이 무엇인지 알았고 아랍인들은 그리스인들로부터 배울 만큼 현명했다. 여기까지는 공인된 줄거리다. 그런데 암흑 시대라고 하는 중세가 왔다. 중세는 기독교가 지배한 시대였다. 16세기가 되자 해방이 찾아왔다. 과학이 교회의 권위에 도전하기 시작했다. 그러나 교회가 종교재판과 화형말뚝을 들고 반격했다. 그럼에도 불구하고 이성이 승리했다. 학문은 부활했고, 더 이상 자유로운 사고를 막을 수 없었다.

러셀은 저서의 두 번째 장을 코페르니쿠스 혁명에 할애했다. 이것은 "과학과 신학 사이의 최초의 진지전"이었다. 태양계의 중심은 지구인가, 아니면 태양인가? 이 질문은 오래된 것이었다. 그리스인들이 일찍이 해답을 내놓았다. 그러나 지식은 거의 2천 년 동안 잊혀졌다.

당신이 알면 안 되는 사실들

20세기 이전에는 종교와 과학의 충돌을 목격한 과학자는 별로 없었다. 19세기에 로마네스(G. J. Romanes) 교수는 『종교에 관한 생각』이란 책에서 자신이 다시 종교로 돌아가는 데 영향을 미친 일에 관해 썼다. 캠브리지 대학의 뛰어난 과학자는 거의 대부분이 독실한 기독교 신자였다. 그는 이렇게 말했다 : "흥미 있는 사실은 저명한 과학자들은 모두 종교를 갖고 있다는 점이었다. W. 맨슨 경, 조지 스톡스 경, 테이트 교수, 애덤스, 클러크 맥스웰, 베일리 … 이들 모두는 진실한 기독교도였다."

선구적인 유전학자 그레고르 멘델은 수도승이었고 루이 파스퇴르는 경건한 가톨릭 신자였다. 다윈 이후의 진화론 논쟁을 연구한 제임스 무어(James R. Moore)는 19세기 과학에서 위대한 업적을 남긴 사람들은 하나같이 "교회의 아들"이라고 썼다. "전기학의 갈바니, 광학의 프레스넬과 프라운호퍼, 천문학의 브베리에." 앙드레-마리 암페어(암페어란 단위는 그의 이름에서 나왔다)와 알레산드로 볼타(볼트란 단위는 그의 이름에서 나왔다)의 이름도 여기에 덧붙여야 할 것이다. 두 사람도 기독교 신자였다.

위스콘신 대학의 과학사 교수 데이비드 린드버그는 (로널드 넘버스와 함께 저술한) 책에서 이렇게 썼다 : "학자들 사이에서 과학과 기독교가 전쟁을 벌인 적이 없다는 점에 대해 공감대가 형성되어 가고 있음에도 불구하고 양자 간의 충돌설은 끈질기게 살아남아 있다." 존 브룩은 전쟁설의 전통적인 형태는 "대체적으로 부정되고 있다"고 썼다. 하버드 대학의 과학사 교수 스티븐 샤핀(Steven Shapin)은 빅토리아 시대 말기에는 "과학과 종교 간의 전쟁을 언급하는 것이 일반적이었지만 과학사학자들이 그런 태도를 취했던 것은 정말로 오래 전 일"이라고 말한다.

교회가 답을 감추고 우리들을 무지하게 남겨두기 위해 세속적인 권력을 휘둘렀다. 그런데 코페르니쿠스란 자유로운 영혼이 등장하여 태양 중심의 체계를 재발견했다.

코페르니쿠스의 이론이 왜 교회에 위협이 되었을까? 버트란드 러셀은 "지구가 중심위치에서 밀려났다는 것은 그곳에 사는 사람들도 중심에서 밀려났다는 의미"라고 썼다.[12] 전통 신학은 인간이 우주에서 가장 중요한 존재라고 가르쳐 왔는데 우주의 멀리 떨어진 한쪽 구석이 "인간의 거처가 될 수 있다는 사실은 믿기 어려웠다. 지구의 위치만 생각해 보아도 인간이 우주창조의 목적이 아님을 알 수 있었다."

이런 주장은 자주 되풀이되어 왔다. 특히 스티븐 굴드는 인간이 우주의 구석으로 밀려난 굴욕을 즐기고 있다.

그런데 이런 주장은 몇 가지 오류 때문에 거짓이다. 우주의 어느 부분이 다른 부분보다 보다 중심적이란 주장은 의미가 없다. 알버트 아인슈타인은 우리에게 우주에는 "말뚝을 박는 위치" 또는 절대적인 준거지점은 없다고 가르쳐 주었다. 한 물체는 다른 물체와 비교했을 때 움직인다고 말할 수 있을 뿐이며, 특권을 누리는 우월한 지점은 없다.

역사도 잘못 해석되고 있다. 코페르니쿠스를 비판한 사람들은 지구가 중심위치에서 밀려났다고 해서 그랬던 것은 아니다. 영국의 지도적인 코페르니쿠스주의자이자 아이작 뉴턴이 학생이었던 당시 트리니티 칼리지의 학장이었던 존 윌킨스(John Wilkins)는 코페르니쿠스의 이론이 반대에 부닥친 중요한 이유는 인간이 밀려나서가 아니라 인간이 부적절하게 높이 올라갔기 때문이라고 말했다.

코페르니쿠스주의자들 사이에서 주도적인 분위기는 굴욕감이 아니라 자긍심이었다. 왜냐하면 그들은 자신들의 우주에 대한 이해가 고대인들을 앞섰다는 것을 알았기 때문이다.

보다 중요한 문제는 교회가 과학을 상대로 전쟁을 벌였다는 주장이 역사적 근거를 갖고 있느냐 하는 것이다. 망원경을 만들어 우주를 훔쳐보려다가 종교재판에 끌려나왔다는 갈릴레오의 얘기는 지겹

도록 되풀이되어 왔다. 되풀이되는 전쟁 얘기에서 다른 얘기는 별로 없다. 그건 당연하다. 실제로 얘깃거리가 될 만한 게 없기 때문이다. 그것은 고립된 전초전이지 진지전이 아니었다.

≫≫≫ 이면의 얘기

니콜라우스 코페르니쿠스는 1473년에 태어났고 폴란드의 가톨릭 신부였다. 그는 볼로냐 대학—가톨릭 대학—에서 수학, 물리학, 천문학을 공부했다. 대학 시절 그의 스승들은 프톨레마이오스식의 우주체계는 너무 복잡하다고 비판했다. 1514년 무렵에 그는 자신의 결론을 「소론」(小論)이란 논문으로 요약했는데, 이 논문에서 그는 지구는 태양의 주위를 돌고 있으며, 지구의 공전과 자전으로 천체의 움직임을 설명할 수 있다고 주장했다.

교황 레오 10세가 그의 이론을 듣고 관심을 표현했으며, 태양중심설은 한동안 교황의 지지를 받았다. 그러나 종교개혁 지도자들 사이에서는 그렇지 못했다. 제네바의 칼뱅은 그의 학설을 부정했고, 루터는 그를 격렬하게 비난했다 : "이 바보는 천문학의 얼개 전체를 뒤집어 놓으려 하는군." 코페르니쿠스의 저작 『천체의 회전에 관하여』(*On the Revolutions of the Celestial Orbs*)는 1543년에 마침내 출간되었다. 약삭빠르게 교황 파울 3세에게 헌정된 초판본은 코페르니쿠스가 죽음을 앞두고 있을 때 저자에게 돌아왔다.

루터파의 목사가 쓴 서문은 이 책에 담긴 내용이 하나의 이론에 불과하다고 설명했다. 그러나 이론의 전제가 "천문학적 관측과 일치하는 계산과 같은 방향이라면"의 책의 전체 내용은 진실이라고 할 수 있다고 덧붙였다. 한 성직자가 쓴 과학적 진실의 매우 현대적인 공식은 이상하게도 바티칸에 아부하는 이론이란 비난을 받아왔다. 그러나 역사적 사실에 비추어 보면 그의 학설에 대한 비난은 정당화될 수 있다. 코페르니쿠스의 공리—예컨대, 태양은 우주의 중심에서 움직이지 않으며 행성이 원을 그리며 움직인다는 주장—는 폐기되었다. 행성은 타원형을 그리며 움직이고 태양도 자체의 움직임이 있다.

코페르니쿠스의 저작이 발표되고 나서 70여 년이 지나 갈릴레이 갈릴레오(1564-1642)가 등장한다. 그의 첫 번째 망원경은 1609년에 만들어졌고, 그는 관찰결과를 『항성(恒星)의 사자(使者)』(*Sidereal Messenger*)라는 제목으로 출판했다. 그는 곧 로마에 있는 제수이트 수사들이 이미 "새로운 행성[목성의 위성을 의미한다]이 실제로 존재함을 검증하

스티븐 굴드가 말하는 인간의 자기 중요성

"지그문트 프로이트는 과학의 역사에 있어서 위대한 혁명은 하나의 공통되고 역설적인 특징을 갖고 있다고 말했다. 그런 혁명은 우리가 갖고 있던 자기 중요성에 대한 기존의 확신을 하나씩 하나씩 무너뜨려 인간의 오만함을 벗겨냈다. 프로이트는 세 사람을 예로 들었는데, 코페르니쿠스는 우리가 살고 있는 지구의 위치를 중심에서 변방으로 옮겼고, 다윈은 우리를 '동물의 후손'으로 격하시켰으며, 마지막으로 프로이트 자신은 무의식의 세계를 발견하여 인간이 전적으로 이성적이란 신화를 깨뜨렸다. 이 현명하고도 중대한 관점에서 볼 때 다윈주의 혁명은 슬프게도 완성되지 않았다. 사고하는 인간이 진화의 사실을 받아들이면서도 우리들 대부분은 여전히 진화는 진보를 의미한다는 자위(自慰)적인 관점을 버리려 하지 않았기 때문이다."

스티븐 굴드, "지구 생명의 진화",
Scientific American, v. 271, 1995. 10, p. 91.

였고, 두 달 동안 지속적으로 관찰해 오고 있으며", 그들의 관찰 노트와 자신의 관찰 노트를 비교한 결과 "그들의 관찰이 나의 관찰과 정확하게 일치"한다는 사실을 알게 되었다.

갈릴레오는 자신이 만든 망원경을 이용하여 태양의 흑점을 관찰했는데, 그는 흑점의 위치가 변하는 것을 보고 태양이 자전하고 있음을 알았다. 그러나 제수이트 수사들은 자신들이 이런 현상을 이미 관측했다고 주장했다. 그들의 우선권 주장은 신학적 신념보다도 명예욕이 우선한다는 것을 보여준다. 갈릴레오는 더 나아가 코페르니쿠스의 이론이 진실임을 주장하고자 했고, 수사들은 그것은 검증을 거쳐야 하는 하나의 이론일 따름이라고 주장했다.

자신도 제수이트파이자 교회 박사였던 벨라르미노 추기경이 수사의 한 사람에게 편지를 보내 "여러분이나 갈릴레오도 단정적인 화법으로 주장하지 말고 하나의 가설로서 말하기 바랍니다. 내가 알기로는 코페르니쿠스도 그렇게 했습니다"라고 말했다. 그러나 갈릴레오는 이런 충고를 무시했고, 그래서 종교재판소에 고발되었다. 재판정이 그에게 요구한 것은 코페르니쿠스의 저작이 하나의 이론이라고 인정하라는 것뿐이었다.

갈릴레오는 1623년에 『분석자』(*The Assayer*)라는 책을 발간했는데, 이 책에서 그는 과학의 이름으로 관찰과 이성적 추론을 제외한 어떤 권위도 거부했다. 이 책은 교황 우르바노 8세에게 헌정되었고, 교황은 이 책의 출간을 재가하였고 그 내용을 좋아했다고 한다.

한편, 갈릴레오는 『세계의 중요한 두 체계에 관한 대화』(*Dialogue on the Two Chief Systems of the World*)라는 중요한 저작을 집필하고 있었다. 그는 원고를 교황에게 보였고, 단지 하나의 이론으로서 발표해도 좋다는 답변을 받았다. 갈릴레오는 원고의 내용을 보완하여 1632년에 출판하였다. 그런데 갈릴레오는 고집 세고 잔재주를 부릴 줄 몰랐다. 이 책에서 코페르니쿠스의 이론을 지지하는 화자는 갈릴레오 자신을 대변했고, 반대하는 화자 심플리치오(Simplicio)는 어린애 같은 화법과 속이 들여다 보이는 궤변으로 새로운 천문학을 거부했다. 책의 말미에서 갈릴레오는 교황이 분명하게 요구한 내용을 심플리치오의 입을 통해 말하는 형식으로 끼워넣었다.

이런 구절을 끼워넣은 것은 바보 같은 짓이었다. 『대화』는 즉시로 탄압을 받았고, 미처 팔리지 않은 책들은 압수되었다. 종교재판소에 다시 불려온 갈릴레오는 자신의 이단적인 이론을 부인해야 했고, 징역형을 선고받았다. 며칠 후에 판결은 갈릴레오에게 플로렌스에 있는 자신의 별장에 칩거하면서 시편을 3년 동안 하루에 7번씩 암송하라는 내용으로 완화되었다. 이 참회의 형벌은 수녀인 그의 딸이 대신하였다. 별장을 떠나지 말라는 명령을 받기는 했지만 그는 자유롭게 연구를 계속할 수 있었고, 학생들을 가르치고 저술도 하면서 방문객을 만날 수 있었는데, 그를 찾아온 사람 중에는 시인 존 밀턴도 있었다.

갈릴레오가 일부러 문제를 일으켰고, 교회가 기꺼이 반격했다는 해석을 할 수도 있지만 다른 요인, 즉 프로테스탄트와의 관계도 작용하고 있었다. 가톨릭교회는 과학보다는 프로테스탄트가 잠식해 들어오는 데 더 신경을 썼다. 교회는 떨어져 나간 가톨릭 신자들에게 프로테스탄트 못지않게 교황청도 성서를 중요시한다는 것을 확신시켜 줄 필요가 있음을 뒤늦게나마 깨달았다. 요즘 표현으로 하자면 바티칸은 개신교권과 관계개선을 원했다고 할 수 있을 것이다.

종교개혁이 있기 전까지는 성서는 문자 그대로 해석되지 않았다.

크로커(H. W. Crocker III)가 쓴 가톨릭교회의 역사서 『승리』(*Triumph*)는 이렇게 기록하고 있다 : "가톨릭의 성서해석—성 암브로시우스와 성 아우구스티누스 같은 교부들의 해석—은 자구에 얽매이지 않았다. 성 아우구스티누스가 가톨릭으로 개종할 때도 성서를 문자 그대로 해석하지 않았다."[13] 종교개혁이 일어나고 있는 시대에 과학적 추론과 성서에 기록된 문자 그대로의 사실이 충돌한다는 것은 골칫거리만 더 해줄 뿐이었다.

뿐만 아니라 교회의 입장에서는 코페르니쿠스의 이론은 검증된 사실이 아니라고 주장하는 것이 논리적이었다. 교회의 주장이 "근본주의"의 입장이란 해석은 지금에 와서 볼 때 그런 것이다. 존 브룩에 의하면 코페르니쿠스의 논문이 발표되고 나서 1600년까지는 57년이란 시간이 지났는데, 그동안에 "지동설을 강력하게 옹호한 코페르니쿠스주의자는 10명에 지나지 않는다"고 한다.

코페르니쿠스의 이론을 받아들이지 않은 사람으로서 덴마크의 천문학자 티어 브라(Tyge Brahe, 1546–1601)가 있다. 이 사람의 관찰 데이터는 후에 요하네스 케플러(Johannes Kepler, 1571–1630)가 행성의 운동에 관한 공식을 만들 때 사용되었다. 브라는 16세기 후반의 위대한 천문학자란 평가를 받고 있는 인물이다. 그는 행성이 태양의 주위를 돌고 있고 태양은 지구의 주위를 돌고 있다고 주장했다. 브라 같은 인물이 코페르니쿠스의 이론을 받아들일 수 없었다면 바티칸도 의문을 품는 게 당연하지 않았겠는가?

갈릴레오와 벨라르미노 추기경은 결국 지구가 움직인다는 명백한 증거 없이는 성서를 재해석할 필요가 없다는 데 의견을 같이했다. 증거가 부족한 시대였으니 티어 브라도 코페르니쿠스를 받아들이지 않았다. 훗날 제임스 브래들리(James Bradley)가 1720년대에 광행차(光行差)—지구의 움직임 때문에 나타나는 별 위치의 미세한 변화—를 발견하고 오랫동안 찾고 있던 별의 시차(視差)가 1830년대에 마침내 발견되고 나서야 핵심적인 증거가 제시되었다.

가톨릭교회는 후세의 평가보다는 더 많이 과학에 대해 열려 있었다. 바티칸은 16세기에 자체의 천문대를 설치했고, 그 성과로 역법을 개혁했다. 이것은 근대 천문학의 큰 업적이라고 할 수 있다. 율리우스 카이사르 시대에 있었던 로마인들의 역법개혁에서는 1년을 실제보다 12분 길게 측정했다. 1577년이 되자 율리아누스력은 계절보다 12일 늦게 가게 되어 교회의 축제일이 혼란스러워졌다. 1582년에 교황 그레고리우스 13세가 가톨릭 국가에서 통용되는 그레고리우스력을 제정했다. 1582년의 10월은 10일이 생략되었다. 프로테스탄트 국가는

브루노의 고난은 과학 때문이 아니었다

존 브룩은 1600년에 종교재판을 받고 화형당한 조르다노 브루노는 코페르니쿠스주의자였고 "흔히 전형적인 과학의 순교자로 평가받아 왔다"고 썼다. 그러나 재판기록을 보면 그의 코페르니쿠스주의적인 견해에 관한 언급은 없다. 그가 이단으로 판정된 것은 그리스도의 신성성과 삼위일체를 부정했기 때문이었다. 브루노는 배교한 수사였고, 동료 수사들 모두가 말했듯이 그리스도는 부랑자이며 가톨릭 교리는 당나귀의 고집통이라 주장했다고 한다. 존 브룩은 이렇게 덧붙였다 : "그의 교회에 대한 적대감의 이면에는 가톨릭이 이집트인들의 영향을 받았던 초기의 순결성을 잃어버렸다는 확신이 숨어 있었다. … 그가 갖고 있던 세계상은 마법 같은 철학에서 나온 것 이었고, 그것이 그의 종교였다." 그를 심문한 사람들은 그의 뛰어난 천문학 지식보다는 이단적인 신학에 더 관심이 많았다.

역법의 변경을 반대했고, 그래서 어떤 나라는 한 세기나 늦게 이 역법을 받아들였다(영국은 1753년에, 러시아는 1918년에 받아들였다).

당신이 읽지 말았어야 할 책

• 제프리 러셀(Jeffrey Burton Russell), 『지구는 평평하다는 미신의 발명』(*Inventing the Flat Earth*), New York : Praeger, 1991.

과학의 위대한 목표는 자연의 법칙을 인식하고 기술하는 것이다. 그런 법칙은 창조된 우주 안에서 찾을 수 있는 것이지 혼돈으로부터 찾을 수는 없다. 우주가 무작위로 행동한다면 과학은 존재할 수 없다. 철학자 데카르트는 "신이 자연에 부여한 법칙"을 찾고자 한다고 말했고, 뉴턴은 태양계의 규칙을 보면 "지적이고 강력한 존재의 지배"를 예견케 한다고 말했으며, 케플러는 창조의 기하학을 탐구하다 보면 신의 생각을 따라서 생각하게 된다고 말했다.

이것이 유대-기독교의 독특한 전통이다. 이슬람의 알라는 전횡적이고 고집스런 신이어서 복종을 요구한다. 머리를 숙여라, 행운을 위해 기도하라. 신은 언제라도 예고 없이 상을 주시거나 처벌하신다. 이런 신의 작업을 연구하는 것은 성과도 없을 것이고 불경스런 일이 될 것이다. 초기의 이슬람 정복에 뒤이은 창조적인 시기에 이슬람의 학자들은 다른 문화로부터 많은 가치 있는 것들을 흡수했다. 그후로 이슬람의 법률, 정치제도, 과학은 오랜 세월 동안 꾸준하게 쇠락했고, 회복될 기미가 보이지 않는다.

Chapter 13

우연인가 혹은 설계인가?

알고 있나요?

* 다윈은 진화의 메커니즘인 자연선택을 발견했다. 그러나 저명한 유전학자와 철학자들은 그것이 진실이 아니라고 말해왔다.
* 다윈의 강력한 지지자의 손자인 줄리안 헉슬리(Julian Huxley)가 1950년대에 진화론이 "진실이라고 믿을" 이유가 없다고 말했다.
* 레이(Lehigh) 대학의 마이클 비히(Michael Behe)는 진화론자들의 과학논문을 읽어보면 생명에 필수적인 복잡한 생화학 시스템의 근원에 대해서 언급하거나 설명을 제시한 적이 거의 없었다고 말한다.

진화론은 생명현상을 설명하기에 적절하지 않다는 주장이 뜨거운 논쟁을 불러일으켰고, 학교에서 아이들에게 창조론을 가르쳐야 한다는 발언은 논쟁을 더욱 가열시켰다. 부시 대통령은 "양쪽을 공정하게 가르쳐야 논쟁의 핵심이 무엇인지 알 수 있다"고 말했다.[1)]

지적설계론 지지자들은 생명체는 다윈이 말한 것처럼 장구한 시간 동안 우연한 사건의 연속에 의해 발생했다고 설명하기에는 너무나 복잡하다고 말한다. 그들은 모든 생명형식—식물, 동물, 인간—이 설계되었음이 분명하다고 한다.

가톨릭교회도 이 문제에 다시 관심을 보였다. 비엔나의 숀보른(Schonborn) 추기경은 진화는 안내자가 없고 사전에 계획되지도 않은 무작위 과정이라는 주장은 사실과 맞지 않다는 내용의 글을 뉴욕타임스에 기고했다. "설계의 흔적을 부정하고 '우연과 불가피성'으로 설명하려는 과학 이론은 전혀 과학이 아니다. [교황] 요한 바울이 말했듯이 그것은 인간 지성을 포기하는 행위이다."[2)]

진화론자들은 설계의 가능성을 전적으로 부정한다. 저명한 진화론자인 옥스퍼드 대학의 리처드 도킨스(Richard Dawkins)에 의하면 동물은 설계된 것처럼 보이나 "실제로는 그렇지 않다"고 한다. 그는 『눈먼 시계 제조공』(*The Blind Watchmaker*)이란 저서의 첫 페이지에서 이렇게 말했다 : "목적을 가지고 설계된 것처럼 보이는 복잡한 생명체를 연구하는 것이 생물학이다." 무신론자인 그는 다윈주의는 "지적으로 완성된 무신론자"가 될 수 있게 해준다고 말했다.[3)]

진화론자들의 세계관으로 보면 지상의 생명은 장기간의 무작위적인 사건을 거쳐 생명이 없는 물체로부터 진화해 온 것이다. 작든 크든 지상의 모든 생명체가 이런 방식으로 등장한 게 사실이라면 우리는 생명이란 목적과 의도가 없는 우주적 사고에 불과하다고 믿지 않을 수 없다.

이런 교조가 사실이라고 주장하는 진화론자들로서는 종교 또한 미망(迷妄)이라고 주장하는 게 당연하다. 그러나 생명이 원시 시대의 진흙탕으로부터 무작위의 변화를 거쳐 진화했다는 이론은 과학적으로 입증되지 않으며, 오히려 이런 주장을 지지하는 사람들의 철학적 가정에 근거하고 있는 것이라고 한다면—우리는 그렇게 믿는다—학교에서 이 사실을 가르쳐야 한다.

리처드 도킨스 같은 냉철한 진화론자와 캘리포니아(버클리) 대학 명예 법학교수인 필립 존슨(Phillip E. Johnson) 같은 저명한 지적설계론 지지자는 한 가지 점에서 견해를 같이한다. 진화를 신이 선호하는 창조의 방식으로서 받아들이는—이를 때로는 유신론적 진화론이라고 부른다—중도적 입장은 별로 의미가 없다는 것이다.

이런 점에서 도킨스와 같은 입장을 갖고 있는 다수의 과학자와 철학자들이 있다. 그 중에 한 사람이 터프츠(Tufts) 대학의 다니엘 데닛(Daniel Dennett) 교수인데, 그는 『다윈의 위험한 사상』(*Darwin's Dangerous Idea*, 1995)이란 책을 썼다. 그는 다윈주의를 "전 우주적인 신랄한" 이론이며, "모든 전통적인 개념을 남김 없이 쓸어버리고 세계를 혁명하는" 사상으로 보았다.[4] 코넬 대학의 진화생물학자인 윌리엄 프로바인(William Provine)도 같은 견해를 갖고 있다. 그는 다윈주의는 인간이 만들어낸 가장 강력한 무신론의 동력이라고 평했다.

필립 존슨을 위시한 설계론 지지자들은 나방의 날개 색깔이나 피리새의 부리의 변이 같은 신체의 국부적 변화는 "미세 진화"일 뿐이라는 개념을 제시하고 있다. 존슨은 이 개념으로는 나방과 새와 나무가 애초부터 어떻게 존재하게 되었는지는 설명해 주지 못한다고 주장한다. "인간의 신체는 눈과 폐와 세포 같은 경이로 가득 차 있으며, 진화론적 점진주의로는 이것을 설명할 수 없다."[5] 존슨은 이런 자연의 경이가 진화생물학이 주장하는 맹목적이고 우연이 이끄는 과정으로부터 생겨났다고 믿지 않는다.

견해의 차이는 심각한 정도이다. 도킨스, 데닛, 프로바인의 말이 맞는다면—좀 덜 직설적이기는 하지만 이들의 견해에 동조하는 사람들이 많다—신이란 환상이다. 그런데 지적설계론 지지자들의 말이 맞는다면 진화론은 지적인 쓰레기더미에 지나지 않는다.

유신론적 진화론이란 "중도론"을 지지하는 사람들도 있다. 2001년에 공영 TV방송에서 청취자들에게 "진화론을 믿는다고 해서 종교적 신념과 배치되는 것은 아니라"는 점을 재확인시켜 주기 위해서 마련한 연속 강좌 프로그램에서 이들의 존재가 돋보였다. 이런 견해를 지지한 주요 인물이 브라운 대학의 생물학자이자 『다윈의 신을 찾아서』(*Finding Darwin's God*)라는 책을 쓴 케네스 밀러(Kenneth R. Miller)이다. 공영 TV방송의 카메라 앞에서 밀러는 가톨릭 영성체를 받았고, 선량한 구식의 다윈주의를 강의하는 사람의 모습을 연출했다.

2005년에 밀러는 캔자스 주 교육위원회가 아동들에게 진화론을 어떻게 가르쳐야 하는지 결정하기 위해 개최한 청문회에 증인으로 초청받았다. 그러나 밀러는 위원회가 이미 "진화론과 창조론의 논쟁을 다 가르치기로 결정"해 놓고서 이런 청문회를 연다는 이유로 출석하지 않았다. 그는 뉴욕타임스와의 인터뷰에서 자신의 불출석이 "대중 앞에서 지적설계론 지지자들과 대면하기를 두려워하는 것으로 비쳐지도 모르나" 이런 토론에 참가하는 것은 (토론이) "무언가 경청할 만한 가치가 있는 것처럼 보이게 하는 데 도움을 줄 뿐"이라고 말했다. 그는 "그런 역할을 하는 데는 관심이 없었다."[6)]

리처드 도킨스도 진화론은 논쟁의 대상이 아니라고 생각한다. 그는 타임지와의 인터뷰에서 "무언가 과학적인 논쟁이 벌어질 것으로 기대했으나 그렇지 못했다"고 말했다. 그러나 타임지는 "불참전략은 진화론을 가르치는 것을 걱정스럽게 생각하는 사람들에게 맞불을 놓는 효과를 줄 수도 있다"고 덧붙였다. 그들이 캔자스 주에서 생물과목 교육의 지침을 결정하기 위한 토론회를 보이콧하자 "진화론 반대자들이 활개칠 수 있는 장이 활짝 열렸고, 이날의 시합에서는 결국 이들이 이겼다."[7]

대부분의 진화론자들이 그렇듯이 케네스 밀러는 "진화는 사실"이라고 주장한다.[8] 그는 이 사실을 어떻게 알게 되었을까? 그는 『다윈의 신을 찾아서』에서 "인류가 어느 날 갑자기 지구상에 나타나지 않았다는 것은 사실이다. 인류는 조상이 없이 새롭게 생겨난 존재가 아니다"라고 말했다. 이건 책상을 내리치는 웅변에 불과하다. 사실은 사실이란 것이 사실이라는 말과 같다. 밀러가 속한 집단에서는 권위는 별다른 논쟁 없이 통용되도록 되어 있는 모양이다. 그는 많은 동조자를 거느리고 있고, 그런 동조자들은 진화가 사실이라고 인정할 것이다.

진화는 사실인가? 완곡하게 표현해서 진화는 "오랜 시간을 거친 변화"라고 한다면 그건 분명히 맞다. 그러나 케네스 밀러는 거기서 더 나아가 과감하게 이렇게 주장한다 : "우리의 계통의 끈은 분명하고 다른 여러 종이나 집단의 경우도 그렇다." 독자들은 그가 상세한 논거를 제시하기를 기대하겠지만 그는 "끈"이란 막연한 표현으로 빠져나갈 구멍을 만들어 놓고 있다.

진화론자들은 지적설계론이 하나의 이론의 수준에 미치지 못한다고 말한다. 그들의 말이 옳을지도 모른다. 레하이(Lehigh) 대학의 생화학 교수이자 다윈주의를 부정하는 대표적 인물인 마이클 비히(Michael Behe)는 "지적설계론은 실험으로는 증명할 수 없다"고 말한다. 비히는 디스커버리 연구소(Discovery Institute)의 선임 연구원이다. 시애틀에 있는 이 연구소는 다윈의 진화론을 반박하는 연구를 주로 하는 싱크 탱크이다. 그는 1996년에 『다윈의 블랙박스』(*Darwin's Black Box : The Biochemical Challenge to Evolution*)란 책을 출간했는데, 이 책은 아마도 1920년대 이후로 뉴욕의 유서 깊은 출판사가 간행한 진화론을 직접 공격하는 첫 번째 책일 것이다.

프랑켄슈타인 박사가 어떤 괴물을 만들었는지 기억하는가?

놀랍게도 진화론자들은 지적설계를 비판할 때 신학적인 논법을 사용한다. 하버드 대학의 심리학 교수 스티븐 핑커(Steven Pinker)는 타임지에 기고한 글에서 이렇게 썼다 : "우리 몸은 아무리 유능한 기술자라도 설계할 수 없는 경이로운 수수께끼로 가득 차 있다. 그 수수께끼는 시행착오를 거친 역사의 흔적이다. 예컨대 망막은 안구의 뒤쪽에 위치하고 정액의 도관(導管)은 정원의 살수 호스가 나무에 감겨 있듯 요관(尿管) 위에 걸려 있다 … ."

다른 말로 표현하자면 설계자는 무능하다. 자존심을 가진 신이라면 그런 즉흥적인 행위를 하지 않을 것이다. 스티븐 굴드도 여러 차례 같은 주장을 했다. 시카고 대학의 제리 코인(Jerry Coyne)은 뉴리퍼블릭에 기고한 "비지적인 설계"란 제목의 장문의 비난 글을 통해 주제넘게도 지적 설계자가 해야 할 일과 하지 말아야 할 일을 열거했다.

이것은 과학적 노하우란 가면을 쓴 신학적 비난이다. 화석기록 자체에도 그런 시행착오의 "역사"는 드러나지 않는다. 그것은 핑커 교수의 상상일 뿐이다. 눈은 있는 그대로의 상태에서 완벽하게 기능한다. 서툰 기술자가 만든 카메라는 눈의 기능과 크기에 비할 바가 못 된다. 미생물학자는 흉내도 낼 수 없다. 다윈 자신의 기준을 따르더라도 정액 도관을 포함하여 우리의 몸은 매우 잘 설계되어 있다. 그렇지 않다면 여기서 언급할 필요조차 없을 것이다.

핑커 박사, 먼저 당신의 하버드 실험실에서 잘 설계된 인간의 몸을 만들어 보시오. 우리는 당신과 당신 동료들이 지적 설계자의 솜씨를 따라 잡을 수 있는지 지켜볼 것이오. 당신이 해낸다면 당신의 비판에도 귀기울이리다.

Time, 2005. 8. 15 ; *New Republic*, 2005. 8. 22.

설계론 지지자들이 원한다면 언제나 어떤 어려움도 물리칠 수 있고 자신이 원하는 대로 어떤 생명형태도 만들어낼 수 있는 설계자, 즉 신에게 간구한다면 그것은 과학이 아니라 마법의 영역이다. 지적설계자가 못하는 게 없다면 지적설계론은 틀릴 수가 없으며, 바로 그런 까닭에 과학일 수가 없다. 지적설계론의 비판자이며 스미스소니언 연구소(Smithsonian Institute)의 고생물학자인 더글러스 어윈(Douglas H. Erwin)은 뉴욕타임스와의 인터뷰에서 이렇게 말했다 : "과학의 법칙 중 하나는 기적이 인정되지 않는다는 것이다. 이것은 과학하는 사람들의 근본적인 가정이다."[9]

그러나 똑같은 비유적 비판을 다윈주의에도 적용할 수 있다. 오직 물질적 원인만을 인정한다면, 그리고 우주에는 움직이는 분자 이외에는 아무 것도 존재하지 않는다면 진화론은 진실일 수밖에 없다. 그것은 유물주의의 전제에서 나오는 논리적 연역이다. 우리는 수백만의 다른 종들과 함께 분명히 여기에 있다. 그렇다면 우리는 어떻게 여기에 있게 되었는가? 분자들이 스스로 뒤엉켜 매우 복잡하고도 의식을 가진 존재로 변한 결과이다. 유물주의자들에게는 이런 주장 말고는 선택의 여지가 없다.

오늘날의 설계론자들은 종의 기원이 발표되던 당시보다도 훨씬 강력하게 다윈의 이론을 비판한다. 19세기에는 성직자와 기존 질서의 옹호자들이 과학에 대해 주눅이 들어 있었다. 신앙을 가진 사람들은 인간이 진화론의 적용대상에서 면제되기만 하면 된다는 입장을 갖고 있었을 뿐이었다. 과학자들이 원숭이와 인간 사이의 "잃어버린 연결고리"를 인정하는 한 기성 교회는 대체로 만족했다. 그러나 오늘날 지적설계론 지지자들은 어떤 "연결고리"도 부정한다. 연결고리 하나가 사라진 것이 아니라 아예 확신할 수 있는 연결고리가 존재하지 않는다는 입장이다.

사이언스지의 편집장인 도널드 케네디(Donald Kennedy) 같은 현대 과학계의 거물들은 이런 회의주의의 대두를 불쾌하게 생각한다. 1998년에 그는 미국 시민의 다수가 인간은 "다른 형태의 생명체로부터 유래되었다"는 것을 믿지 않는다는 사실을 알고 있느냐는 질문을 받았다. 그는 그 사실을 알고 있지만 사람들의 인식이 바뀌기를 바란다고 말했다. 2005년에는 그는 이렇게 말했다 : "사람들의 인식이 잘못된 쪽으로 바뀌었다. 40개 이상의 주에서 생물학적 진화론 교육의 대안을 찾는 논의가 진행 중이다."[10]

케네디는 "현대의 복음주의 기독교의 물결"과 "당파적 충성심"이 결합되었다고 비난하면서 줄기세포 연구를 예로 들어 (부정확하게도) "어떤 분야의 과학은 종교적인 이유로 배척당하고 있다"고 덧붙였다. (그러나 이 연구는 합법적이다. 그는 연방정부가 줄기세포 연구에 재정지원을 하지 않는다는 사실을 달리 오해하고 있는 모양이다.) 다른 진화론자들과 마찬가지로 그는 종교를 희생양으로 삼는 데 기쁨을 느낀다. 그래야 문제의 핵심이 무엇인지 호도할 수 있을 테니까. 핵심은 교조적인 진화론 주장에는 신뢰할 만한 과학적 근거가 없다는 것이다.

잘 알려진 설계론자들은 어떤 종교적 교리도 신봉하지 않으며 창세기에 의존하지도 않는다. 그래서 전문가들은 좌절감을 느낀다. 설계론자들을 간단하게 기독교 근본주의자라고 무시해 버릴 수 없기 때문이다. 설계론 지지자들은 대체로 증거와 이성에 호소한다. 그들 대부분이 교회를 나가고 있고, 그래서 진화론자들은 그들이 과학을 내세워 종교적 주장을 펼치고 있다고 수시로 비난한다. 진화론자들의 변함없는 전략은 논쟁을 손쉽고 익숙한 "종교와 과학의 관계"로 몰고가는 것이다.

진화론자들은 인정하지 않고 있지만 설계론자들은 진화론의 우군은 과학이 아니라 철학이라고 말한다. 이렇게 양 진영은 상대가 비과학적 의제를 두고 과학을 전면에 내세워 이용하고 있다고 서로를 비난한다. 설계론자들에게는 "창조론"의 진정한 신봉자란 이름이 붙여졌고, 진화론자들에게는 진화가 논리적 필연으로 등장할 수밖에 없는 세계관—유물주의 철학—의 신봉자란 이름이 붙여졌다.

≫≫≫ 이론의 기원 : 다윈주의와 그 약점

생명은 선행하는 생명으로부터 발생하여 점차적으로 보다 복잡한 형태가 되었다는 생각은 1859년에 다윈이 『종의 기원』을 출간하기 훨씬 전부터 제시되었다. 그의 조부 이레즈머스 다윈(Erasmus Darwin)은 초기 진화론자였고, 18세기 계몽주의 시대 철학자들은 생명의 기원은 무생물체로 거슬러올라간다는 관념에 매료되어 있었다. 초기의 진화론자는 자연주의자 장 밥티스트 라마르크(Jean-Baptiste Lamarck)였다. 그는 후천적으로 습득된 특성이 유전된다고 주장했다. 이 이론은 잘못된 것임이 밝혀졌으나 다윈은 중요한 메시지로 받아들였다. 라마르크는 생명체의 변이가 "신성한 개입이 아니라 법칙의 결과"라고 보았다. 다윈은 라마르크의 "뛰어난 공헌"을 찬양했다.

진화론이 설득력을 갖기 시작한 것은 다윈이 자신이 고안해낸 진화의 방식, 즉 자연선택을 제시한 이후부터의 일이었다. 다윈은, 생명체를 관찰하는 자연주의자는 생명체가 "독립적으로 창조된 것"이 아니라 다른 생명체로부터 나왔다는 결론을 내릴 것이라고 썼다. 그러나 이런 결론은 어떻게 그런 일이 일어났는지 입증되지 않으면 설득력을 갖지 못할 것이다. 종(種)은 어떻게 "경탄하지 않을 수 없는 상호 순응과 구조의 완벽성을 획득하게 되었을까?"

다윈은 하나의 메커니즘을 제시했다. 그는 "어떻게"라는 질문에 대해 최소한 동료들이 만족할 수 있는 답변을 내놓았다. 그의 생각은 재빨리 받아들여졌고, 일단 그의 생각이 받아들여지자 모든 것이 너무나 분명해 보였다. 자유방임의 철학자 허버트 스펜서는 다윈이 제시한 개념을 "적자생존"이란 용어로 요약했다. 다윈도 이 용어가 자신의 주장을 잘 요약했다고 생각했고, 그래서 저서의 재판에서부터는 이 용어를 사용했다.

이 주장에 따르면 어떤 유형은 다른 유형보다 더 잘 적응하며, "생존경쟁"에 있어서 더 잘 적응한 변이체만이 살아남아 종족을 번식시키게 된다. 그래서 동물과 식물은 처한 환경에 점진적으로 보다 잘 "적응"하게 되고 적응하지 못한 종은 사라졌다. 그러므로 자연 자체가

다윈주의의 공허함에 관한 워딩턴의 비판

"누구나 마음 속으로는 가장 많은 후손을 남기는 동물이 어떤 특정한 식물을 먹는 데 가장 잘 적응하는 동물이 될 것이라고 생각한다. 그러나 이건 분명한 이론이 아니다. … 사실상 공허한 말일 뿐이다. 자연선택은 어떤 종은 다른 종보다 많은 후손을 남긴다고 말한다. 그러면 어떤 종이 다른 종보다 많은 후손을 남기는지 물어보라. 그건 더 많은 후손을 남기는 종이다. 그뿐이다. 진화론의 핵심—말과 호랑이와 다를 생물들은 어떻게 하여 생겨났는가—은 논리의 영역 밖에 있다.

자동 "진화장치"이다.

"이걸 생각해내지 못하다니 얼마나 바보 같은가!" 다윈의 충실한 사도이자 출판업자였던 토머스 헨리 헉슬리(Thomas Henry Huxley)가 한 말이다. 그는 불가지론이란 말을 만들어낸 인물이다.

1959년 시카고 대학에서 열린 『종의 기원』 출간 100주년 기념식이 열리기까지 다윈주의는 승자의 자리에 있었다. 줄리안 헉슬리 경(Sir Julian Huxley, 토마스 헉슬리의 손자)은 "생명의 진화는 더 이상 이론이 아니며 사실"이라고 단언했다. 그는 교조적인 어투로 "우리는 번잡스런 어의(語義)와 정의(定義)의 늪에 빠질 생각이 없다"고 덧붙였다.[11]

대영박물관장 개빈 드 비어 경(Sir Gavin de Beer)은 다윈이 내린 결론을 "반박"한다면 그것은 "무지나 뻔뻔스러움의 결과"임이 분명하다고 강조했다. 생태학자 개릿 하딘(Garrett Hardin)은 다윈을 존경하지 않는 사람은 "동정의 눈길을 한몸에 받게 될 것"이라고 썼다.[12]

다윈의 저서는 생물학자들이 다윈이 제시한 메커니즘이 얼마나 허황된 것이지 깨닫기 전까지 수십 년 동안 계속하여 인쇄되었다. 컬럼비아 대학의 유전학자 토머스 헌트 모건(Thomas Hunt Morgan)은 "생존하기 위해 가장 잘 적응한 개체는 그보다 적응하지 못한 개체보다 더 많은 생존 가능성을 갖고 있다는 얘기는 자명한 이치와 다름없다"고 말했다.[13] 모건은 초파리의 염색체 연구로 노벨상을 받은 인물이다.

문제는 결코 사라지지 않았다. 논리적으로는 생존했다는 사실 말고는 적응의 기준이 없다. 결국 다윈의 자연선택론은 어떤 생명체는 다른 생명체보다 후손을 많이 남긴다는 단순한 얘기에 지나지 않는다. 영국의 유전학자 워딩턴(C. H. Waddington)은 앞에서 언급한 100주년 기념식에서 다음과 같이 말했다.

처음에는 실험과 관찰을 통해 확인되어야 할 필요가 있다고 생각되던 자연선택론이 자세히 살펴보자 유어반복(類語反復)과 같은 것임이 밝혀졌다. 필연적이지만 이전에는 모르고 있었을 따름이다. 자연선택론은 개체군 가운데서 가장 잘 적응한 개체(가장 많은 후손을 남긴 개체라고 정의된다)가 가장 많은 후손을 남긴다고 말한다.[14)]

지구상에서 유성생식을 하는 동식물의 숫자가 얼마나 많은지 생각해 보라. 그것들의 복잡한 적응, 존재양식, 생활주기, 본능, 후손을 양육하는 수단 또한 얼마나 다양한지 생각해 보라. 우리는 학교에서 위대한 자연주의자 찰스 다윈이 이러한 다양함과 복잡함이 일어나는 메커니즘을 발견했다고 배운다. 다니엘 데닛은 다윈의 개념이 "인간이 생각해낸 것 중에서 최고의 개념"이라고 과장했다.

그러나 그 메커니즘이란 것을 자세히 분석해 보면 그저 어떤 생명체는 다른 생명체보다 더 많은 후손을 남긴다는 주장에 지나지 않는다는 것을 알 수 있다. 이것으로는 뭔가 설명이 되지 않는다.

20세기의 대표적인 과학철학자 칼 포퍼 경(Sir Karl Popper)도 다윈주의 이론의 허점을 지적했다. 그는 이 이론이 "검증할 수가 없고", 다만 "형이상학적"이라고 말했다. 그는 다음과 같이 썼다 : "현재 생존하고 있는 종은 환경에 적응했다고 말하는 것은 사실상 유어반복이다. … 적응이나 순응이란 것은 현대 진화론자들에 의하면 생존의 가치라고 정의되는데, 그것은 실제적으로 생존에 성공해야 증명될 수 있다. 이 이론을 입증할 수 있는 방법은 이 취약한 검증방식 이외에는 거의 없다."[15)]

자연에서 드러난 결과는 모두 다윈의 이론을 확인하는 자료가 될 수 있고, 심지어 종의 소멸까지도 그런 자료가 될 수 있다. 일설에 의하면 지금까지 생존했던 종 가운데서 99%가 사라졌다고 한다. 그렇다면 다윈의 진화론은 소멸되지 않는 한 종은 잘 적응했다는 주장밖에 되지 않는다. 적응에 실패하면 "적자"가 아니며 소멸한다. 그래서 다윈의 이론은 다시 한 번 확인된다. 허약한 이론이라고 할 수밖에 없다.

"종의 기원"을 설명하는 데 있어서 다윈 이론의 또 하나의 허점은 다음과 같다. 자기 재생산을 하는 생명체가 이미 존재하고 있지 않으면 자연선택은 어떤 역할도 시작하지 않는다. 그러므로 자기 재생산을 하는 생명체의 기원을 설명하는 데는 자연선택은 시발점이 될 수가 없다. 이런 비판을 한 사람은 지적설계론의 이론가인 윌리엄 뎀스키(William Dembski)이다. 그는 자연선택을 모순어법이라고 불렀다. 자연선택론은 "지적인 행위자라야 가질 수 있는 선택의 능력을 본질적으로 그런 능력을 갖지 못한 자연이 갖고 있다고 생각하기 때문이다."[16)]

영국의 자연주의자 알프레드 러셀 월리스(Alfred Russel Wallace)가 다윈과 비슷한 시기에 자연선택론을 제시했다. 두 사람은 토머스 맬서스의 『인구론』(*Essay on the Principle of Population*)으로부터 영향을 받았다. 식량공급보다 빠른 속도로 증가하는 인구는 바로 그 인구에 "압력"을 가한다. 다윈과 월리스 두 사람은 이 압력이 덜 적응한 것들을 제거하고 보다 적응한 것들을 촉진시킨다고 주장했다.

맬서스는 자유시장을 옹호하는 경제학자였다. 그의 저서 『정치경제학의 원리』(*Principles of Political Economy*)는 다윈이 자신의 이론을 개략적으로 정리한 책을 출간했던 때와 같은 시기에 나왔다. 영국의 철학자 버트란드 러셀은 다윈의 이론이 "본질적으로 자유방임의 경제를

동식물의 세계로 확장한 것"이라고 지적했다.[17)]

그러나 다윈주의의 본질적으로 정치적인 뿌리는 20세기에 들어와서야 분명해졌다. 하버드 대학의 유전학자 리처드 르원틴은 "다윈의 자연선택을 통한 진화라는 이론 전체에는 초기 자본주의의 정치경제학 이론이 그대로 투영되어 있다"고 말했다. "다윈이 한 일이란 19세기 초의 정치경제를 자연계 전체로 확장한 것이다."[18)] 스티븐 굴드도 같은 말을 했다.

다니엘 데닛만큼이나 다윈의 뛰어난 이론에 탄복하는 리처드 도킨스는 한 걸음 더 나아가 "진화론이 나오기까지는 19세기를 기다려야 했다"고 말한다.[19)] 이유는 간단하다. 다윈주의는 빅토리아 시대 중기의 정치경제가 생물학에 수입된 것이기 때문이다.

우리는 다윈과 월리스가 각기 갈라파고스 제도와 말레이 군도를 다녀온 표본채집 탐험에서 영감을 얻었다고 믿고 있다. 그런데 사실상 두 사람에게 영감을 준 것은 디킨스가 작품에서 묘사한 바 있는 그 시대의 치열한 경쟁, 파산, 빈민가, 채무자 감옥이었다. 월리스는 회고록에서 맬서스의 저서를 읽은 것은 "특별히 마련된 시합을 보는 것과 같았다. 나는 그 시합을 보고서 즉각 '적자생존'이란 간단하고도 보편적인 법칙을 깨달았다"고 말했다.

두 사람의 자연주의자가 '같은 시기'에 '같은 사람'이 쓴 '같은 책'—경제학자가 쓴 책—을 읽고 같은 생각을 하게 되었다는 것은 분명히 의미심장한 일이다.

그러나 자유시장 경쟁에 적용되는 법칙은 자연계에는 적용되지 않는다. 한 회사는 경쟁회사의 제품을 검토하고 거기에 맞춰 "적응"한다. 그런데 한 동물의 유전자는 다른 동물의 유전적 변화를 보거나 거

눈은 어떻게 진화했는가? 데이비드 벌린스키 대 다니엘 데닛

터프츠 대학의 철학교수 다니엘 C. 데닛은 최근에 뉴욕타임스와 눈의 진화과정에 관해 대담했다. 문외한으로서 이런 진화과정을 받아들이기란 쉬운 일이 아니다. 그런 어려움—일 년 내내 메가바이트급의 정보가 대뇌 시각피질에 전달된다—에 관해 간단하게 언급한 후 데닛은 전혀 어렵지 않다는 듯 다음과 같이 말했다 : "그러나 관련된 유전자의 역사와 작동방식—5억 년 전에 등장한 다세포 동물의 시발점인 시각이 없는 박테리아의 선행 유전자에 이르기까지—에 대해서 더 많이 알게 되었으므로, 이제는 감광점이 점진적으로 빛이 어느 방향에서 오는지를 감지할 수 있는 빛에 민감한 원공(圓孔, crater)으로 변한 후 다음 단계에서는 점진적으로 수정체를 형성하여 빛을 모으는 능력이 향상되는 과정을 거쳤다고 말할 수 있게 되었다. 우리는 이 과정의 상세한 내용을 말할 수 있을 뿐만 아니라, 눈으로 진화하는 중간단계의 실제 사례들을 동물계 여기저기에서 찾을 수 있다. 그리고 이 창조적인 과정이 이론에서 말한 그대로 일어난다는 것을 보여줄 수 있는 컴퓨터 모델도 갖고 있다."

수학자 데이비드 벌린스키(David Berlinski)의 반박은 다음과 같다 :

"데닛이 자세히 살펴보지 않았음이 너무나 명백하다. 동물계에 눈이 널리 존재한다는 것은 사실이다. 그러나 눈이 어떻게 생겨났는지는 분명하지 않다. 나아가 눈이 이른바 다윈의 메커니즘에 의해 생겨났는지는 더더욱 분명하지 않다. 동물계의 시각 시스템을 들어 눈의 진화를 설명한다는 것은 호머가 전쟁시를 썼고 버질도 애국심을 고취하는 작품을 남겼기 때문에 『전쟁과 평화』라는 작품이 등장하게 되었다는 비유만큼이나 설득력이 없다. 사실을 나열하였지만 핵심을 벗어난 것이다. 고생물학의 기록을 볼 때 감광점에서 출발하여 종국에는 눈에 이르는 자연적인 발전과정의 증거는 찾을 수 없다. 다윈주의에 대한 믿음을 잠시 접어둔다면 데닛이 그토록 자신만만하게 말하는 이른바 중간단계란 것은 전혀 중간단계같아 보이지 않는다. 그것은 중심 유형의 변형같아 보인다. 물론 다윈의 진화란 것도 전적으로 추론적인 가상이다."

"눈의 진화론적 발생을 증명할 수 있는 컴퓨터 모델이 있다는 얘기도 도회지풍의 신화이다. 그런 모델은 존재하지 않는다. 어디에 있는 어떤 연구소에도 그런 모델은 없다. 그런 모델을 어떻게 만들 것인지 단초적인 아이디어조차 가진 사람이 없다. 그런 얘기는 리처드 도킨스가 지어낸 것이다. 도킨스가 자신의 주장의 근거로 삼고 있는 연구의 권위자인 댄 닐슨(Dan E. Nilsson)은 그의 실험실에서 눈의 발생에 관한 컴퓨터 모의실험을 한 적이 있다는 얘기를 분명하게 부인했다."

다니엘 데닛, "내게 과학을 보여주시오", 뉴욕타임스, 2005. 8. 28 ;

데이비드 벌린스키, 필자에게 보낸 e-메일, 2005. 8. 31 ; 또한 벌린스키, "강적을 만난 다윈"(Has Darwin Met His Match), 『논평』(*Commentary*), 2002년 12월호. 같은 잡지에 보낸 편지, 2003. 7월호를 보라.

기에 맞춰 적응할 수 없다. 그러므로 돌연변이는 맹목적이며, 유일한 희망은 유전자 주사위를 던져 제대로 된 조합이 생겨나는 것이다. 다윈의 진화론이 내세우는 이런 주장은 "인간이 생각해낸 것 중에서 최고의 개념"과는 거리가 멀고 한 시대의 문화가 만들어낸 편협한 이론이다.

우리는 경쟁과 생존에 관한 경제학적 통찰력이 자명한 이치라는 사실 이외에 동물계와 식물계에도 적용될 수 있는지 의문을 갖게 된다. 우리는 "생존하기 위해 가장 잘 적응한 개체는 그보다 적응하지 못한 개체보다 더 많은 생존의 가능성을 갖고 있다"는 토머스 모건의 말을 부정할 수 없기 때문이다.

≫≫ 환원 불가능한 복잡성

마이클 비히는 『다윈의 블랙박스』에서 중요한 문제를 지적했다. 복잡한 생화학 시스템은 처음에 어떻게 생겨났을까? 이것은 생명기능에 핵심적인 요소이며, 그 근원을 우연으로 돌릴 수는 없다.

여러 가지 논문을 살펴본 비히는 이전에는 이런 의문에 대한 답변이 제시된 적이 없을 뿐만 아니라 의문이 제기된 적도 거의 없음을 알게 되었다. 토론과 논쟁이 있어야 할 곳에 침묵이 지배하고 있었던 것이다. 그는 자신의 대학원 시절에 분자생물학을 전공하는 학생들이라면 생명의 기원과 발생에 관해 더 많이 알고 있으리라 짐작했으나 전혀 그렇지 않았던 일을 기억해냈다.

사실 그들은 자신들이 연구하는 메커니즘이 어떻게 생겨나게 되었는지 알지 못했다. 우연을 그 원인이라고 하기에는 DNA 구조의 공동 발견자인 프랜시스 크릭(Francis Crick) 때문에 어느 정도의 문제가 있었다. 크릭은 1973년에 다른 행성에서 온 존재가 지구에 "씨를 부렸다"는 가설을 제시했다. 그는 이런 주장을 1990년대에도 다시 내놓았다. 그는 자신의 가설을 "유도된 배종(胚種) 발달설"이라 불렀다. 분자생물학에 대해 충분한 지식을 갖고 있어서 유도되지 않은 생명의 기원은 엄청난 문제를 야기할 수 있다는 사실을 알고 있었던 그로서는 이런 가설을 제시할 수밖에 없었다. "정신"이나 초자연적인 존재를 원인으로 제시하는 일을 피하자면 어떤 지적인 설계자를 끌어들일 필요가 있었던 것이다. 그래서 외계인이 등장했다. 노벨상을 수상한 경력 덕분에 그는 자유분방한 가설을 제시할 수 있었다. 지명도가 떨어지는 생물학자들은 전공분야의 이런 난제를 대다수의 사람들이 유물주의 철학으로 설명하는 것을 보고도 그저 침묵할 뿐이다.

비히는 몇 가지 복잡한 생화학 시스템—시각의 생화학, 혈액응고 시스템, 섬모(纖毛 : 세포가 체액 속을 이동할 때 추진역할을 하는 채찍 모양의 장치)—을 자세하게 관찰했다. 비히는 이것들의 구조가 수십 또는 수백 개의 정확하게 짜맞추어진 부분으로 구성되어 있다고 썼다. 이런 복잡한 시스템은 수천 가지나 되는데, 그 기원을 알 수 있는 설득력 있는 메커니즘은 단 한 사례도 없었다. 그렇다면 이것들은 어떻게 생겨났는가?

1850년대 이후로 이 질문에 대한 답변은 변함이 없었다. "수많은 연속적이고 미세한 변이", 이것이 다윈이 제시한 답변이다. 한 부분이 무작위적 돌연변이에 의해 생겨나고 이것이 생명체에 "선택적 우위"를 부여했다. 그런 다음에 다른 우연이 계속하여 발생했다. 그런데 모든 부분이 처음부터 존재하고 완전하다면 이런 설명은 설득력이 없다. 다윈의 설명을 자동차에 비유하자면 이렇다 : 피스톤 막대가 자동차를 약간 움직일 것이고, 그것을 크랭크샤프트에 연결하면 자동차는 좀 더 잘 움직일 것이다. 최종적으로 모든 부분이 제자리를 차지하면 연료 1갤런으로 30마일을 달리게 된다.

비히는 자신의 주장을 쥐틀에 비유했다. 쥐틀은 단순하기 짝이 없는 구조이지만 모든 부분이 제대로 배열되어야 쥐를 잡을 수 있다. 비히는 이런 구조를 "환원 불가능한 복잡성"이라 불렀다. 『종의 기원』에서 다윈은 시각은 빛에 민감한 점에서 시작되었다는 가당찮은 설명을 제시했다. 이 점이 생존 우위의 기능을 갖게 되고 그 구조가 다수의 후손에게 유전되었다는 것이다. 리처드 도킨스도 같은 주장을 되풀이했다. 비히는 문제는 최소한의 기능을 하는 시각 시스템은 "하잘것 없어 보이지만 비유컨대 모터사이클이나 TV 수상기만큼 복잡한 세포의 배열을 갖고 있어야 한다"는 점이라고 말했다.

다윈은 이것을 알지 못했다. 그러나 커멘터리에 눈의 진화와 관련된 글을 기고했던 데이비드 벌린스키는 도킨스의 주장이 견강부회라고 말한다. 다니엘 데닛은 최근 뉴욕타임스에 눈의 진화를 주장하는 글을 기고했다. 벌린스키는 데닛과 도킨스를 싸잡아 비판했다.

진화론자들은 최근까지도 무지를 방패로 삼았다. 분자 수준의 구조가 알려진 것은 비교적 최근의 일이다. 그전까지는 과학자들은 물체의 구조는 초현미경 속에 보이는 것이 전부라는 편리한 짐작에 의존할 수 있었다. 비히의 표현을 빌리면 진화론의 진정한 문제는 그것이 "블랙박스"라는 데 있다. 누구도 블랙박스를 검사할 수가 없다. 아이들이 간단한 플라스틱 장난감을 머리 속에서도 짜맞출 수 있듯이 곤충은 상한 음식에서 나온다고 생각했다. 초기의 열렬한 다윈 추종자였던 에른스트 헤켈(Ernst Haeckel)이 쓴 책에는 세포 자체가 "단순한 단백성 탄소의 작은 덩어리"라고 적혀 있었다.[20)]

당신이 읽지 말았어야 할 책

- 윌리엄 뎀스키(Willam A. Dembski) 편저, 『비범한 반대자 : 다윈주의의 허점을 찾은 지식인들』(*Uncommon Dissent : Intellectuals Who Find Darwinism Unconvincing*), Wilmington, DE : ISI Books, 2004.
- 마이클 비히(Michael J. Behe), 『다윈의 블랙박스』(*Darwin's Black Box : The Biochemical Challenge to Evolution*), New York : Free Press, 1996.
- 리처드 웨이크하트(Richard Weikhart), 『다윈에서 히틀러까지 : 진화론의 윤리, 우생학, 그리고 독일의 인종주의』(*From Darwin to Hitler, Evolutionary Ethics, Eugenics and Racism in Germany*), New York : Palgrave Macmillan, 2004.

그러나 이제 우리는 더 많이 알고 있다. 생명이 생겨나기 위해서는 우연의 연속뿐만 아니라 있을 법하지 않은 사건들이 동시에 일어나야만 한다. 그것이 무엇인지 설명하려고 시도한 분자 진화 저널(*Molecular Evolution Journal*)에 실린 논문들의 80%는 비히가 분석한 바에 의하면 서로 다른 종의 단백질 아미노산 배열을 비교하여 유사성과 차이점을 찾아내는 데 그치고 있다고 한다. 그러나 배열 비교로는 복잡한 시스템의 발생을 설명할 수 없다. 이 방식은 두 대의 컴퓨터 매뉴얼을 비교하여 컴퓨터의 조립과정을 알아내거나, 또는 컴퓨터가 타이프라이터에서 시작하여 여러 단계를 거쳐 현재의 모습을 갖추게 된 과정을 알아내는 것이나 마찬가지다. 이걸로는 안 된다. 출발점이 어딘지를 알아내야 한다.

그러나 우리는 지금까지 다윈이 제시한 메커니즘인 자연선택만 바라보아 왔다. 진화가 실제로 발생했다는 증거가 무엇인가? 그 증거는 얼마나 설득력이 있는가? 어느 글에서 데이비드 벌린스키는 진화는 "관찰된 적이 없는" 과정이라고 말했다. 그는 진화를 증명해 주는 사실은 "진화생물학자들이 바라는 만큼 그렇게 많지 않았다"고 썼다. 그렇다면 이제부터 자세히 들여다 보자.

Chapter 14

진화 : 보이지 않는 증거

알고 있나요?

* 대영박물관의 한 중견 고생물학자가 전문가들을 향해 도발적인 질문을 던졌다 : "진화론에 관해 여러분이 알고 있는 바가 진실이라고 생각하십니까?" 유일한 답변은 침묵이었다.
* 가장 오래된 박쥐 화석에는 반향정위(反響定位) 기관, 즉 음향탐지 기관이 처음부터 있었다.
* 찰스 다윈이 『종의 기원』을 쓸 때 의존했던 도편은 조작된 것임이 밝혀졌다.

진화가 실제로 일어났다는 증거는 무엇인가? 여기서 말하는 진화란 "오랜 시간에 걸친 변화" 그 이상의 무엇을 의미한다. 디노사우로스는 한때 존재했으나 지금은 없어졌다. 이처럼 동물계는 오랜 시간에 걸쳐 변화했음이 분명하다. 그러나 이것은 우리가 말하는 진화가 아니다.

우리는 전체로서 개체군의 유전적 특질은 긴 세월을 두고 변화할 것임을 알고 있다. 이것도 역시 우리가 말하는 진화가 아니다. 우리는 20세기 영국에서 어떤 종류의 나방의 "어두운 색" 유형과 "얼룩무늬" 유형의 지역별 분포 비율을 알고 있다. 이것이 진화가 사실임을 말해주는 사례인가? 분명히 아니다. 유전자 비율의 변화는 의심의 여지 없이 분명하고 어디에서나 보이는 평범한 현상이다. 진화란 이런 것들보다 훨씬 의미 깊은 그 무엇을 말한다.

100년 전에 유전학자 토머스 H. 모건은 "진화란 이미 존재하고 있는 것이 아닌 새로운 것을 의미한다"고 말했다. 나방의 얼룩무늬나 어두운 색 변종은 그 분포 비율이 바뀌기 전부터 이미 존재했다. 진화는 새로운 유형의 나방의 출현을 필요로 한다.

문외한에게 진화는 한 종이 계통상으로 다른 종과 연결되어 있음을 의미한다. 또는 박쥐, 곰, 고래—모두 포유류이다—같은 연관성을 부인할 수 없는 생명체군은 같은 포유류 조상으로부터 나왔기 '때문에' 특징을 공유한다는 것을 의미한다. 진화생물학자가 우리에게 진화는 사실이라고 가르치려고 한다면 우리는 당연히 그런 증거를 보고 싶어한다.

진화에 관한 매우 중요한 토론이 뉴욕의 미국 자연사박물관에서 열렸다. 연사는 당시 미국을 방문 중인 대영박물관의 저명한 고생물학자 콜린 패터슨(Colin Patterson)이었다. 1981년 11월에 그는 동물분류학에 특별한 관심을 가진 전문적인 생물학자와 박물관 직원들로 구성된 체계 토론 분과에서 강연했다. 이 분과는 한 달에 한 번씩 자연사박물관의 공룡 전시실 맞은 편에 있는 강의실에서 모였다.

패터슨은 3년 전에도 대영박물관이 발행한 소책자에 "만약 진화론이 진실이라면 … "이란 문구를 넣었다가 한 차례 논란을 일으킨 적이 있었다. 이 때문에 네이처에 그를 비난하는 편지가 쇄도했다. 패터슨은 항상 자신은 어떤 종교적 의제에도 관심이 없다고 강조해 왔고, 종교는 "거짓말 보따리"라고 말한 적도 있었다. 그가 강력하게 반대하는 것은 지식과 믿음을 혼동하는 일이었다. 페터슨의 회의적인 견해에 놀란 한 충실한 다윈주의자가 그에게 진화론을 "믿는지" 물었다. 그는 믿는다고 답했지만 그러나 과학적 주장은 믿음의 문제가 되어서는 안 된다고 덧붙였다.

패터슨의 강연 녹취록은 그의 친구이자 그날 강연을 들은 개리 넬슨이 검토하고 교정했다. 당시 넬슨은 자연사박물관의 어류학부 책임자였다. 패터슨은 강연의 첫머리에 다음과 같이 말했다.

> 전에는 어떤 주세를 가지고 청중들 앞에 설 때 나는 한 가지 확신을 갖고 있었습니다. 그 주제에 관한 한 청중 가운데 누구보다도 내가 많이 안다고 확신했습니다. 그 주제를 연구해 왔으니까요.
>
> 그런데 이번에는 그렇지 못합니다. 오늘 제가 말할 주제는 진화론과 창조론 두 가지입니다. 두 가지 중에서 제가 아는 것은 정말로 아무것도 없다고 해야 되겠습니다. 지금 제가 반진화론적인 견해, 사실은 비진화론적인 견해를 말씀드리려는 이유는 지난해에 갑자기 뭔가를 깨달았기 때문입니다. 20년 넘게 저는 나름으로 진화론을 바탕으로 연구해 왔다고 생각했습니다. 그런데 어느 날 갑자기 이것을 20년이나 공부해 왔으면서도 내가 아는 게 아무 것도 없다는 생각이 들었습니다. 그렇게 긴 시간 동안 길을 잘못 들 수 있다는 사실을 깨닫고 저는 충격을 받았습니다.
>
> 그렇다면 내가 잘못되었거나 아니면 진화론이 잘못되었거나 둘 중의 하나겠지요. 물론 나는 내가 정상인임을 잘 압니다. 그래서 지난 몇

주 동안 주변의 여러 사람들에게 간단한 질문을 던져보았습니다.

그 질문이란 이런 거였습니다. 진화론 가운데 단 하나라도 진실이라고 생각되는 게 있으면 내게 말해줄 수 있겠소? 저는 자연사박물관 지질학 팀 연구원들에게 물어보았습니다. 유일한 답변은 침묵이었습니다. 나는 또 시카고 대학 진화형태학 교실 연구원들에게도 물어보았습니다. 아시다시피 진화형태학 교실은 권위 있는 진화론자들이 모인 곳 아닙니까? 여기서도 제게 돌아온 것은 오랜 침묵이었습니다. 그러다가 한 사람이 불쑥 이렇게 말하더군요. "나는 한 가지는 압니다. 진화론은 고등학교에서 가르치지 말아야 한다는 거지요." [웃음]

청중 가운데는 패터슨이 아는 사람들이 많았고 그 중에는 친구도 있었다. 그의 언급 가운데는 과장된 부분도 있고 우스갯소리도 들어 있었다. 그러나 강연이 핵심으로 들어가자 누구도 반론을 제기하지 못했다. 그는 이렇게 말했다 : "진화론의 지적 수준은 상당히 피상적인 것 같습니다."

강연을 할 무렵 그는 이미 대영박물관에서 발행한 『진화론』이란 제목의 개론서의 저자였다. 이 책이 나온 후 한 호기심 많은 독자가 그에게 편지를 보내 왜 그의 책에는 "진화론적 변이의 직접적인 예증"이 제시되어 있지 않은지 물었다. 패터슨은 다음과 같이 답변했다.

귀하는 저자가 최소한 "어떤 생명체 유형의 시발점이 된 화석사진 정도는 보여주어야 한다"고 하셨습니다. 그런 사진이라면 줄을 세울 수 있을 만큼 많습니다만 빈틈없이 논증할 수 있는 그런 화석은 하나도 없습니다. 화석기록에서는 조상과 후손의 관계가 나타나지 않기 때문입니다. 아케옵테릭스(Archaeopteryx)는 모든 새의 조상일까요? 그럴 수도 있고 아닐 수도 있습니다. 이 질문에는 답변할 방법이 없습니다. 한 종류가 다른 종류를 낳았다는 얘기를 만들어내거나 왜 어떤 단계에서 자연선택이 어느 종류에게 유리하게 작용했는지를 설명하기는 어려운 일이 아닙니다. 그러나 그런 얘기는 검증해 볼 수 없기 때문에 과학의 한 부분이라고 할 수 없습니다.[1]

패터슨이 한 강연의 녹취록은 몇 사람이 나누어 작성했고, 그래서 잘못 인용된 경우도 있다고 그가 지적한 적은 있었다. 그러나 패터슨은 자신의 강연내용을 부인한 적은 없었다. 그는 1993년에 이 녹취록을 바탕으로 하여 두 번째 강연을 했다. 이때는 진화론에 대해 더 강한 의문을 표시했고, 특히 분자 데이터가 진화론을 입증하는지에 대해 의문을 제기했다. 문제의 녹취록은 액세스 리서치 네트워크(Access Research Network)를 통해서 인터넷으로 내려받을 수 있고, 더욱 관심이 있는 사람이라면 녹음된 CD나 카세트테이프를 구할 수도 있다.

≫≫ "절반의 박쥐는 없다"

콜린 패터슨은 1998년에 사망했으며, 분류학파에 속했다. [분류학은 변형 분기학(分岐學) 또는 "유형" 분기학이라고도 부른다.] 이 학파는 모든 화석기록은 유형[상사형(相似型) 또는 상이형(相異型)]이며, 이런 유형만으로는 그것들이 어떻게 해서 생겨났는지 알 수 없다고 주장한다. 요컨대 '유형'으로부터 '과정'을 추론해낼 수 없다는 것이다. 분기학의 창시자는 독일의 곤충학자 빌리 헤니히(Willi Hennig)이다. 그는 계통분류학상의 여러 가지 독창적인 연구와 발견을 한 인물이다(계통분류학은 여러 가지 군집 사이의 상호 연관성을 연구하는 학문이다).

분기학의 용어는 모호하지만 헤니히의 중요한 발견은 쉽게 이해할 수 있다. 아리스토텔레스도 분기학을 수립하는 데 일조했다. 헤니히는 여러 군집은 특징이 없음으로 해서 분류되며, 그렇다면 이런 군집은 적절한 분류가 아니라고 말했다. 가장 잘 알려진 예가 무척추동물군이다. 척추동물이 아니면 무조건 이 군집으로 분류된다.

이런 관점에 의문을 품었던 패터슨은 진화론자들의 화석 데이터 해석에 대해 중요한 반론을 제기했다. 그는 잘 알려진 진화생물학상의 조상 군집은 모두 이런 식으로—무특징을 기준으로—분류되어 있다고 비판했다. 패터슨은 한 군집이 다른 군집의 조상이라 주장하는 설명은 위장한 유어반복이라고 말했다. 그것은 검증되지 않는 자명한 논리이다.

"척추동물은 무척주동물로부터 진화해 나왔다"는 주장을 생각해 보라. 이 말은 최초의 척추동물의 조상은 척추동물이 아니었다거나 "최초의" 척추동물은 최초가 아닐 수 있다는 말을 달리 정의한 것에 불과하다. "고양이는 고양이가 아닌 것으로부터 진화해 나왔다"는 말과 비교해 보자. 잠시만 생각해 보면 이 말은 진정한 지식을 전해주는 말이 아님을 알 수 있다. 논리적 관계가 경험적 주장의 탈을 쓰고 있는 것이다. 사전적 의미의 관찰이 마치 화석에서 그대로 드러나고 있는 것처럼 말하고 있다. 화석은 그렇게 말하고 있지 않다.

진화론자들은 유사성—때로는 상동관계(相同關係)라고 부른다—의 발생 원인을 안다고 믿고 있다. 유사성이 없는 두 동물이 동일한 척추구조를 갖고 있으면 공통의 조상에서 나왔기 때문에 특징을 공유하고 있다고 말한다.

상이한 종들에서 자주 발견되는 구조적 유사성은 너무도 분명하기 때문에 아무도 그것이 우연이라고 믿지 않는다. 예컨대 척주동물의 앞다리가 그렇다. 박쥐의 날개, 돌고래의 지느러미, 인간의 손은 구조적으로 특징이 매우 유사하기 때문에 의심의 여지없이 '같은' 것이라고 말하지만 크기와 다른 신체와의 비율이 다르다. 어떻게 그런 유사성이 생겨났을까? 이것이 진화생물학의 근본적인 의문이다. 분명 무언가 이유가 있을 것이다.

다윈이 등장하기 이전에, 진화론이 받아들여지기 이전에 리처드 오언(Richard Owen) 같은 해부학자는 상동관계가 "원형"을 공유한 때문이라고 하였다. 이 설명은 플라톤의 영혼 또는 창조자의 설계라는 개념을 달리 해석한 것으로 받아들여졌다. 다시 말해 설계와 지적인 동인이 개입되었음을 의미했다.

그러나 다윈은 상동관계가 공통계통의 증거라고 해석했다. 앞발을 특징으로 하는 원형생명체가 애초에 있었고, 여러 세대를 거치면서 그 후손들이 점진적으로 변형하여 박쥐도 되고 돌고래도 되고 인간도 되면서 동일한 기초적 신체구조가 남겨졌다는 것이다. 순전히 자연주의적인 이 설명은 다른 설명을 불필요하게 만들었다. 그래서 우리는 원형, 설계 또는 설계자 같은 개념을 잊어버리게 되었다.

요컨대 다윈은 상동관계의 구조를 진화의 증거로 본 것이다. 그가 『종의 기원』에서 제시한 증거는 이런 유형만이 아니었으나 그의 주장의 중요한 근거가 이것이었다. (그는 자신의 저서 전체가 "하나의 긴 주장"이라고 말했다.)

후진국 미국

생명의 역사에 있어서 가장 큰 수수께끼는 약 5억 3천만 년 전에 있었던 소위 캄브리아기의 대폭발이다. 전체 40개의 동물 문(門) 중에서 대략 34개가 매우 단기간 안에 지구상에 등장했는데 화석기록에는 그들의 선행 생명체가 보이지 않는다.

디스커버리 연구소의 스티븐 메이어(Steven Meyer)는 이 수수께끼에 관한 논문을 워싱턴 생물학회 학회지에 발표했다. 그는 예일, 옥스퍼드 등 대학 과학자들의 연구결과를 기초로 하여 논문을 작성했다. 그런데 학회지 편집자 리처드 스타인버그는 이 논문을 싣고 나서 동료들과의 관계가 곤란해졌다. 동물분야의 책임자가 스타인버그의 상급자에게 전화를 걸어 스타인버그가 종교적 근본주의자인지, 종교조직과 관련이 있는지, 우파인지 물어왔다.

스타인버그는 사무실 열쇠를 반납해야 했고, 표본자료실 열람도 거부당했다. 데이비드 클링호퍼(David Klinghoffer)가 월스트리트 저널에 다음과 같은 기사를 썼다.

> 워싱턴 생물학회는 완곡하지만 이 논문과의 관련을 유감스럽게 생각한다는 해명을 내놓았다. 해명은 문제의 논문의 주장을 반박하지는 않았으나 정설이 아니라고 밝혔다. 해명서가 인용한 근거는 미국 과학발전협회가 내린 지적설계론은 과학이 아니라는 결정이었다. 이 협회라면 당연히 그런 결정을 내릴 수밖에 없다.

스미스소니언의 한 중견 과학자는 이 논문의 게재 때문에 "우리는 세계의 웃음거리가 되었다. 이런 하잘 것 없는 논문이 먹혀드는 미국 같은 나라는 후진국이란 소리를 듣지 않을까 염려스럽다"고 말했다.

주목해야 할 것은 캄브리아기 대폭발에 관한 주장이 아니라, 그것을 비판하는 논문을 발표했다고 해서 소란이 일어났다는 사실이다.

데이비드 클링호퍼, *Wall Street Journal*, 2005. 1. 28.
미셸 포웰, *Washington Post*, 2005. 8. 19.

그런데 최근 진화론 주장에 미묘한 변화가 생겼다. 20세기의 가장 저명한 진화론자라고 할 수 있는 에른스트 마이어(Ernst Mayr)는 상동관계를 "동일한 특징을 가진 공통의 조상에서 나온" 둘 또는 그 이상의 군집에서 나타나는 특징이라고 '정의'를 내렸다.[2)]

이 변화는 사소해 보일지 모르나 마이어의 교묘한 솜씨를 보여준다. 다윈이 상동관계의 '설명'으로서 제시한 것이 이제는 그 정의가 되어버린 것이다. 이것이 정의가 되어버림으로써 공통의 조상을 찾을 수 있는 증거는 화석뼈 말고도 있다는 느낌을 유도한 것이다. 마이어의 주장은 종의 상호 연관성을 나타내는 가계도—마치 수백만 년의 시간을 거슬러올라가면서 손쉽게 공통의 조상을 찾아낼 수 있는 커다란 벽 차트 같은 것—가 있나는 것을 의미한다.

그러나 그런 차트는 없다. 우리가 갖고 있는 것이라고는 진흙 속에 흩어져 있는 뼈뿐이다. 화석에 의존해서는 유사한 구조를 관찰할 수 있을 따름이지 공통의 조상을 찾아낼 수는 없다. 마이어의 승리는 그 자신이 믿었고 확산시키는 데 평생을 바쳐온 개념—진화론은 입증된 사실이다—을 은연중에 사람들의 머리 속에 심어주었다. (하버드 대학에서 오랫동안 동물학 교수로 일했던 마이어는 2005년에 100살의 나이로 사망했다.)

구조의 유사성이 진화의 증거라고 주장하는 데 문제가 되는 것은 다윈주의 생물학자들조차도 공통의 조상에서 유래된 것이 아니라고 보는 현저한 구조의 유사성이 있다는 점이다. 조나단 웰스(Jonathan Wells)는 "낙지 눈의 구조는 사람의 눈과 매우 유사하지만 생물학자들은 낙지와 사람의 공통의 조상이 그런 눈을 가졌다고는 생각하지 않는다"고 썼다.[3)]

박쥐, 돌고래, 사람의 앞발처럼 상이한 군집 사이에 구조의 유사성이 있다 하더라도, 또 생물학자들이 그러한 유사성을 공통의 조상 때문이라고 주장하더라도 그것은 추측에 불과하다. 우리는 공통의 조상에게로 소급할 수 있는 연속적인 화석 고리는 물론이고 고리와 고리 사이를 이어주는 화석 하나도 갖고 있지 않다. 패터슨이 "조상과 후손 관계의 설명은 화석기록에는 적용되지 않는다"고 말한 까닭은 바로 이 때문이다.

몇몇 종의 가장 초기의 화석을 보면 그 종이 어느 시기엔가 완전한 형태로 등장한 것 같다. 유일하게 나는 포유류 종인 박쥐는 초기 화석이 1,100가지(전체 포유류의 20%)나 되는데 가장 오래된 화석에서도 이미 음파탐지 기관이 보인다. 음파탐지 기관과 날개 둘 다가 비슷한 시기에 일시에 나타난 것이다. 최근에 사이언스지에 실린 논문에 의하면 "박쥐에게 연결되는 계보는 두 가지 현저한 분화의 특징을 갖고 있고, 이는 지상 포유류에서는 보이지 않는다."[4)]

음파탐지 기관은 귀, 뇌, 근육조직, 호흡체계가 동시에 반응해야 하는 정교한 장치이다. 다윈주의가 주장하듯이 이런 기관이 박쥐로 진화하는 데 유리한 여러 차례의 우연의 단계가 누적되어 생겨났다면 화석기록에는 절반의 박쥐, 근사한 박쥐, 완성 직전의 박쥐, 개선된 음파탐지 기관이 생겨나 벼랑을 피할 수 있는 박쥐 등이 나타나야 한다. 그런데 그런 것이 발견된 적은 없다. "절반의 박쥐는 없다." 박쥐 연구의 대가인 스미스(J. D. Smith)가 직업적인 생물학자들의 학술 모임에서 한 말이다.

잘 적응한 계승자에 비해 핸디캡이 있는 동물이 (다윈의 각본을 따른다면) "새롭고 개선된" 경쟁자들보다 늪지에 쓰러지거나 타르 구덩

1950년대 그리피스 천문관에서의 하루

해설자 : (목소리) 우리 태양계가 시작되면서 나온 섬광이 광속으로 달려가

[화면 가득히 둥근 천정이 담긴다. 별들이 가까이 달려오면서 점점 커진다. 배경음악도 긴박해진다.]

해설자 : (목소리) 다른 은하계의 행성에 도착하기도 전에 우리는 처음 나왔던 어둠의 공간 속으로 사라질 것이다.

[짐과 플라토가 의자에 기대어 천정을 올려다 본다. 둘의 얼굴에 점점 강한 빛이 쏟아진다. 배경음악이 고조된다. 플라토의 머리 뒤로 둥근 천정이 지나간다. 천공은 더욱 밝아지고 별들이 떨어져 내린다. 음악이 빨라진다.]

해설자 : (목소리) 가스와 화염 속에서 태양계가 사라진다.

[천공이 강력한 빛을 내며 폭발한다. 음악이 폭발점에 이른다. 별들이 다시 나타난다.]

[카메라는 아이들의 진지한 얼굴모습을 잡는다.]

해설자 : (목소리) 하늘은 다시 정적과 추위로 가득 찬다. 광대한 우주와 은하계 가운데서 지구의 존재는 미미하다.

[카메라는 짐과 플라토의 얼굴을 가까이에서 잡는다.]

해설자 : (목소리) 무한한 공간 속에서 인간의 문제는 정말로 하찮고 어리석을 뿐이다. 인간은 별 의미가 없는 삽화이다.

[플라토가 짐이 앉은 의자 등받이에 얼굴을 묻는다. 짐이 그를 바라본다.]

해설자 : (목소리) 여기까지입니다. 감사합니다.

[실내 등이 켜진다. 오래 동안 앉아 있었던 아이들이 웅성거리며 일어선다.]

[간간히 박수소리가 나온다. 짐이 일어나며 플라토의 머리카락을 헝클어 놓는다.]

짐 : 헤이, 끝났어. 세상이 끝났단 말이야.

플라토가 그를 올려다본다.

플라토 : 그가 인간에 대해 아는 건 뭐야?

영화 「이유 없는 반항」(*Rebel Without a Cause*)에서 고등학교 학생들의 그리피스 천문관 현장학습 장면.

이에 빠져 화석으로 보존되었을 가능성이 컸을 것이다.

『심원한 시간을 찾아서』(*In Search of Deep Time*)란 책의 저자이자 네이처지의 편집자(한동안 콜린 패터슨의 조수로 일했다)인 헨리 기(Henry Gee)는 저서에서 "화석과 화석 사이의 시간적 간격은 너무나 크기 때문에 그것들 사이의 조상과 후손관계를 분명하게 밝힐 수는 없다"고 말했다. 또한 그는 화석 하나하나는 "고립된 지점이므로 다른 특정한 화석과의 연관성을 알 수 없다"고 덧붙였다. 모든 화석은 "엄청난 간격의 바다 속에 가라앉아 있다."[5]

라이얼 왓슨(Lyall Watson)은 신문의 머릿기사나 잡지의 표지 애기로 수천 번이나 등장한 인간의 진화에 관한 모든 증거는 "모조리 관 속에 쓸어담아야 한다"고 말했다. "침팬지 화석"이 나온 적도 없고 화석화된 "침팬지 뼈"가 나온 적도 없다. 모든 것은 추측일 뿐이다. 세렝게티에서 지난해에 발견된 대퇴골 조각은 해독할 가치가 없다. 내년이면 새로운 조각이 발견될 것이고, 그러면 신문들은 새로운 머릿기사와 함께 안쪽에는 장엄한 계통도를 실을 것이다. 그들은 계통도의 끄트머리에 위치한 현존하는 종—원숭이든 여우 원숭이든—을 거슬러올라가 어딘가 분기점에 새로운 화석을 '동일한 종으로서' 자리 잡게 할 것이다.

지적설계론의 주도적 지지자 가운데 한 사람이 조나단 웰스이다. 그는 캘리포니아(버클리) 대학에서 분자생물학으로 박사학위를 받았고 디스커버리 연구소의 특별 연구원이다. 그는 『진화의 기호 : 과학인가 신화인가?』(*Icons of Evolution : Science or Myth?*)란 저서에서 "화석기록이 완전하다 할지라도, 나아가 원하는 특징이 다 드러나고 있다 할지라도 상동관계는 공통의 조상에서 나온 것이라는 설명은 되지 않는다”고 말했다. 이 문제는 오하이오 주립대학의 동물학 교수 팀 베라(Tim Berra)가 부주의하게도 잘 설명해 주었다.

베라는 1990년에 출간한 진화론을 변호하는 자신의 저서에서 화석기록을 자동차의 연속적인 모델에 비유했다. 그는 “정부 정책이건 스포츠카 모델이건 또는 생명체이건 모든 것은 개량된 계승자를 통해 진화”한다고 말했다. 그의 주장은 다음과 같다.

> 스포츠카 코르벳 1953년형과 1954년형, 1954년형과 1955년형을 나란히 놓고 비교해 보면 후속 모델이 개량되었음을 분명히 알 수 있다. 고생물학자들도 이와 같은 방식으로 화석을 관찰한다. 증거는 너무나 명백하고 포괄적이기 때문에 이성적인 판단을 하는 사람이라면 부정할 수가 없다.[6] (방점은 원저자가 표시한 것임)

위의 설명은 진화론자들이 얼마나 자신들의 사고방식에 얽매여 벗이나지 못하는지를 잘 보여준다. 조나난 웰스가 지적했듯이 베라는 “다윈의 이론을 증명하기 위해 유사성의 연속을 내세울 때 어떤 문제가 야기되는지를 집중적으로 보여주었다. 자동차는 원형(이 경우에는 기술자의 설계)에 따라 제작된다는 사실을 모르는 사람은 아무도 없으며, 그러므로 유사성의 연속을 개량된 후속 모델 이외의 다른 방식으로 설명할 수 있음도 분명하다.”[7]

필립 E. 존슨은 이것을 “베라의 대실책”이라고 이름붙였다. 존슨은 코르벳 연속 모델은 “자연적인 진화를 전혀 설명해 주지 못한다. 이 비유는 지적인 설계자가 기본 설계에 변화를 줌으로써 설계자의 목적을 달성하는 방식의 전형을 보여준다. 무엇보다도 중요한 것은 그런 연속성에는 창조자가 필요 없다는 주장을 뒷받침할 아무런 경향도 없다는 점이다. … 생물학자들이 '진화' 또는 '공통의 조상'의 증거로서 제시하는 것들은 오히려 공통의 설계를 보여주는 증거일 뿐이다."[8)]

웰스의 『진화의 기호 : 과학인가 신화인가?』는 비히의 저서와 함께 지적설계론 운동의 길잡이 역할을 했다. 웰스는 진화론의 문제점을 지적하는 데 그치지 않고 진화론을 부정했다. 이 책의 부제는 "우리가 가르치는 진화론의 대부분이 왜 잘못되어 있는가?"이다. 이 책에서 웰스는 증거가 고안되거나 잘못 제시된 사례 또는 상충되는 증거를 무시한 사례를 여러 가지 제시하고 있다.

≫≫≫ 헤켈의 배아

다윈은 자신의 이론을 뒷받침해 주는 "절대적으로 강력하고 유일한 사실"은 발생학이라고 생각했다. 그는 독일의 생물학자 에른스트 헤켈이 작성한 여러 가지 척추동물 강(綱)의 배아 도편에 의지했다. 헤켈이 그린 초기 배아의 모습은 실질적으로 거의 같았다. 여러 가지 배아는 성장을 시작한 후에야 다른 모습을 보였다. 다윈은 이런 도편을 보고 확신을 갖게 되었다.

생물학자들은 척추동물의 배아가 헤켈이 그린 것과는 전혀 다른 모습이라는 사실을 한 세기 동안이나 몰랐다. 헤켈이 어떤 경우에는 상이한 강에 속하는 배아들을 설명하면서 동일한 목판화를 사용했음이 밝혀졌다. 심지어 헤켈은 실제 모습과는 달리 배아가 똑같은 모양으로 보이도록 하기 위해서 도편을 손질하기도 했다. 헤켈의 동시대인들도 그의 도편을 비판했고, 그는 도편을 조작했다는 혐의로부터 평생 동안 벗어나지 못했다.

1997년에 영국의 발생학자 마이클 리처드슨(Michael Richardson)과 여러 나라 사람들로 구성된 한 연구 팀이 헤켈이 작성한 도편과 척추동물의 실제 배아를 촬영한 사진을 비교해 보고서 도편들이 진실을 왜곡하고 있음을 밝혀냈다. 사이언스지는 리처드슨의 말을 인용하여 "헤켈의 연구는 생물학 역사상 최고의 속임수임이 드러나고 있는 것 같다"고 보도했다.[9]

그러나 웰스가 저서를 출간할 무렵까지도 헤켈이 작성한 도편은 최신의 생물학 교과서에 실려 있었다(오늘날까지도 그런 도편의 일부가 여전히 사용되고 있다). 스티븐 굴드는 "대부분은 아닐지라도 현대 생물학 교과서에서 한 세기 동안 이런 도편들이 끈질기게 재활용된 무신경함에 대해서 놀라움과 부끄러움을 느끼지 않을 수 없다"고 말했다.[10]

≫≫≫ 얼룩무늬 나방들

다윈이 『종의 기원』을 저술하던 당시에는 자연선택의 직접적인 증거자료를 갖고 있지 않았고, 그래서 그는 가상적인 설명을 제시했다. 그러다가 1950년대에 버나드 케틀웰(Bernard Kettlewell)이 영국에서 자연선택의 결정적인 증거를 발견했다고 주장했다. 그전 한 세기 동안 영국의 얼룩무늬 나방은 밝은 색에서 어두운 색으로 변화했다고 알려져 왔다. 오염으로 나무들의 둥치가 어두운 색을 띠게 되자 나방도 포식자 새들의 눈을 효과적으로 피하기 위해 색깔이 어두운 쪽으로 진화했다고 믿었다.

이를 검증하기 위해 케틀웰은 밝은 색과 어두운 색 나방을 근처의 오염된 숲과 그렇지 않은 숲으로 날려보낸 후 새들이 눈에 잘 띄는 밝은 색 나방을 잡아먹는지 관찰했다. 예상했던 대로 오염된 숲에서는 새들이 밝은 색 나방을 더 많이 잡아먹었고 오염되지 않은 숲에서는 어두운 색 나방들을 더 많이 잡아먹었다. 케틀웰은 사이언티픽 아메리칸에 기고한 논문에서 이런 관찰결과를 "다윈이 찾아내지 못한 증거"라고 불렀다. 얼룩무늬 나방은 곧 자연선택의 가장 좋은 증거가 되었고, 이 얘기는 나무둥치에 붙어 있는 나방의 사진과 함께 교과서에 실렸다.

그런데 1980년대가 되자 연구자들은 통상적으로 얼룩무늬 나방은 나무둥치에 앉지 않는다는 사실을 알아냈다. 나방들은 밤에는 날아다니다가 낮 동안에는 나뭇가지 아래에 숨어 있다는 사실이 밝혀졌다. 나방들을 낮에 나무둥치에 올려놓음으로써 케틀웰은 인위적인 조건을 만들어냈던 것이다. 그래서 이제는 대다수의 생물학자들이 그의 연구결과를 신뢰하지 않는다. 나무둥치에 앉아 있는 나방의 사진도 모두 연출된 것이었다. 어떤 사진은 심지어 접착제를 사용하여 죽은 나방을 나무둥치에 붙여놓은 것이었다. 사진을 연출한 사람들은 자신들이 실제상황을 재현하고 있다고 믿었겠지만 그것은 실수였다. 그런데도 그 사진들은 자연선택의 증거로서 현대 생물학 교과서에 여전히 실려 있다.[11)]

>>> 생명의 가계도

다윈주의는 모든 생명체가 하나 또는 소수의 원형에서 점진적으로 변형되어 나온 후손이기 때문에 생명의 역사는 가계도와 같다고 예상한다. 그러나 이것이 틀린 생각이라는 중요한 증거가 있다. 화석기록은 대부분의 동물군이 공통의 조상으로부터 분화되어 나온 것이 아니라 "캄브리아기 대폭발"과 개략적으로 같은 시기에 완전한 형태를 갖추고서 등장했다는 사실을 보여준다. 다윈은 이것을 알고 있었고, 따라서 자신의 이론에 걸림돌이 된다고 생각했다. 그러나 그는 이것이 화석기록이 완전하지 못한 탓이라 생각했으며, 미래의 연구가 찾지 못한 조상을 밝혀주리라고 믿었다.

그러나 150년 동안의 화석발굴은 문제를 더 꼬이게 만들었다. 화석기록에서는 첫 단계에서 약간의 차이가 나타나는 것이 아니라 시작부터 엄청난 차이가 보였다. 어떤 화석 전문가는 이처럼 "위에서부터 한꺼번에 쏟아져내린 진화"는 다윈의 이론이 예견한 "아래로부터 점진적인 진화"도식과는 상충된다고 지적한다. 그런데 대부분의 생물학 교과서는 캄브리아기의 대폭발이 다윈의 진화론을 부정하고 있다는 사실을 언급하지도 않을 뿐만 아니라, 아예 대폭발 자체를 언급하지도 않고 있다.

캐나다의 분자생물학자 포드 두리틀(W. Ford Doolittle)은 이 문제가 사라지지 않을 것이라고 생각했다. 1999년에 그는 과학자들이 "'진정한 가계도'를 찾아내는 데 실패했다"고 주장했다. 그럼에도 불구하고 생물학 교과서들은 다윈주의가 주장하는 생명의 가계도가 증거에 의해 확고부동하게 확인된 과학적 사실인 것처럼 학생들에게 가르치고 있다. 그러나 실존하는 화석과 분자생물학의 증거로 볼 때 그것은 사실의 가면을 쓴 하나의 가설에 불과하다.[12]

≫≫≫ 시험관 속의 벽돌

1953년에 스탠리 밀러(Stanley Miller)와 헤럴드 유레이(Harold Urey)가 시험관 속에서 "생명의 벽돌"을 만드는 데 성공했다는 대대적인 보도가 나왔다. 두 사람은 지구 생성 초기의 대기환경과 같다고 추정되는 기체 혼합물을 담은 시험관 속에 전기 스파크를 일으켜 간단한 아미노산을 만들어냈다고 발표했다. 그들은 이것이 단백질이라고 하는 건물을 짓는 벽돌이며, 단백질은 생명이라는 건물을 짓는 벽돌이라고 주장했다. 과학자들이 머지않아 생명체를 만들어낼 것처럼 보였다.

진화론이 극적으로 확인된 것 같았다. 생명은 결코 "기적"이 아니었다. 외부의 행위자나 신성한 지성은 필요하지 않았다. 기체를 제대로 섞어서 갑작스럽게 전기충격을 가하면 생명이 생겨나게 되어 있었다. 칼 세이건이 TV에 나와 저 멀리 우주공간에 존재하는 수십억 개의 별 주위를 돌고 있는 행성에는 생명체가 가득하다고 자신 있게 말했다.

그런데 문제가 있었다. 과학자들은 실험실에서 가장 간단한 아미노산을 만드는 데는 성공했으나 단백질을 만드는 일에서는 한 걸음도 나아가지 못했다. 아미노산과 단백질 사이에는 엄청난, 아마도 넘지 못할 간격이 있었다. 아미노산은 비유컨대 셰익스피어의 작품을 구성하는 알파벳 한 자와 같은 것이다.

1970년대가 되자 과학자들은 지구 생성 초기의 대기환경은 밀러와 유레이가 사용한 기체와는 다를 것이라고 생각하기 시작했다. 당시의 대기는 수소가 풍부하지 않았고 화산폭발 때에 나온 기체로 이루어졌을 것으로 추정했다. 그런 기체를 밀러-유레이 장치에 놓고 실험해 보았으나 아무 것도 만들어지지 않았다.

그런데도 교과서는 과학자들이 생명의 기원을 밝힌 중요한 첫걸음으로써 밀러-유레이 실험을 제시하고 있다. 그런 교과서 가운데 하나가 미국 학술원 원장 브루스 앨버츠(Bruce Alberts)가 공저자로 참여한 『세포의 분자생물학』(*The Molecular Biology of the Cell*)이다. 이 책의 저자들은 연구자들 스스로가 생명의 기원을 찾아내는 일은 여전히 미궁속에 빠져 있음을 인정하고 있다는 사실은 전혀 언급하지 않고 있다.[13)]

≫≫ 다윈의 피리새

『종의 기원』을 발표하기 4반세기 전에 자연주의자 다윈은 영국 해군의 군함 '비글호'를 타고 항해하면서 자신의 이론을 가다듬었다. 1835년 비글호가 갈라파고스 제도에 도착하자 다윈은 현지 야생동물의 표본을 수집하였고, 그 중에는 피리새 류가 들어 있었다.

피리새는 다윈이 자신의 이론을 구상하는 데 별다른 영향을 주지 않았으나 현대의 과학자들은 자연선택을 입증하는 증거로서 이 새에 대해 상당한 관심을 가졌다. 1970년대에 피터와 로즈메리 그랜트(Peter and Rosemary Grant)는 심각한 가뭄이 닥쳐와 딱딱한 씨앗들만 먹

피리새에 관한 황당한 얘기

"몇 년 후 [갈라파고스 섬에] 큰 물이 들었고, 그후로 피리새의 부리는 원래 상태로 돌아갔다. 새로운 일은 아무것도 일어나지 않았다. 어떤 종류의 방향변화도 없었다. 그런데도 피리새는 다윈주의자들이 한 세기 반 동안 찾고자 했던 자연선택의 가장 인상 깊은 사례가 되었다.

얘기를 좀 더 그럴 듯하게 꾸미기 위해서 미국 학술원은 1998년에 발간한 『진화론과 과학의 본질에 관한 교육』(*Teaching About Evolution and the Nature of Science*)이란 제목의 소책자에서 몇 가지 사실을 제외시켰다. 이 책자는 정상으로 돌아가는 우기에 관한 얘기는 빼버리고 교사들에게 '부리의 크기가 증가하는 최초의 경향이 무한히 계속된다면 200년 이내에 새로운 종이 나타날 수 있음'을 명심하라고 부추겼다. 지도적인 위치에 있는 과학자들이 주식중개인이라면 감옥에 갔을 행위를 하고 있다는 것은 그들이 문제를 해결하지 못했다는 반증이다."

필립 존슨, "다윈교",
Wall Street Journal, 1999. 8. 16.

이로 남게 되자 피리새의 부리 크기가 5% 가량 늘어났다고 주장했다. 이것은 미미하지만 중요한 변화이다. 그러나 일부 다윈주의자들은 이것이 피리새 류가 처음에 어떻게 생겨나게 되었는지를 설명해주는 증거라고 주장한다.

미국 학술원이 1999년에 발간한 소책자는 다윈의 피리새가 종의 기원을 밝혀주는 "매우 설득력 있는 사례"라고 표현했다. 소책자는 그랜트 부부의 연구결과를 인용하면서 "섬에 닥친 단 한 해 동안의 가뭄만으로도 피리새의 진화론적 변화가 야기될 수 있음을 보여준다"고 설명했다. 그러면서 이 소책자는 "10년에 한 번씩 가뭄이 찾아온다고 가정한다면 200년이란 짧은 시간 안에 새로운 종의 피리새가 나타날 수 있다"는 계산을 제시했다. 그러나 소책자는 우기가 찾아왔을 때 피리새의 부리가 이전 상태로 돌아간다는 사실은 언급하지 않았다. 순수한 진화는 일어나지 않았다. 실제로 피리새 류의 몇몇 종은 다윈의 이론이 원하는 것처럼 자연선택을 통한 분화 때문이 아니라 교잡 때문에 생겨난 것 같다.

다윈의 피리새가 진화론을 증명하는 것처럼 보이게 하기 위해 증거를 왜곡하는 것은 과학적 부정행위라고 할 수 있다. 필립 존슨이 1999년에 월스트리트 저널에 이런 글을 기고했다 : "지도적인 위치에 있는 과학자들이 주식중개인이라면 감옥에 갔을 행위를 하고 있다는 것은 그들이 문제를 해결하지 못했다는 반증이다."[14)]

⋙ "변종이 원형으로부터 무한히 이탈하는 경향에 관하여"

알프레드 러셀 월리스는 1858년에 다윈에게 보낸 편지에서 다윈의 이론과 매우 유사한 자신의 이론을 알려주었다. 월리스는 그해 말 린네 학회에서 논문을 발표하였고, 그에 앞서 논문을 발표한 다윈과 함께 공동 발견자로 인정받게 되었다. 월리스의 논문 제목은 "변종이 원형으로부터 무한히 이탈하는 경향에 관하여"였다.

원시의 진흙탕 속에서부터 오늘날의 동물로 진화해 온 것이 사실이라면 원형으로부터 무한히 멀어지는 경향이 있었음이 분명하다. 진화론자들은 여러 차례의 시도에도 불구하고 그것을 실험실에서 보여주지 못했다.

월리스와 다윈은 자연선택의 사례를 동물의 품종개량 실험을 가지고 유추했다. 다윈은 직접 비둘기를 키웠고, 가축사육자들과 함께 시간을 보냈다. 그들은 어떤 장점(깃털의 길이, 양모의 굵기)을 발전시키는 데 관심을 갖고 있었고, 특별히 선정된 짝의 후손에게서 부모 세대보다 현저한 장점이 나타난다는 사실을 알아냈다.

그런데 가축사육자들은 원하는 장점을 발전시키기 위해 가축을 선별하여 계속 "몰아붙이면" 몇 세대 후의 후손은 보잘것 없는 품종으로 되돌아간다는 사실을 알려주었다. 종의 장점을 발전시키기 어렵거나 불가능한 어떤 경계가 있었다. 안정 수준까지는 발전시킬 수 있었으나—개의 경우는 안정 수준이 상당히 높았다—그 이상은 넘을 수가 없었다.

월리스는 이런 한계를 가축들이 먹이를 구하기 위해 투쟁해야 하는 부담이 없기 때문이라고 설명했다. 농부가 가축들을 먹이고 보호해 주지만 야생상태에서는 "생존을 위한 투쟁"을 하지 않을 수 없기 때문에 동물들은 온갖 수단을 다 동원해야 한다. 다윈은 이 문제에 대해 다음과 같은 수사학으로 비켜갔다 : "인간의 욕망은 급한데 인간에게 주어진 시간은 얼마나 짧은가! 그러다 보니 인간의 노력으로 일어나는 변화는 장구한 지질학적 시간을 거쳐 축적된 자연적 변화에 비해 보잘것 없을 수밖에 없다."[15)]

가축사육자는 가축들을 우리에 몰아넣고 빨리 크라고 채근한다. 반면에 자연은 "생명체 하나하나가 개량되도록 매일 매시간 묵묵히 지켜보면서 기다린다."

그리고 '자연' 선택은 인간선택이 보여줄 수 없었던 것을 할 수 있다. 요컨대 농부들의 경험을 다윈은 현란한 비유와 유추로 맞선 것이다. 다윈은 『종의 기원』 초판본에서 충분한 시간만 주어진다면 곰이 고래로 변하는 것도 불가능하지는 않다고 말했다.

초파리를 이용한 실험은 100년 전에 시작되었고 지금도 행해지고 있다. 수명이 2주인 초파리는 이상적인 실험대상 동물이다. 암컷은 문자 그대로 수백 개의 알을 낳고 사람들이 동물학대라고 떠들어댈 대상도 아니다. 초파리의 게놈은 이미 해독이 되어 있다. 이것의 유전자는 인간 유전자 수의 절반이다.

초파리는 자연선택의 압박이 수백 세대를 두고 어떤 영향을 미치는지 수천 가지 방법으로 실험할 수 있는 대상이기 때문에 선정되었다. 온도와 그 밖의 여러 가지 환경요인에 변화를 준 실험이 시행되었다. 1926년에 유전학자 허만 물러(Hermann J. Muller)가 X-선이 유전자의 돌연변이를 유발한다는 사실을 발견했다. 초파리에게 수년 동안 X-선을 쪼이면 초파리가 아닌 그 무엇으로 진화할 것이라고 알려져 있었다. 실험에 대한 기대는 높았다. 사이언티픽 아메리칸은 1928년에 "새로운 발견이 진화를 가속화한다"라는 제목으로 이런 기사를 실었다 : "물러 교수의 실험은 X-선을 이용하면 진화론적 변화, 즉 돌연변이를 정상적인 자연과정을 통해 일어나는 것보다 150배나 빨리 유발할 수 있다는 중요한 의미를 갖는다."[16)]

당신이 읽지 말았어야 할 책

• 윌리엄 뎀스키(William A. Dembski), 『설계의 추론 : 작은 개연성을 통해 우연을 배제하기』(*The Design Inference : Eliminating Chance Through Small Probabilities*), Cambridge : Cambridge University Press, 1998.

• 필립 존슨(Phillip E. Johnson) · 다우너스 그로브(Downers Grove), 『진실의 쐐기 : 자연주의의 기초 허물기』(*The Wedge of Truth : Splitting the Foundations of Naturalism*), IL : InterVarsity, 2000.

실험은 순조롭게 진행되는 듯 보였다. 그러나 대부분의 파리는 이내 죽어버렸고, 종 변화의 초기 징후 같은 것을 보이던 후손들은 그런 놀이를 좋아하지 않는 것 같았다. 물러는 "눈이 없는" 초파리를 만들어냈는데 10세대가 지나자 정상적인 눈을 가진 후손이 나왔다. 눈이 돌아온 것이다! 어쨌든 물러는 1946년에 노벨상을 받았다.

한편, 가축사육자와 원예가들이 새로운 소식을 계속 내놓았다.

그 중의 한 사람이 루더 버뱅크(Luther Burbank)였다. 그는 캘리포니아 산타클라라에서 50여 년 동안 과수와 원예식물의 교잡종을 만들어냈다. 그는 전혀 다른 "법칙"—저열한 품종으로의 회귀—을 알아냈다. 그의 경험론적 입장은 진화론자들의 논리적이긴 하지만 관찰된 적이 없는 "무한한 이탈"과는 분명하게 대비된다.

> 경험을 통해 나는 반 인치나 2.5인치, 또는 그 중간의 어떤 크기의 자두라도 만들어낼 수 있음을 알고 있지만 완두콩만 하거나 포도알 만한 자두를 만들 수 없음을 솔직하게 인정한다. 내 농장에는 손톱보다 약간 큰 들국화도 있고 지름이 6인치나 되는 들국화도 있지만 해바라기 꽃만 한 들국화는 없고, 그런 것을 만들려고 시도해 본 적도 없다. 1년에 6개월 동안 피는 장미꽃을 만들어냈지만 12개월 동안 피는 장미를 만들어내지는 못했고, 그런 생각을 해본 적도 없다. 요컨대 가능한 성장에는 한계가 있고, 이 한계는 어떤 법칙을 따른다. 그런데 무슨 법칙일까? 왜 그럴까?
>
> 광범위한 실험을 통해 우리는 이미 관찰을 통해 추측했던 것들을 과학적으로 증명해냈다. 그것은 다름 아니라 동물이든 식물이든 여러 세대를 거치면 평균 수준이나 저열한 수준으로 회귀하는 경향을 갖고 있다는 사실이다. … 저열한 쪽으로 끌고가는 힘이 있고, 그 때문에 모든 생명체는 다소간 느슨한 한계 같은 것 속에 갇혀 있음이 분명하다.[17)]

버뱅크에게는 노벨상이 주어진 적이 없다! 그는 종교도 없는 사람이었고 기독교를 싫어했지만 "왜 나는 기독교인이 아닌가" 따위의 책자를 낸 적도 없는 사람이었다. 그는 분명한 과학자였다. 100년이 지나도 초파리 실험이 성과를 내지 못하는 지금 그가 알아낸 저열한 품종으로의 회귀의 법칙이 과학자들이 바랐던 변종이 원형으로부터 무한히 이탈하는 경향의 법칙보다 더 큰 설득력을 가질 수 있다.

원예가들은 아직도 이루어지지 않은 꿈인 (염색하지 않은) 푸른 장미와 검은 튤립을 만들려 하고 있다.

다원주의자들이 오랜 시간을 두고서 밝혀내지 못한 새로운 종의 형성과정에 관한 논쟁을 두고 존 웰스는 다음과 같이 말했다.

> 지난 40년 동안의 영웅적인 실험에도 불구하고 과학자들이 이루어낸 최고의 성과는 부분적이고 일시적인 생식분리뿐이었다. 수십 년을 두고서도 종 형성의 증거를 찾는 데 실패한 신다윈주의자들은 이제 종 형성은 너무 오랜 시간이 걸리기 때문에 그 증거를 찾는 일을 포기해야 한다는 결론에 이르렀다.

그는 또 다음과 같은 평가를 덧붙였다.

> 다윈주의자들은 그들의 이론이 압도적인 증거의 철저한 뒷받침을 받고 있기 때문에 생물학과 과학교실에서 완벽한 독점권을 누려야 할 논쟁의 여지가 없는 "사실"이라고 주장한다. 그러나 다윈주의 진화론은 종의 기원에 목을 매고 있다. 어떤 초파리란 종이 다른 초파리란 종에서 기원했음도 설명할 수 없는 형편이라면 다윈주의 진화론으로 포유류가 아메바에서 진화했다는 것을 어떻게 설명할 수 있는가? 종의 기원은 "변이된 후손"이라든지, 보편적이고 공통된 조상이라든지, 자연선택의 창조적인 힘이라는 주장의 출발점이다. 그러므로 다윈의 역작은 『종의 기원』

이 아니라 『현존하는 종의 장기간에 걸친 변화』라는 제목을 붙여야 마땅하다.[18)]

그들은 찾지 못한 연결고리란 말을 해왔다. 이제는 그런 연결고리가 있는지도 분명치 않다. 그들은 논쟁의 열기를 높였다가 낮추기도 했고, 밀고 당기기를 마음대로 했다. 그들은 100년 동안이나 초파리를 가지고 실험했다. 그들은 X-선을 쪼이기도 했고 컴퓨터를 돌리기도 했다. 그들은 온갖 동물들의 유전자를 하나하나씩 해독했다. 열기와 X-선을 견뎌내고 살아남은 초파리와 그 후손들은 여전히 실험실 주위를 날아다니며 상한 과일을 먹고 있다. 초파리들은 지금도 무언가 재미있는 일이 벌어지기를 기다리고 있다. 과학자들도 스스로에게 진화는 사실이라고 설득하면서 기적이 일어나기를 바라고 있다. 과학자들은 독점권을 즐기면서 아무나 붙잡고 학교에서 창조론을 가르치지 말아야 한다고 말하고 있다. 창조론은 과학이 아니고 종교이기 때문이란 것이다.

후기

과학이 이토록 정치화된 원인 가운데 하나는 정부가 제한적이고 전문화된 권력에서 전천후 문제해결사로 변모했기 때문이다. 한때 정부는 공동방위와 공동통화를 제공하는 역할만 했다. 그러다가 뉴올리언스의 제방이 무너지듯 자제심은 사라져 버리고 자비심이라고 불릴 수 있는 모든 일에 정부가 나서기 시작했다. 정부는 곧 의제와 임무의 홍수에 휩쓸려들었고, 갈수록 어느 하나의 임무도 제대로 수행할 수 없는 지경이 되었다.

과학이 무대 위로 뛰어올라 왔다. 비상상황과 위기가 연방정부의 큰 씀씀이를 합리화시켜 주었고, 과학자들은 그런 논리를 활용할 줄 알았다. 그들은 장비, 측정기, 레이더, 온도계, 위성 감시장치를 갖고 있었다.

멀리 떨어진 어느 나라의 작은 도시에서 닭들이 이유 없이 죽어 간다고? 조류독감이 우리나라로 밀려올지 모른다! 호치민 시에 이상한 독감이 발생했다고? 뉴욕타임스의 로렌스 앨트먼 기자를 불러! 워싱턴의 고등학교 지하실에서 수은 몇 방울이 발견되었다고? 감시를 늘려!

1989년까지만 해도 국립보건원의 예산은 79억 달러였으나 2005년이 되자 4배 가까운 288억 달러로 증가했다. 수년 동안 과학과 정치에 관한 소식지를 발간해 온 다니엘 그린버그(Daniel S. Greenberg)는 『과학, 돈, 그리고 정치』(*Science, Money, and Politics*)라는 색다르고 흥미 있는 저서에서 다음과 같이 말했다.

> 국립보건원은 의회에서 적극적인 로비를 벌일 필요가 없는 기관이다. 질병과 싸운다는 고상한 명분을 갖고 있는 거대한 과학기관은 의사당에서 다투는 양당의 이데올로기와는 관련이 없다. 정치적 후원이 자연스럽게 나오는 것은 두려움과 희망 때문이기도 하지만 국립보건원의 뛰어난 수완 때문이기도 하다.

그린버그는 유타 주 출신 상원의원 오린 해치(Orrin Hatch)의 경험을 예로 들고 있다. 오린 해치는 워싱턴 중심의 정치를 반대하고 정부 예산을 깎으려는 전형적인 보수파 의원이다. 그는 어느 날 겨드랑이에 혹이 생긴 것을 알고 국립 암센터에 전화를 걸었다. 암센터에서는 "지금 당장 오라"고 하였다. 혹은 지방 덩어리로 판명되었다. 이때 이후로 해치 의원은 캘리포니아 출신의 진보파 민주당 의원인 헨리 왁스만(Henry Waxman)과 나란히 국립보건원의 거물급 지지자가 되었다.[1)]

(그린버그의 저서가 색다른 점은 그가 처음에는 과학과 정치의 야합을 비난하다가 뒤에 가서는 과학자들이 '충분히' 정치적이지 못하다고 비판하고 있다는 점이다. 그린버그 자신은 좌파이다.)

과학자들은 교사들이 걸어간 길을 따라갔다. 공교육에 투입된 시민들의 세금이 급격하게 늘어났음에도 불구하고 공교육의 질은 떨어졌다. 교사들과 교사조합은 차츰차츰 자신들의 복지를 학생들의 복지보다 앞세우는 방법을 배웠다. 그들은 가볍게 빠져나가는 방법을 알았다. 부시 대통령은 "한 사람의 아동도 뒤처지게 해서는 안 된다"는 명분을 내세운 교육 로비스트들의 꾐에 쉽게 넘어갔다. 공교육의 수준 저하 자체가 바로 충분한 돈을 쓰지 않은 증거로 제시되었다.

과학도 같은 수법을 답습했다. 문제를 찾아내거나 아니면 문제를 만들어내고 나면 더 많은 관심을 쏟을수록 문제는 더 커진다. 과학자들에게 이보다 더 좋은 일은 없다.

사이언스지의 책장을 넘기다 보면 과학에 투입되는 정부 지출을 유지하는 것이 이 잡지의 주요 관심사임을 알게 될 것이다. 예산은 주요 토픽이고, 주 단위로 들추어진다. 최근의 몇몇 머릿기사 제목을 예로 들어보자. "예산긴축으로 연구원 감원 불가피", "부시 승리 뒤에 남은 상처–염려스러운 연구자금 지원", "과학계에 위험신호" …[2] (이들 기사의 주요 관심사는 환경보호청과 국립과학재단의 연구자금 지원이 "2004년 수준보다 사실상 감소했다"는 것이었다.) 이런 종류의 머릿기사가 매년 수십 차례 등장한다.

더 큰 정부가 어떤 위기에 대한 "과학적인" 해법은 결코 아니다. 문제는 그런 식으로 "해결"되지 않는다. 그러나 정부의 지출은 일부의 사람들에게는 도움이 된다. 연구 보조금 예산을 관리하는 사람들이나 연구 보조금을 받는 사람들에게는 그렇다.

아첨은 기적을 낳는다. 유망한 "기부자"에게는 더욱 그렇다. 국립보건원 건물들의 이름은 주머니 끈을 쥔 의원들의 이름을 따서 붙여졌다. 마크 O. 해트필드(Mark O. Hatfield) 의료연구센터의 명칭은 오랫동안 상원 세출위원장을 맡아왔던 인물의 이름을 따서 붙여진 것이다. 이 사람은 국립보건원장 해럴드 바머스에게 국립보건원을 예산삭감으로부터 보호해 주겠다고 약속했다. 해트필드는 "한사코 예산을 지켜내겠다"고 약속했다.[3] 덕분에 균형 예산안은 한 표 차이로 부결되었다.

존 에드워드 포터(John Edward Porter) 신경과학연구센터는 1995년에 하원 세출위원회의 의학 연구 관련 소위원회 위원장이 된 일리노이 주 출신 의원의 이름을 따서 붙인 것이다. 이 사람은 과학자들이 하원의장 뉴트 깅그리치(Newt Gingrich)를 만나 국립보건원 예산 배정을 잘 봐달라고 부탁할 수 있는 기회를 만들어 주었고, 예산삭감의 기미가 드러나자 "10명의 대학 총장들에게 전화를 걸어 대학 평의원들을 동원하여 국립보건원을 위해 서명운동을 벌이도록 독려했다."[4]

1998년에 오하이오 주 출신 루이스 스톡스(Louis Stokes) 하원의원이 은퇴하자 국립보건원 구내에 세워진 7천5백만 달러짜리 건물에 루이스 스톡스 실험동이란 이름이 붙여졌다. 스톡스는 아프리카계 하원의원 모임의 창립자 가운데 한 사람이다. 그는 2001년에 있었던 이 건물의 명명식에 참석하여 자신의 이름을 딴 건물이 들어설 것이란 얘기를 포터 의원으로부터 전해듣고 "굉장히 놀랐다"고 말했다. 그때까지 그는 "세계에서 가장 뛰어난 의료생물학 연구기관에 내 이름이 붙여진 건물이 세워지리란 생각은 한 번도 해본 적이 없었다." "클리블랜드의 소형 주택단지에서 자란 작은 소년이 노인이 되어 국립보건원에 자신의 이름을 딴 건물을 갖게 되면 어떤 기분일지 생각해 보라." 그가 한 말이다.

스톡스의 인도주의를 찬양하는 연설이 이어졌고, 재즈가 연주되었으며, 에벤에셀 침례교회 목사가 행사를 축복해 주었다. 1995년에 공화당이 하원을 장악하자 스톡스가 맡고 있던 세출예산 소위원회의 위원장 자리는 포터가 이어받았다. 국립보건원장은 위원장이 바뀌어도 걱정하지 않았다. 그는 이렇게 말했다 : "스톡스 의원의 말은 보증수표였습니다. 우리는 여러 차례 그런 수표를 받았습니다."[5)]

행사에 참석했던 소장파 아프리카계 의원들은 분명한 메시지를 받았을 것이다. 돈이 흘러가게 하라. 그러면 너의 이름을 딴 건물이 들어설 것이다. 소수민족 보건과 보건 불평등 계층을 위한 국립센터(National Center on Minority Health and Health Disparities)는 의원들에게 국립보건원의 금고로 흘러가는 돈이 떨어지지 않도록 할 수많은 명분을 제공할 것이다. 더 많은 돈이 더 좋은 과학을 낳는다. … 이런 방정식에 일말의 의심이라도 품으면 정치적 야바위 노름은 할 수가 없다.

구시대의 자선가들은 제 돈 들여 대학에 건물을 지어주고도 도둑놈 취급을 받았다. 오늘날의 의원들은 남의 돈으로 생색내고도 과학의 영웅으로 대접받는다.

1999년에 아직 완공도 되지 않은 건물에 데일과 베티 범퍼스(Dale and Betty Bumpers) 백신연구센터란 이름이 붙여졌다. 이때의 기념식에는 클린턴 대통령, 보건의료 보좌관 도나 샬라라(Donna Shalala), 국립보건원장 해럴드 바머스가 함께 손을 잡고 참석했다. 별 성과도 없이 25년 동안 계속되고 있는 에이즈 백신 연구에 관한 연설이 이어졌다. 이번에는 아칸소 출신의 데일 범퍼스 상원의원이 세출 소위원장으로 활약했다. 국립보건원이 발행하는 '몸'이란 잡지는 범퍼스 의원이 "백신의 성능 향상과 구매 확대를 위한 예산지원을 늘이려고 각별한 노력을 하였다"는 기사를 실었다. 범퍼스 의원의 노력은 "때로 정부가 요청한 것보다 많은 예산이 의회의 승인을 받는 결과를 낳았다."[6)]

의원들은 은퇴한 후에 그들의 이름이 건물에 붙여졌다. 그런데 알렌 스펙터(Arlen Specter) 상원의원의 경우는 예외였다. 그가 은퇴하기 전인 1999년에 국립 의학도서관에 그의 이름이 붙여졌다. 이 도서관 역시 국립보건원 구내에 있다. 위원장은 자주 바뀌기 때문에 항상 건물이 세워지고 있는 것은 놀랄 일이 아니다. 1998년의 국립보건원 건축비 예산은 1억 9천만 달러에 지나지 않았으나 2002년에는 6억 3천 2백만 달러로 늘어났다. 20년 혹은 30년 뒤면 낡은 건물을 헐어버릴 것이니 예산확보 전쟁의 우군을 기념할 기회는 끊이지 않고 있을 것이다.

머지않아 건물에 이름을 남길 것으로 예상되는 상당한 이유를 가진 인물이 하원의장 데니스 해스터트(Dennis Hastert)이다. 그는 국립보건원의 예산 확대 경주에서 민주당 의원들에게 뒤지지 않을 사람이다. 2001년에 그는 "하원 공화당 예산안은 국립보건원의 예산을 2003년까지 두 배로 늘리고 금년에는 역사상 최대의 국립보건원 예산을 배정하게 되어 자랑스럽게 생각한다"고 말했다. 정부지출을 늘이게 되어 자랑스럽게 생각하는 공화당 의원도 있다. 뉴멕시코 출신의 상원 에너지위원장 페트 도메니치(Pete Domenici)도 국립보건원 터에 이름을 남길 것으로 기대된다. 그는 인간 게놈프로젝트에 예산지원을 하는 데 중요한 역할을 했다(이 프로젝트는 처음에 에너지부에서 시작되었다). 이 프로젝트의 예산은 1988년 2천8백만 달러에서 지금은 5억 달러로 늘어났다.

대부분의 과학자들은 민주당원이다. 대학에서 일하는 과학자들의 경우는 압도적으로 그렇다. 1999년에 실시한 북미 학술연구 조사에 의하면 물리학 분야에서는 진보파가 6 : 1의 비율로 보수파를 압도하고 생물학 분야에서는 그 비율이 4.5 : 1이다(공학분야에서는 둘 사이의 비율이 비슷하다).[7)]

그런데 의학 연구에 대한 연구자금 지원에 관한 한 지지정당에 따른 차이는 전혀 없다.

과학자들은 희망뿐만 아니라 공포를 팔러 다닌다. 인간이라면 피할 수 없는 여러 가지 고통—질병, 노화, 심지어 죽음까지도—이 없어진 유토피아가 최신의 기술 덕분에 가능해지리라는 기대가 점차 커지고 있다. 기술자들이 낡은 자동차를 재생시키듯이 생명공학자들이 신체를 재생할 것으로 기대한다. 다시 한 번 납세자들이 돈을 내야 할 것이고, 바로 여기서 정치가 개입한다. 줄기세포 소동은 이제 그 열기가 식어버렸고, 단 하나의 남은 과제는 벤처 투자자들이 매력을 느끼지 못하는 연구에 정부 돈을 어떻게 끌어들이느냐 하는 것이다.

과학자들은 자신들이 이상을 추구하는 사람들로 비쳐지기를 좋아하지만 그들이 추구하는 이상 뒤에는 이기심이 도사리고 있다. 그들은 정치를 추구함으로써 과학의 핵심가치인 객관성을 파괴하였다. 매일 매일 연구자금을 타내어 자리를 지키는 일에 매달리다 보니 한때 그들이 숭상했던 과학적 방법의 완정성이란 추상적 가치는 뒷전으로 밀려났다.

달리 말하면 그들은 "제도를 갖고 내기하는 방법"을 알게 되었다. 교사들이 그랬듯 과학자들도 이제는 순수성을 상실했다. 천천히, 해를 거듭하며 그들은 자신들의 입지를 강화하는 방법을 터득했다. 위기를 찾아내어 목소리를 높이고, 신문사에 보도자료를 보내고, 친한 기자들에게는 뉴스거리가 될 만한 완성되지 않은 연구의 성과를 미리 알려준다.

언론은 공포와 희망과 과장을 퍼뜨리는 데 협력해 왔다. 위기는 신문의 판매량을 늘린다. 언론과 과학은 공생관계이다. 더 중요한 것은 기자들은 문제를 해결하기 위해 더 많은 돈을 쓰면 문제가 더 커지게 된다는 역설을 단 한순간도 생각하지 않는다는 점이다. 국립보건원의 관료들이 모든 질병을 치료하기 위해 정부지출을 늘이려고 매달리는 것과 마찬가지다. ABC 방송의 샘 도날드슨(Sam Donaldson) 기자의 경우를 보자.

1998년에 의료생물학 연구에 대한 정부지출 확대를 지지하는 사람들이 국립보건원에 모여 전략을 논의했다. 발언자 가운데 도날드슨이 있었는데, 그는 국립 암연구소에서 흑색 종(腫)을 치료받은 적이 있었다. 그는 이렇게 말했다 : "상아탑 안에서 연구하는 과학자가 언론에 뉴스거리를 보내주는 것은 부끄러운 일이 아닙니다. 여러분들의 촛불을 바구니로 덮어 가리지 마십시오. 여러분이 뉴스원이 된다고 해서 품위를 잃는 것은 아닙니다. 나와서 우리에게 말해주십시오. 당신에게 들려줄 얘기가 있다고!"[8] "순결하면서 가난하기보다는 의학 연구를 하기 위해 현금을 두둑하게 갖고 있는 게 낫다."

나는 이 책의 첫머리에서 우드워드와 번스타인 같은 기자들이 어디로 갔는지 물었다. 그들은 과학이 화제일 때는 다른 쪽에 가담했다. 견제받지 않는 정부권력이 문제가 되었을 때 그들은 한 팀이 되어 파헤쳤다. 의학 연구로 말하자면 "현금이 두둑한 곳"이고, 그 바탕에 있는 과학은 가난하지도 순결하지도 않다. 의학 연구의 유일한 문제는 약속한 결과를 내놓지 못하고 있다는 것이다. 감히 말하건대 우리가 아무런 비판 없이 과학 연구자금과 정부지출을 동일시한다면 약속한 결과는 결코 나오지 않을 것이다. 정부는 과학을 할 수 없다. 과거 소련이 그랬었고 지금은 미국도 그렇다.

주

서문

1 Barry Commoner, "Unraveling the DNA Myth : The Spurious Foundation of Genetic Engineering," *Harper's*, 2002. 2.

1장_ 지구 온난화

1 Willie Soon, Sallie Baliunas, et al., "Climactic and Environmental Changes of the Past 1,000 Years," *Energy and Environment*, vol. 14, 2003.
2 Fred Singer의 *The Week That Was*, SEPP, 2005. 3. 5.에 수록된 David Deming, "Global Warming, the Politicization of Science and Michael Crichton's 'State of Fear'"를 보라.
3 Antonio Regalado, "Global Warring," *Wall Street Journal*, 2005. 2. 14.
4 Fred Singer의 *The Week That Was*, 2005. 2. 19에 인용되어 있음.
5 Robert Matthews, "Leading Scientific Journals Are 'Censoring Debate on Global Warming'," *Sunday Telegraph* (London), 2005. 5. 1.
6 저자와 Ebell의 인터뷰, 2005. 4.
7 Nicholas Kristof, "I Have a Nightmare," *New York Times*, 2005. 3. 12.

2장_ 더 많은 핵발전소가 필요하다

1 Eisenhower 대통령의 "Atoms for Peace" 연설, 1953. 12. 8.

2 Lewis L. Strauss의 National Association of Science Writers에서 행한 연설, New York,1954. 9. 16.

3 Howard Hayden이 저자에게 보낸 e-메일, 2005. 8.

4 Edwin Newman, Earth Day, 1970.

5 Amity Shlaes의 칼럼, *Financial Times*(London), 2005. 8. 25.

6 "Experts Find Reduced Effects of Chernobyl," *New York Times*, 2005. 9. 6.

7 David Albright et al., *Plutonium and Highly Enriched Uranium 1996 : World Inventories, Capabilities and Policies*(Oxford : Oxford University Press, 1997).

8 "China Promotes Another Nuclear Boom," *New York Times*, 2005. 1. 25.

9 Peter Beckmann, *The Health Hazards of Not Going Nuclear*(Boulder, CD : Golem Press, 1977).

10 Peter Huber와 Mark Mills, "Why the U. S. Needs Nuclear Power?" *City Journal*, 2005. 겨울호.

11 Spencer Abraham, 경쟁기업연구소에서의 강연, *American Enterprise*, 2001. 9.

12 Howard Hayden, *The Solar Fraud*(Pueblo West, CD : Vales Lake Publishing, 2004).

13 "Are These Towers Safe?" *Time*, 2005. 7. 20.

14 Center for Biological Diversity, Endangered Earth Online, #360 : "Judge OKs Lawsuit Against Killer Wind Turbines," 2005. 3. 2.

15 Howard Hayden이 저자에게 보낸 e-메일, 2005. 6.

16 "Cronkite Withdraws Ad Against Turbines," *Vineyard Gazett*, 2003. 8. 28. 또한 http://www.CapeWind.org를 보라.

17 *Nevada Review Journal*, 2005. 8. 11.

18 "Researchers Alarmed by Bat Deaths from Wind Turbines," *Washington Post*, 2005. 1. 1.

19 Hayden, *Solar Fraud*를 보라.

20 Bill McKibben, "Tilting at Windmills," *New York Times*, 2005. 2. 16.

21 Stewart Brand, "Environmental Heresies," *Technology Review*, 2005. 5 ; "Old Foes Soften to New Reactors," *New York Times*, 2005. 5. 15.

3장_ 유익한 방사능

1 그의 이력에 관해서는 http://www.ratical.org/radiation/CNR/JWGcv.html을 보라.

2 "With Radiation, How Little Is Too Much?" *New York Times*(Week in Review), 1982. 9. 26.

3 "For Radiation, How Much Is Too Much?" *New York Times*, 2001. 11. 27.

4 Joby Warrick, *Washington Post*, 1997. 4. 14.

5 Edward B. Lewis, *Science*, v. 125, 1957. 5. 17.

6 저자와의 인터뷰, 2002.

7 "Nuclear Shipyard Worker Study(1980–1988) : A large cohort exposed to low dose-rate gamma radiation"를 보라. "Radiation, Science and Health"의 웹사이트에서 볼 수 있다.

8 "Does Radiation Exposure Produce a Protective Effect Among Radiologist?" *Health Physics*, v. 52, 1987, 637–43 ; "Radiation Increased the Longevity of British Radiologists," *British Journal of Radiology*, v. 75, 2002, 637–38 ; 또한 SEPP의 웹사이트, 2004. 10. 16, John Cameron이 쓴 "Longevity and Radiation"을 보라.

9 "Ukraine Consents to Shut Chernobyl Before Year's End," *New York Times*, 2000. 6. 6.

10 *New York Times*, 2005. 9. 6.

11 Bernard L. Cohen, "The Myth of Plutonium Toxicity," *Health Physics*, v. 32, 1977, 359–79 ; Karl Otto Ott와 Bernard I. Spinard 편저, *Nuclear Energy*(New York : Plenum Press, 1985), 355–65에서 인용.

12 Ibid.

13 Bernard L. Cohen, *Health Physics*, v. 68, 1995, 359–79 ; J. Radiol. Prot. V. 19, 1999, 63–65.

14 저자와 Cohen의 인터뷰, 2002.

15 W. L. Chen과 Y. C. Luan et. al., "The Immune Effects of Radiation Observed from the Incident of Co–60 Contaminated Apartments in Taiwan," Belle-Online, ("Non–linear Dose–response Relationship in Biology, Toxicology and Medicine," 국제회의, 2003. 5. 28–30.) BELLE의 웹사이트 http://www.belle online.com을 보라.

16 "Very High Background Radiation Areas of Ramsar, Iran : Preliminary Biolo-

gical Studies," *Health Physics*, v. 82, 2002, 87–93 ; 또한 BELLE의 웹사이트를 보라.

17 저자와 Klaus Becker와의 인터뷰, 2002.

4장_ 유익한 화학물질

1 2002년과 2003년에 걸쳐 저자와 Calabrese 사이에 있었던 여러 차례의 인터뷰에서 인용.

2 E. J. Calabrese와 L. Baldwin, "Toxicology Rethinks Its Central Belief," *Nature*, v. 421, 2003. 2. 13.

3 Leonard Sagan과 Sheldon Wolff, "On Radiation, Paradigms and Hormesis," *Science*, 1989. 8. 11., 574–75.

4 Will Hively, "Is Radiation Good for You? Or Dioxin? Or Arsenic?" *Discover*, 2002. 12.

5 호메시스에 관한 보다 많은 기반지식을 얻고자 한다면 *Human and Experimental Toxicology*, v. 19, 2000. 1에 실린 Edward Calabrese의 논문을 보라.

6 Michael Gough, *Dixion, Agent Orange : The Facts*(New York : Plenum Press, 1986), 121을 보라.

7 Michael Fumento, *Science Under Siege*(New York : William Morrow & Co.), 1996.을 보라.

8 Ibid.

9 *Biological Effects of Low Level Exposure : Dose Response Relationships*(New York : Lewis Publishers, 1994), 102에 수록된 Ralph Cook의 Responses in Humans to Low Level Exposures."

10 Fumento, 112.

11 Ibid.

12 Cook, 107 ; *New York Times*, 1991. 8. 15, "Times Beach Warning : Regrets a Decade Later."

5장_ DDT 사용 금지

1 "Fighting Malaria with DDT," *New York Times*, 2002. 12. 23 ; "Death by Environmentalist," *Wall Street Journal*, 2004. 12. 29.

2 Steven Milloy, *Junk Science Judo*, Cato Institute, 2001. Milloy의 DDT에 관한 논문은 http://www.junkscience.com에서 찾을 수 있다.

3 Rachel Carson, *Silent Spring*(Boston : Houghton Mifflin Co., 1962). 이 책은 Edward O. Wilson의 후기를 더하여 2000년에 재판되었다. Lisa Makson, "Rachel Carson's Ecological Genocide," FrontPageMagazine.com, 2003. 7. 31.

4 J. Gordon Edwards와 Steven Milloy, "100 Things You Should Know About DDT," http://www.junkscience.com/ddtfaq를 보라.

5 J. Gordon Edwards, "DDT : A Case Study in Scientific Fraud," *Journal of American Physicians and Surgeons*, v. 9, no 3, 2004 가을호, 83–88.

6 Roy Innis가 2004년 11월에 부시 대통령에게 보낸 편지.

7 Makson, "Rachel Carson's Ecological Genocide."

8 J. Gordon Edwards, "Malaria, the Killer that Could Have Been Conquered," *21st Century Science and Technology*, 1993년 여름호에 인용된 Michael McCloskey의 글을 보라.

9 "*New York Times* Favors DDT," A. I. M. *Media Monitor*, 2003. 1. 6.

10 "Wolfowitz Discusses Issues with Bono," Reuters, 2005. 3. 18.

6장_ 생물 다양성과 멸종위기 종

1 Edward O. Wilson, *The Future of Life*(New York : Knopf, 2003), 98–99.

2 Ibid., xxii.

3 Ibid., 131.

4 "The Sixth Extinction," *National Geographic*, 1999. 2.

5 Patrick Moore, "Environmentalism for the 21st Century," http://www.greenspirit.com, 16–18.

6 Bjørn Lomborg, *The Skeptical Environmentalist*(Cambridge : Cambridge University Press, 2001).

7 Norman Myers, *The Sinking of Ark*(Oxford : Pergamon Press, 1979).

8 Matt Ridley, "The Profits of Doom," *American Spectator*, 2002. 2. 23.

9 *Scientific American* 2001. 1월호를 보라. Lomborg의 답변은 2002년 5월호.

10 David Quammen, "Planet of the Weeds," *Harper's*, 1998. 10.

11 Moore, "Trees Are the Answers," http://www.greenspirit.com, 5.

12 Lawrence Slobodkin, "Islands of Peril and Pleasure," *Nature*, 1996. 5. 16, 205.

13 Ronald Bailey 편저, *Earth Report 2000*(Chicago : McGraw-Hill, 2000)에 수

록된 Rowan B. Martin의 "Biological Diversity."

14 Charles Mann과 Mark Plummer, *Noah's Choice : The Future of Endangered Species*(New York : Knopf, 1995), 75–76.

15 Michael Sarena와 Jane S. Shaw, *Facts Not Fear*(Washington, D.C. : Regnery, 1996), 118–19 ; *Wall Street Journal*, 2005. 8. 3.

16 "Two New Primate Species Discovered," *National Geographic*, 2002. 6. 24.

17 "New Monkey Species Discovered in Africa," *New Scientist*, 2005. 5. 19.

18 Wilson, 91.

19 "House Votes for New Limits on Endangered Species Act," *New York Times*, 2005. 9. 30.

7장_ 아프리카의 에이즈 : 정치적인 전염병

1 WHO, "Workshop on AIDS in Central Africa," 1985. 10. 22–25.

2 WHO, *Weekly Epidemiological Record*, No. 10, 1986. 3. 7.

3 *Science*, 1986. 11. 21.

4 Mark Schoofs, "AIDS : The Agony of Africa," *Village Voice*, 1999. 11–2000. 1.

5 *New York Times*, 1981. 7. 3.

6 Lawrence K. Altman, "AIDS in Africa : A Pattern of Mystery," *New York Times*, 1985. 11. 21과 1985. 12. 22.

7 Joseph McCormick과 Susan Fisher–Hoch, *Level–4 : Virus Hunters of the CDC* (New York : Barnes & Noble, 1999), 189.

8 Ibid., 190.

9 Ibid., 176.

10 WHO, *Weekly Epidemiological Record*, 1999. 11. 26.

11 Rian Malan, "AIDS in Africa : In Search of the Truth," *Rolling Stone*, 2001. 11. 22.

12 남아프리카 공화국 보건부, Summary Report : *1998 National HIV Sero–prevalence Survey of Women Attending Public Antenatal Clinics on South Africa*, 1999. 2. Charles Geshekter, Sam Mhlongo와 Claus Kohnlein의 "AIDS, Medicine and Public Health"(2004. 11. 11. 아프리카 연구협회 연차회의에 제출된 보고서)에서 인용됨.

13 Charles Gilks, "What Use Is a Clinical Case Definition for AIDS in Africa?" *British Medical Journal*, 303(1991), 1190.

14 "Dead Zones" 연재기사(8회), *New York Times*, 1998. 8. 6–12. 27.

15 *New York Times*, 1998. 12. 16.

16 Erick Eckholm과 John Tierney, "AIDS in Africa : A Killer Rages On," *New York Times*, 1990. 9. 16(4회 연재기사의 1회분).

17 Andy Rooney, "How Much is Enough?" Tribune Media Service, 2005. 7. 14.

18 Rian Malan, "Pugwash Hogwash," *Spectator*, 2004. 10. 2.

19 Population Reference Bureau, "World Population Highlight, 2004."

20 *New York Times*, 2005. 8. 6.

21 *Daily Telegraph*(London), 2005. 7. 6.

22 *Daily Mail*(London), 2005. 7. 20.

8장_ 웃음거리 복제양 돌리 : 복제와 불만

1 Gina Kolata, *Clone : The Road to Dolly and the Path Ahead*(New York : Allen Lane/ The Penguin Press, 1997), 100–01.

2 Ibid., 119.

3 "Some Scientists Ask : How Do We Know Dolly is a Clone?" *New York Times*, 1997. 7. 29.

4 "Creator of Cloned Sheep Says He Will Try to Repeat Process," *New York Times*, 1998. 2. 14.

5 "Beating Hurdles, Scientists Clone a Dog for a First," *New York Times*, 2005. 8. 4.

6 "In a Fury First, A Dog Is Cloned in South Korea," *Washington Post*, 2005. 8. 4.

7 *New York Times*, 1999. 5. 27.

8 *New York Times*, 2001. 3. 25.

9 *New York Times*, 2002. 2. 15

10 *Washington Post*, 2005. 8. 4.

11 "In Cloning, Failure Far Exceeds Success," *New York Times*, 2001. 12. 11.

12 Stephen S. Hall, "T도 Recycled Generation," *New York Times Magazine*, 2000. 1. 30.

13 Ibid.

9장_ 줄기세포 연구의 생명공학 도전

1 AP, 2001. 2. 16.
2 BBC News, 2001. 2. 17.
3 Parkinson's Information Exchange website.
4 *Science*, v. 291, 2001. 3. 2.
5 *Science*, 2002. 7. 26.
6 Gina Kolata, *New York Times*, 2001. 3. 8.
7 Gina Kolata, "A Cautious Awe Greets Drug That Eradicates Tumors in Mice," *New York Times*, 1998. 5. 3.
8 *Washington Post*, 1998. 11. 6.
9 Connie Bruck, "Hollywood Science," *New Yorker*, 2004. 19. 18.
10 Nicholas Wade, "Tracking the Uncertain Science of Growing Heart Cells," *New York Times*, 2005. 3. 14.
11 Robert Lanza와 Nadia Rosenthal, "The Stem Cell Challenge," *Scientific American*, 2004. 6.
12 *Washington Post*, 1998. 11. 6.
13 *Science*, 1999. 12. 17.
14 *New York Times*, 2001. 4. 27.
15 *Wall Street Journal*, 2004. 8. 12.
16 "Stem Cells Not So Stealthy After All," *Science*, v. 297, 2002. 7. 12.
17 Stephen J. Gould, "What Only the Embryo Knows," *New York Times*, 2001. 8. 27.

10장_ 아무 길도 보여주지 않는 지도

1 W. French Anderson, "Gene Therapy," *Scientific American*, 1995. 9.
2 "DNA Mapping Milestone Heralded," *Washington Post*, 2000. 6. 27.
3 기자회견장에서의 벤터의 개막연설, 2001. 2. 12.
4 "Not Junk After All," *Science*, 2003. 5. 23 ; "Spinning Junk Into Gold," *Science*, 2003. 6. 13.
5 *New York Times*, 2000. 6. 25.
6 *Nature*, 2001. 2. 15.

7 "Biotech CEO Says Map Missed Much of Genome," *Boston Globe*, 2001. 4. 9.

8 Andrew Pollack, "Double Helix with a Twist : Do Fewer Genes Translate Into Fewer Dollars?" *New York Times*, 2001. 2. 13.

9 Eric Lander, PBS의 *News Hour*에 방송, 2003. 4. 25.

10 "Cystic Fibrosis Gave Up Its Gene 12 Years Ago," *Wall Street Journal*, 2001. 6. 11.

11 "Gene Therapy Apparently Cures 2," *Washington Post*, 2000. 4. 28.

12 "Scientists Report the First Success of Gene Therapy," *New York Times*, 2000. 4. 28 ; 그리고 동일자 사설.

13 Rick Weiss, "Dream Unmet After 50 Years," *Washington Post*, 2003. 2. 28.

14 Sharon Begley, "Science Journal," *Wall Street Journal*, 2003. 5. 23.

15 James Shreeve, *The Genome War*(New York : Knopf, 2004), 362.

16 Ibid., 360.

17 James Shreeve, "Craig Venter's Epic Voyage to Redefine the Origin of Species," *Wired*, 2004. 8.

11장_ 암 연구의 위대한 실수

1 Dorothy Nelkin과 N. Susan Lindee, *The DNA Mystique : The Gene As Cultural Icon*(New York : W. H. Freeman, 1995).

2 Andrew Pollack, "Huge Genome Project Is Proposed to Fight Cancer," *New York Times*, 2005. 3. 8.

3 Clifton Leaf, "Why We're Losing the War on Cancer (And How to Win It)," *Fortune*, 2004. 3. 22.

4 Robert A. Weinberg, *Racing the Beginning of the Road*(New York : W. H. Freeman, 1998), 121.

5 Rous의 노벨상 시상식 연설, 2996. 12. 13, http://www.nobelprize.org.

6 P. H. Duesberg, "Retroviruses as carcinogens and pathogens : expectations and reality," *Cancer Research*, v. 47, 1987. P. H. Duesberg의 *Infectious AIDS : Have We Been Misled?*(Berkeley : North Atlantic Books, 1995)에 재수록됨.

7 J. Michael Bishop, *How to Win the Nobel Prize*(Boston : Harvard University Press, 2003), 162.

8 *New York Times*, 1989. 10. 10.

9 Jean Marx, *Science*, 1989. 19. 20.

10 *Washington Post*, 2004. 12. 11.
11 *New York Times*, 2005. 3. 28.
12 Robert A. Weinberg, *One Renegade Cell*(New York : Basic Books, 1998), 50–51.
13 Theodor Boveri, *The Origin of Malignant Tumors*, 1914. 영어판, Baltimore, MD : Williams and Wilkins, 1929.
14 W. Wayt Gibbs, "Untangling the Roots of Cancer," *Scientific American*, 2003. 7.
15 저자와 Christoph Lengauer의 인터뷰, 2001.

12장_ 사라지지 않는 신화 : 평평한 지구, 그리고 과학과 종교의 전쟁

1 Jeffrey Burton Russell, *Inventing the Flat Earth*(Westport, CT : Praeger, 1991), 4.
2 Stephen J. Gould, *Dinosaur in a Haystack*(New York : Harmony Books, 1995), 95.
3 J. B. Russell, 26.
4 C. S. Lewis, *The Discarded Image*(Cambridge : Cambridge University Press, 1964), 140–41.
5 J. B. Russell, 53.
6 Ibid., 28.
7 David C. Lindberg와 Ronald L. Numbers 편저, *God and Nature : Historical Essays on the Encounter Between Science and Christianity*(Berkeley CA : California University Press, 1986), 2.
8 James R. Moore, *The Post–Darwinian Controversies*(Cambridge : Cambridge University Press, 1979), 36.
9 J. B. Russell, 42.
10 Lindberg와 Numbers, 3.
11 Bertrand Russell, *Religion and Science*(1935) (New York : Oxford University Press, 1961), 7.
12 Ibid., 24.
13 H. W. Crocker III, *Triumph*(New York : Prima Publishing, 2001), 310.

13장_ 우연인가 혹은 설계인가?

1 부시 대통령의 백악관 연설, 2005. 8. 1.
2 Christoph Schonborn, "Finding Design in Nature," *New York Times*, 2005. 7. 7.
3 Richard Dawkins, *The Blind Watchmaker* (New York : W.W. Norton, 1996), 1, 6.
4 Daniel Dennet, *Darwin's Dangerous Idea* (New York : Simon & Schuster, 1995), 63.
5 Michael Powell, "Doubting Rationalist," *Washington Post*, 2005. 5. 15.
6 Cornelia Dean, "Opting Out in the Debate of Evolution," *New York Times*, 2005. 7. 21.
7 "Evolution Wars," *Time*, 2005. 8. 15.
8 Kenneth Miller, *Finding Darwin's God* (New York : HarperCollins, 2000), 53–53.
9 Kenneth Chang, "In Explaining Life's Complexity, Darwinists and Doubters Clash," *New York Times*, 2005. 8. 22.
10 Donald Kennedy, "Twilight for the Enlightenment?" *Science*, 2005. 4. 8.
11 Sol Tax 편저, *Evolution After Darwin*, vol. 3 (Chicago : Chicago University Press, 1960), 111에 수록된 Julian Huxley의 글.
12 Garrett Hardin, *Nature and Man's Fate* (Dublin : Mentor Books, 1961), 216.
13 Thomas Hunt Morgan, *Evolution and Genetics* (Princeton : Princeton University Press, 1925), 120, 127.
14 Sol Tax 편저, *Evolution After Darwin*, vol. 1 (Chicago : Chicago University Press, 1960), 385에 수록된 C. H. Waddington의 "Evolutionary Adaptation."
15 Karl Popper, *Unended Quest : An Intellectual Biography* (Oxford : Routledge, 1992), 199.
16 William Dembski, *Intelligent Design* (Downers Grove, IL : InterVarsity Press, 1999), 229.
17 Bertrand Russell, *Religion and Science* (Oxford : Oxford University Press, 1935), 71–73.
18 Richard Lewontin, *Biology and Ideology* (New York : HarperPerennial, 1991), 10.
19 Richard Dawkins, *A Devil's Chaplain* (London : Orion Books, 2004), 94.

20 Michael Behe의 *Darwin's Black Box*(New York : The Free Press, 1996)에 인용됨 ; Tax 편저, 385에 수록된 Waddington의 "Evolutionary Adaptation" ; Popper, 199.

14장_ 진화 : 보이지 않는 증거

1 Colin Patterson이 Luther Sunderland에게 보낸 편지(1979. 4. 10). Patterson의 자연사박물관 강연의 초록은 Access Research Network의 웹사이트(http://www.arn.org)에서 내려받을 수 있다. 질문자의 대부분은 신원이 밝혀져 있다. Patterson이 쓴 *Evolution*의 2판은 코넬 대학 출판부에서 1999년에 출간하였다.

2 Ernst Mayr, The Growth of Biological Thought(Cambridge, MA : Harvard University Press, 1982), 232, 465.

3 Jonathan Wells, *Icons of Evolution : Science or Myth*(Washington D.C. : Regnery, 2000) ; Jonathan Wells, "The Survival of the Fakest," *American Spectator*, 2000. 12/ 2001. 1.

4 Nancy B. Simmons, "An Eocene Big Bang for Bats," *Science*, 2005. 1. 28.

5 Henry Gee, *In Search of Deep Time*(New York : The Free Press, 1999).

6 Tim Berra, *Evolution and the Myth of Creationism*(Stanford : Stanford University Press, 1990), 117.

7 Wells, *Icons of Evolution*, 68.

8 Phillip Johnson, *Defeating Darwinism by Opening Minds*(Downers Grove, IL : InterVarsity Press, 1997), 63.

9 Elizabeth Pennisi, "Haeckel's Embryos : Fraud Rediscovered," *Science*, 1997. 9. 5.

10 Stephen J. Gould, "Abschleulich! Atrocious!," *Natural History*, 2000. 3.

11 H. B. Kettlewell, "Darwin's Missing Evidence," *Scientific American*, 1959. 3. 또한 Wells의 *Icons of Evolution* 제7장을 보라.

12 W. Ford Doolittle, "Phylogenetic Classification and the Universal Tree," *Science*, v. 284, 1999, 2124-128.

13 Wells의 *Icons of Evolution* 제2장을 보라.

14 Phillip Johnson, "The Church of Darwin," *Wall Street Journal*, 1999. 8. 16 ; Wells, 제8장.

15 Charles Darwin, *On the Origin of Species*(1859) (New York : Penguin Books,

1968), 133.

16 또한 Emmett Reid Dunn, "Evolution Wjile You Watch," *American Mercury*, 1927. 5.

17 Norman Macbeth의 *Darwin Retired*(New York : Delacorte Press, 1973), 36에 인용됨.

18 Jonathan Wells가 저자에게 보낸 e-메일, 2005. 5.

후기

1 Daniel S. Greenberg, *Science, Money, and Politics*(Chicago : Chicago University Press, 2001), 539.

2 *Science*, 2005. 7. 15 ; 2004. 11. 12 ; 2004. 12. 4.

3 "Scientists Mobilize to Fight Cuts," *Science*, 1995. 5. 26.

4 Greenberg, 439.

5 "Stokes Honored by Lab Building Dedication," *NIH Record*, 2001. 7. 10.

6 "NIH Dedicates New Vaccine Research Center to Dale and Betty Bumpers," *Body*, 1999. 7. 9.

7 Stanley Rothman, S. Robert Lichter, Neil Nevitte, "Politics and Professional Advancement Among College Faculty," *Forum*, vol. 3, no. 1, 2005.

8 American Society of Cell Biology Newsletter, 1998. 7.

지은이 **톰 베델**_Tom Bethell

저자 톰 베델은 *American Spectator*의 편집주간이다. 그는 *New York Times Magazine*, *Atlantic Monthly*, *Harper's*, *Crisis*와 *National Review*의 편집자로 일했다. 톰 울프(Tom Wolfe)는 베델을 "우리 시대의 가장 뛰어난 문장가 중의 한 사람"이라고 평했다. 베델은 영국에서 태어나 성장했고 1962년에 옥스퍼드 대학에서 철학, 생리학, 심리학으로 학위를 받았다. 지금은 워싱턴에 살고 있다.

옮긴이 **박종일**

고려대학교 정치외교학과 졸업
30여 년간 기업에서 일한 후 은퇴하여 지금은 번역가로 활동 중이다.

번역서로는

- 존 벨라미 포스터(John Bellamy Foster) 저, 『벌거벗은 제국주의』(공역, 인간사랑, 2008)
- 얀 멜리센(Jan Melissen) 편저, 『신공공외교』(공역, 인간사랑, 2008)
- 존 벨라미 포스터(John Bellamy Foster) 외 저, 『다윈주의와 지적설계론』(인간사랑, 2008)
- 범문란 저, 『중국통사(中國通史)』(상/하)(인간사랑, 2009)
- 조셉 커민스(Joseph Cummins) 저, 『미국 대통령선거 이야기』(인간사랑, 2009)

정치적으로 왜곡된 과학 엿보기

초판1쇄 / 2009년 10월 30일

지은이 **톰 베델**
옮긴이 **박종일**
펴낸이 **여국동**
펴낸곳 **도서출판 인간사랑**
인 쇄 **백왕인쇄**
제 본 **은정제책사**

출판등록 1983. 1. 26. / 제일 3호

정가 15,000원

ISBN 978-89-7418-291-5 93300

※ 잘못된 책은 교환해 드립니다.

(411- 815) 경기도 고양시 일산구 백석동 1178-1
TEL (031)901-8144, 907-2003
FAX (031)905-5815
e-mail/igsr@yahoo.co.kr / igsr@naver.com